F. M. von Senger und Etterlin

DIE DEUTSCHEN PANZER 1926—1945

F. M. von SENGER und ETTERLIN

Die deutschen Panzer

1926—1945

Für die 3. Auflage

überarbeitet und ergänzt

von Dipl.-Ing. F. Kosar

und Ing. W. J. Spielberger, S. A. E., VDI

mit 184 Abbildungen und 85 Skizzen.

BERNARD & GRAEFE VERLAG BONN

Die 1. - 4. Auflage ist beim J. F. Lehmanns Verlag, München, erschienen.

Herstellung: Walter Amann, München
Reproduktionen, Druck und Bindung: Wiener Verlag, Himberg
Printed in Austria

ISBN 3-7637-5988-3

Vorwort zur 1. Auflage

Der vorliegende Sonderband des „Taschenbuchs der Panzer" ist ausschließlich der deutschen Panzerentwicklung von etwa 1926 bis 1945 gewidmet. Der Band soll eine Lücke schließen, denn das frühere „Taschenbuch der Tanks" von Heigl enthielt keine deutschen Panzer und die vorhergehenden Bände des „Taschenbuchs der Panzer" knüpften erst 1943 an.

Der Band enthält nicht nur alle Ausführungen der in Truppengebrauch gelangten Typen, sondern darüber hinaus auch Entwicklungen in Skizzen und Bildern, sofern diese in realisierbaren Entwürfen, Holzmodellen oder Prototypen vorhanden waren. Der bewährte Aufbau des Buches mit den Typentafeln für jeden Leittyp ist beibehalten worden.

Vorangestellt ist eine historische Einführung, die die Entwicklungsgeschichte der einzelnen Klassen und Typen zusammenfassend darstellt. Die Klassifizierung in Panzerkampfwagen, Jagdpanzer, Sturmpanzer, Schützenpanzer, Panzerspähwagen, Selbstfahrlafetten für Panzerjäger, Panzerartillerie, Panzerflak und Panzerwerfer sowie Sonderpanzer entspricht ebenfalls den anderen Bänden des Taschenbuchs und erleichert den Vergleich.

Der Tabellenteil ist erheblich erweitert worden. Er enthält nunmehr Angaben über jede einzelne Ausführung sowie über die ballistischen Leistungen der Waffen und ihrer Munition. Zur Ergänzung ist ferner eine Übersicht über die Produktionsziffern beigefügt.

Das als Typenliste ausgestaltete Inhaltsverzeichnis enthält alle erfaßten Typen mit der amtlichen Bezeichnung und weist auf die vorhandenen Skizzen, Bilder und Zahlenangaben im Tabellenteil hin.

Der Band will damit im wesentlichen solches Tatsachenmaterial über die technische Seite der vielfältigen deutschen Panzerentwicklung vorlegen, das trotz großer Schwierigkeiten in annähernd lückenlosem Umfang beschafft werden konnte. Er ist für den technisch interessierten, aber nicht unbedingt vorgebildeten Leser gedacht. Die taktische Seite der Entwicklung wird einem besonderen Buche vorbehalten bleiben.

Der Verfasser ist den britischen und amerikanischen Behörden sowie allen Mitarbeitern, die Material zur Verfügung gestellt haben, und besonders Herrn Dipl.-Ing. Franz KOSAR, der den Tabellenteil bearbeitet hat, zu großem Dank verpflichtet.

Köln-Rodenkirchen, Dr. F. M. v. Senger und Etterlin
Ernst-Reimbold-Str. 1

Vorwort zur 2. Auflage

Die erste Auflage dieses Buches hat ein so großes Interesse hervorgerufen, daß es Herausgeber und Verleger möglich geworden ist, die vorliegende zweite, überarbeitete und um über 100 Seiten vermehrte Auflage vorzulegen.

Der Aufbau des Buches ist im wesentlichen beibehalten worden. Durch die Erschließung neuer Quellen wurde es ermöglicht, weitere Daten einzuarbeiten und neue Skizzen und Bilder hinzuzufügen.

Die Einführung in die Entwicklungsgeschichte konnte durch die von Herrn Spielberger freundlicherweise zur Verfügung gestellten Beiträge über die einzelnen Typen erheblich vermehrt werden.

Neben den rein deutschen Entwicklungen wurden auch die in großer Anzahl im deutschen Heere verwendeten tschechoslowakischen Panzerfahrzeuge, welche auch nach der Besetzung dieses Landes weiter gebaut worden sind, in das Buch aufgenommen.

Von einer Erfassung der großen Zahl von Beutefahrzeugen, welche meist nur für Sicherungszwecke in den besetzten Gebieten Verwendung fanden und zahlreicher, oft feldmäßiger Umbauten zu Selbstfahrlafetten wurde abgesehen, da dies den Rahmen des Buches sprengen würde.

Die Statistik wurde um eine Tabelle über den Ist-Bestand an Panzern während des 2. Weltkriegs erweitert.

Dr. F. M. von Senger und Etterlin
Faßberg bei Unterlüß

Dipl.-Ing. F. Kosar
Wien

Vorwort zur 3. Auflage

Das Buch wurde überarbeitet und um Einzelheiten ergänzt. Zahlreiche Zeichnungen wurden verbessert, einige Bilder zugefügt. Im Ganzen jedoch kann dieses Werk nunmehr als abgeschlossener Überblick über die deutsche Panzerentwicklung der Jahre vor und im 2. Weltkrieg angesehen werden.

Faßberg bei Unterlüß

Dr. F. M. von Senger und Etterlin

Inhaltsübersicht

(zugleich Typenliste)

Sd.Kfz. Nr.		Skizze	Bild	Tabelle
141	Pz.Kpfw. III Ausf. B	—	134	298
141	Pz.Kpfw. III Ausf. C	—	134	298
141	Pz.Kpfw. III Ausf. D	—	135	298
141	Pz.Kpfw. III Ausf. E	—	135	298
141	Pz.Kpfw. III Ausf. F	—	136	300
141	Pz.Kpfw. III Ausf. G	—	136	300
141	Pz.Kpfw. III Ausf. H	—	136	300
141	Pz.Kpfw. III Ausf. J	132	137	300
141/1	Pz.Kpfw. III Ausf. K	—	—	—
141/1	Pz.Kpfw. III Ausf. L	—	138	300
141/1	Pz.Kpfw. III Ausf. M	—	139	300
141/2	Pz.Kpfw. III Ausf. N—O	140	141	300
266-68	Pz.Bef.Wg. III (ohne KwK)	—	—	—
266-68	Pz.Bef.Wg. III Ausf. K (mit KwK)	—	—	—
143	Pz.Beob.Wg. III	—	—	—
141/3	Pz.Kpfw. III (Flamm) Ausf. M	—	139	—
	Pz.Kpfw. III n. A	—	—	—
	BATAILLONSFÜHRERWAGEN (BW)			
	VK 2001 (Rh)	—	145	—
	VK 2001 (D)	—	—	—
	VK 2001 (K)	144	—	—
	VK 2001 (DB)	—	—	—
	VK 2002 (MAN)	144	—	—
161	Pz.Kpfw. IV Ausf. A	51	145	302
161	Pz.Kpfw. IV Ausf. B	—	145	302
161	Pz.Kpfw. IV Ausf. C	—	146	302
161	Pz.Kpfw. IV Ausf. D	142	142	302
161	Pz.Kpfw. IV Ausf. E	—	146	304
161	Pz.Kpfw. IV Ausf. F 1	—	147	304
161	Pz.Kpfw. IV Ausf. F 2	149	148	304
161/1	Pz.Kpfw. IV Ausf. G	—	—	306
161/2	Pz.Kpfw. IV Ausf. H	151	150	306
161/2	Pz.Kpfw. IV Ausf. J	—	152	306
161/2	Pz.Kpfw. IV Ausf. K	—	—	—
	Pz.Kpfw. IV mit 2 × 7,5-cm-L.G.	—	152	—
	Pz.Kpfw. IV als Bef.Wg., Ausf. H	—	—	—
	Pz.Beob.Wg. IV	—	—	—
	Pz.Kpfw. IV n. A	—	—	—
	Pz.Kpfw. III/IV	—	—	—
	Nb.Fz. (Pz.Kpfw. V) (Rheinmetall)	—	153	—
	Nb.Fz. (Pz.Kpfw. VI) (Rheinmetall)	—	153	—

Sd.Kfz. Nr.		Skizze	Bild	Tabelle
	DURCHBRUCHSWAGEN 1 (Henschel)	—	—	—
	DURCHBRUCHSWAGEN 2 (Henschel)	—	—	—
	VK 6501 (H) (SW) (Pz.Kpfw. VII)	155	—	—
	VK 3001 (H)	156	—	—
	VK 3001 (P) (Porsche-„LEOPARD“)	—	155	—
	VK 3002 (MAN)	—	—	—
	VK 3002 (DB)	—	156	—
171	Pz.Kpfw. „PANTHER“ Ausf. D	154	157	308
171	Pz.Kpfw. „PANTHER“ Ausf. A	154	160	308
171	Pz.Kpfw. „PANTHER“ Ausf. G	—	157	308
	Pz.Kpfw. „PANTHER“ Ausf. F	—	—	—
	Pz.Kpfw. „PANTHER II“	—	—	—
	Pz.Kpfw. V 7,5 cm KwK L/100	—	—	—
267-68	Pz.Bef.Wg. „PANTHER“	—	161	310
	Pz.Beob.Wg. „PANTHER“	—	161	310
	Minenräum-Pz.Wg. „PANTHER“	—	—	—
	Räumschaufel-Pz.Wg. „PANTHER“	—	—	—
	VK 3601	164	—	—
	VK 3602	—	—	—
	VK 4501 (H)	164	—	—
	VK 4501 (P) (Porsche 102)	164	165	—
	Pz.Kpfw. „TIGER I“ Ausf. E	163	167	312
181	Pz.Bef.Wg. „TIGER I“ Ausf. E	—	—	—
267/8	VK 4502 (P) (Porsche 180)	170	—	—
	VK 4503 (H)	—	—	—
182	Pz.Kpfw. „TIGER II“ Ausf. B (Turm a. A)	—	171	312
	Pz.Kpfw. „TIGER II“ Ausf. B (Turm n. A.)	169	172	312
	E. 5, E. 10, E. 25, E. 50, E. 75	—	—	—
	E. 100	174	175	314
	VK 7001 (K) („LÖWE“ oder „TIGER-MAUS“)	—	173	—
	„MAUS I u. II“ (Porsche 205)	177	181	314
	STURMPANZER			
142	Sturmgesch. III für 7,5 cm StuK.	182	183	316
142/2	Sturmgesch. III für 10,5 cm StuH. 42	—	183	316
	Sturm I.G. 33 m. Fahrgest. Pz.Kpfw. III	—	—	—
166	Sturmpz. IV „BRUMMBÄR“ für 15 cm StuH. 43 (Sturm-Pz. 43)	184	185	316
	Sturmhaubitze 10,5 cm III/IV	—	—	—
	Sturmmörser 38 cm R.W. 61 „STURMTIGER“	186	186	316

Sd.Kfz. Nr.		Skizze	Bild	Tabelle
251/6	Kdo.Pz.Wg.	—	—	—
251/7	m. Pi.Pz.Wg.	—	—	—
251/8	m. Kranken-Pz.Wg.	—	—	—
251/9	m. SPW — 7,5 cm K. 37	212	215	—
251/10	m. SPW — 3,7 cm Pak	212	216	—
251/11	m. Fernsprech-Pz.Wg.	—	—	—
251/12	m. Meßtrupp- und Geräte-Pz.Wg.	—	—	—
251/13	m. Schallaufnahme-Pz.Wg.	—	—	—
251/14	m. Schallauswerte-Pz.Wg.	—	—	—
251/15	m. Lichtauswerte-Pz.Wg.	—	—	—
251/16	m. Flamm-Pz.Wg.	—	—	—
251/17	m. SPW 2 cm	—	—	—
251/18	m. Beob.Pz.Wg.	—	—	—
251/19	m. Fernsprech-Betriebs-Pz.Wg.	—	—	—
251/20	m. SPW — Infrarotscheinw.: „UHU“	—	216	—
251/21	m. SPW — 1,5 od. 2 cm Drilling	—	217	—
251/22	m. SPW — 7,5 cm Pak 40	—	217	—
	m. SPW — 28 cm Wurfrahmen	212	215	—
252	le. gp. Mun.Trspt.Kw.	—	209	—
253	le. gp. Beob.Kw.	—	—	—
254	m. gp. Beob.Kw. auf RK 7 (Saurer)	—	291	291
	H. Kp. 606 (1941/42)	—	218	323
	SPW auf Fahrgestell 38 (t)	—	—	—
	PANZERSPÄHWAGEN			
13	MG-Kraftwagen (MG)	220	220	—
14	MG-Kraftwagen (Fu.)	—	—	—
221	le. Pz.Spw. MG	221	221	324
222	le. Pz.Spw. 2 cm	223	224	324
222	le. Pz.Spw. 2,8 cm Pz. B 41	—	223	—
223	le. Pz.Spw. (Fu.)	—	223	324
231	s. Pz.Spw. 6-Rad 2 cm	—	227	324
232	s. Pz.Spw. 6-Rad (Fu.)	226	228	324
231	s. Pz.Spw. 8-Rad 2 cm	229	230	324
232	s. Pz.Spw. 8-Rad (Fu.)	—	230	324
233	s. Pz.Spw. 8-Rad 7,5 cm StuK L/24	—	229	—
234/1	s. Pz.Spw. 8-Rad 2 cm (Tp.)	233	232	326
234/2	s. Pz.Spw. 8-Rad 5 cm KwK. 39 „PUMA“	234	236	326
234/3	s. Pz.Spw. 8-Rad 7,5 cm KwK. 37	235	—	—
234/4	s. Pz.Spw. 8-Rad 7,5 cm Pak 39	—	236	—
260	Kl. Pz.Fu.Wg.	—	—	324
261	Kl. Pz.Fu.Wg.	—	222	324

Sd.Kfz. Nr.		Skizze	Bild	Tabelle
263	Pz.Fu.Wg. 6-Rad	—	228	324
263	Pz.Fu.Wg. 8-Rad	—	230	—
204 (f)	Panhard 178 [P 204 (f)]	—	—	332
	Pz.Spw. Trippel Schildkröte I	—	—	—
	Pz.Spw. Trippel Schildkröte II	—	—	—
	Pz.Spw. Trippel Schildkröte III	—	—	—
	Pz.Spw. RK (Ausf. A) (Saurer)	—	—	—
	Daimler-Benz ARW/MTW 1	219	—	—
	Daimler-Benz G 3 (p)	219	—	—
	Büssing-NAG ZRW	219	—	—
	PANZERJÄGER			
	3,7-cm-Pak 35/36 auf Inf. Schlepper UE (f)	—	238	—
	4,7-cm-Pak (f) auf Gw. Lr.S. (f)	—	238	—
101	4,7-cm-Pak (t) auf Pz.Kpfw. I Ausf. B	237	237	328
	4,7-cm-Pak (t) auf Gw. Renault R 35 (f)	—	238	—
135	7,5-cm-Pak 40 L/48 auf Gw. Lr.S. (f)	—	238	—
	7,5-cm-Pak 40 L/48 auf Gw. F.C.M. (f)	—	240	—
	7,5-cm-Pak 40 L/48 auf Gw. Hotchkiss (f)	—	240	—
131	7,5-cm-Pak 40/2 auf Pz.Jäg. II Ausf. A—C „MARDER II“	241	241	—
132	7,5-cm-Pak 40/2 auf Pz.Jäg. II Ausf. D u. E	—	—	—
132	7,62-cm-Pak 36 (r) auf Pz.Jäg. II Ausf. D u. E	—	242	—
138	7,5-cm-Pak 40/3 auf Pz.Jäg. 38 (t) Ausf. H „MARDER III“	—	243	328
138	7,5-cm-Pak 40/3 auf Pz.Jäg. 38 (t) Ausf. M „MARDER III“	243	244	328
139	7,62-cm-Pak 36 (r) auf Pz.Jäg. 38 (t)	—	245	—
164	8,8-cm-Pak 43/1 auf Pz.Jäg. III/IV „NASHORN“ (früher „HORNISSE“)	248	247	328
	8,8-cm-Pak 43/1 auf Rheinmetall-Borsig-Ardelt Waffentr. 38 (d) (Prototyp)	—	245	—
	8,8-cm-Pak 43/1 auf Krupp/Steyr Waffenträger 38 (d) (Prototyp)	—	246	—
	12,8-cm-K. 40 auf VK 3601 (H)	—	250	—
	7,5-cm-Pak 40/1 auf RSO	—	284	—
	PZ.ARTILLERIE- UND INF.-GESCHÜTZE			
101	15 cm s.I.G. 33 auf Pz.Kpfw. I Ausf. B	—	251	—
	15 cm s.I.G. 33 auf Pz.Kpfw. II	—	252	—
	15 cm s.I.G. 33 auf Pz.Kpfw. II (verlängert)	—	—	—
138/1	15 cm s.I.G. 33 auf Gw. 38 (t) (vorvers. Motor)	253	253	—
138/1	15 cm s.I.G.33 auf Gw. 38 (t) (rückvers. Motor)	.	254	

Sd.Kfz. Nr.		Skizze	Bild	Tabelle
124	10,5 cm le.F.H. 18/2 auf Gw. II „WESPE“ . . .	255	256	330
	10,5 cm le.F.H. 18 auf Gw. 39 H (f)	257	257	—
	10,5 cm le.F.H. 18 auf Gw. Lr.S. (f)	—	258	—
	10,5 cm le.F.H. 18 auf Gw. 35 R (f)	—	.	—
	10,5 cm le.F.H. 18 auf Gw. B 2 (f)	—	.	—
	10,5 cm le.F.H. 18 auf Gw. F.C.M. (f)	—	258	—
	10,5 cm L.G. 2540 auf Sf. VK 302 (Borgward) . .	—	.	—
	s. 10 cm K 18 auf Gw. IVa	—	260	—
135/1	15 cm s.F.H. 13/1 auf Gw. Lr.S. (f)	—	.	330
165	15 cm s.F.H. 18/1 auf Gw. III/IV „HUMMEL“ .	263	262	—
	54 cm Mörser „KARL“ (Gerät „041“)	266	269	—
	60 cm Mörser „KARL“ (Gerät „040“)	—	—	330
	PANZERFLAK			
140	Flakpanzer 38 (2 cm).	270	270	—
	Pz.Kpfw. IV — 3,7 cm Flak 43	273	277	—
	Pz.Kpfw. IV — 2 cm Flakvierling 38	272	277	—
	2 cm Flakvierling 38 auf Pz. IV/3 „WIRBELWIND“	274	271	—
	3,7 cm Flak 43 auf Pz. IV „OSTWIND“	275	278	—
	3,7 cm Flak 43 auf SWS	276	278	—
	3 cm Flakvierling 103/38 „ZERSTÖRER 45“ . .	—	—	—
	3,7 cm Flakzwilling 43 Sf. IV	—	—	—
	3,7 cm Flakzwilling 44 Sf. IV „OSTWIND II“ .	—	—	—
	3,7 cm Flakzwilling 341 Sf. V „COELIAN“ . . .	—	—	—
	8,8 cm Flak 37 Sf. (Prototyp)	279	280	—
	8,8 cm Flak 41 Sf. V	—	265	—
	PANZERWERFER			
4/1	15 cm Pz.W. 42 (Zehnling) auf „MAULTIER“ .	281	281	—
	15 cm Pz.W. 42 (Zehnling) auf SWS	283	282	—
	Panzerwerfer auf Halbketten-Fgst. SOMUA . . .	—	282	—
	WAFFENTRÄGER (Prototypen)			
	Einheitswaffenträger Größe I für 10,5 le. F.H. 18/40 (Ardelt)	285	—	—
	Einheitswaffenträger Größe I für 8,8 cm Pak . .	—	—	—
	Einheitswaffenträger Größe II für 12,8 cm K. 81 .	286	—	—
	Einheitswaffenträger Größe II für 15 cm s. F.H. 43	287	—	—
165/1	10,5 cm le. F. H. 18/1 auf Gw. IVb „HEUSCHRECKE“ (Prototyp)	259	261	—
	10,5 cm le. F.H. 43/35 „GRILLE 10“ (Krupp) .	—	264	—

Waffenträger — Fortsetzung

Klassifikation

Es werden für Typen gleichen Verwendungszwecks in den Typentafeln gleiche Klassenbezeichnungen angewendet. Die amtlichen Bezeichnungen der Typen sind, soweit bekannt, bei der Inhaltsübersicht verwendet.

PANZERKAMPFWAGEN sind mit Waffen in Drehtürmen versehene, für die Hauptkampfarten der Panzerverbände bestimmte Vollkettenfahrzeuge.

JAGDPANZER sind vornehmlich für den Kampf gegen Panzerkampfwagen bestimmte, überdurchschnittlich bewaffnete oder besonders bewegliche Fahrzeuge. Sie tragen ihre Waffen meist nicht in Drehtürmen.

STURMPANZER sind vornehmlich zum Kampf gegen Infanterieziele bestimmte und daher meist mit großkalibrigen, kurzrohrigen Waffen bestückte Fahrzeuge.

SCHÜTZENPANZERWAGEN sind Kampffahrzeuge der mechanisierten Infanterie. Zahlreiche Abarten dienen darüber hinaus den verschiedensten Verwendungszwecken.

PANZERSPÄHWAGEN sind schnelle, leicht gepanzerte Radfahrzeuge für Aufklärungszwecke.

FLAKPANZER sind Spezialfahrzeuge für die Fliegerabwehr mit rundum geschlossener Panzerung.

PANZERBEOBACHTUNGSWAGEN sind Fahrzeuge für die Feuerleitung der Artillerie.

PANZERBEFEHLSWAGEN sind Panzerkampfwagen mit vermehrter Funkgeräteausstattung und verminderter Bewaffnung für die Führer von Panzerverbänden.

FUNKPANZER sind Fahrzeuge für Fernmeldezwecke.

SELBSTFAHRLAFETTEN tragen Waffen der verschiedensten Verwendungszwecke. Sie sind schwach gepanzert.

MINENRÄUMPANZER tragen Geräte zur Auslösung der Räumung von Minen.

RÄUMSCHAUFELPANZER tragen Schaufeln zur Erdbewegung.

FUNKLENKPANZER sind fernlenkbare Fahrzeuge für Sonderzwecke.

WAFFENTRÄGER tragen Waffen, die vom Fahrzeug oder abgelastet von Erdlafetten verwendbar sind.

Abkürzungsverzeichnis

AA = Antiaircraft
Abt. = Abteilung
AR = Aktionsradius in km
Art. = Artillerie
Aufkl. = Aufklärung
Ausf. = Ausführung
B.: = Breite in cm
B = Boxermotor
Bes. = Besatzung
BF = Bodenfreiheit
Bl. = Blattfeder
Btl. = Bataillon
Bttr. = Batterie
D = Dieselmotor
Dr. = Drehstabfeder
Div. = Division
Fla = Fliegerabwehr
Flak = Fliegerabwehrkanone
G = Guß
Gew.: = Gewicht in t
gew. = gewölbt
gp. = gepanzert
Gr.W. = Granatwerfer
H.: = Höhe in cm
Hd. = Hand-
HP = Horsepower
Hyd. = Hydraulisch
I.G. = Infanteriegeschütz
Jgd. = Jagd-
KAL = Kettenauflagelänge
KB = Kettenbreite
Kl. = klettert cm
km/h = Kilometer in der Stunde
KwH. = Kampfwagenhaubitze
KwK. = Kampfwagenkanone
L.: = Länge cm
LL = Luftlande-
L/ = Kaliberlänge
le. = leicht
m. = mittel
mech. = mechanisiert
MG = Maschinengewehr
MK = Maschinenkanone
Mk. = Mark
Mun. = Munition
Nb.W. = Nebelwerfer
O = Ottomotor
Pak = Panzerabwehrkanone
P.H. = Panzerhaubitze
Pi. = Pionier-
pr. = pounder
PS = Pferdestärke
Pz.: = Panzerstärke mm
Pz. = Panzer-
Pz.B. = Panzerbüchse
Pz.Gran. = Panzergranate
Pz.Kpfw. = Panzerkampfwagen
Pz.Spw. = Panzerspähwagen
R = Rückwärts-
Rdbl.F. = Rundblickfernrohr
Rgt. = Regiment
s. = schwer
Schr. = Schraubenfeder
Sd.Kfz. = Sonderkraftfahrzeug
Sf. = Selbstfahrlafette
SP = Selfpropelled
SPW = Schützenpanzerwagen
Spr.Gran. = Sprenggranate
St.: = Steigfähigkeit in cm
StuK. = Sturmpanzerkanone
StuH. = Sturmpanzerhaubitze
tr. = trocken (ungeschmiert)
Trspt. = Transport-
Üb.: = Überschreitfähigkeit in cm
V = Vorwärts, V-Motor
VK = Versuchkonstruktion
Wf. = Werfer
WK = Wurfkanone, rückstoßfrei
WR = Wurfrahmen für Raketen
Wi.Sp. = Winkelspiegel
Z.F. = Zielfernrohr

DEUTSCHLAND — STAMMTAFEL

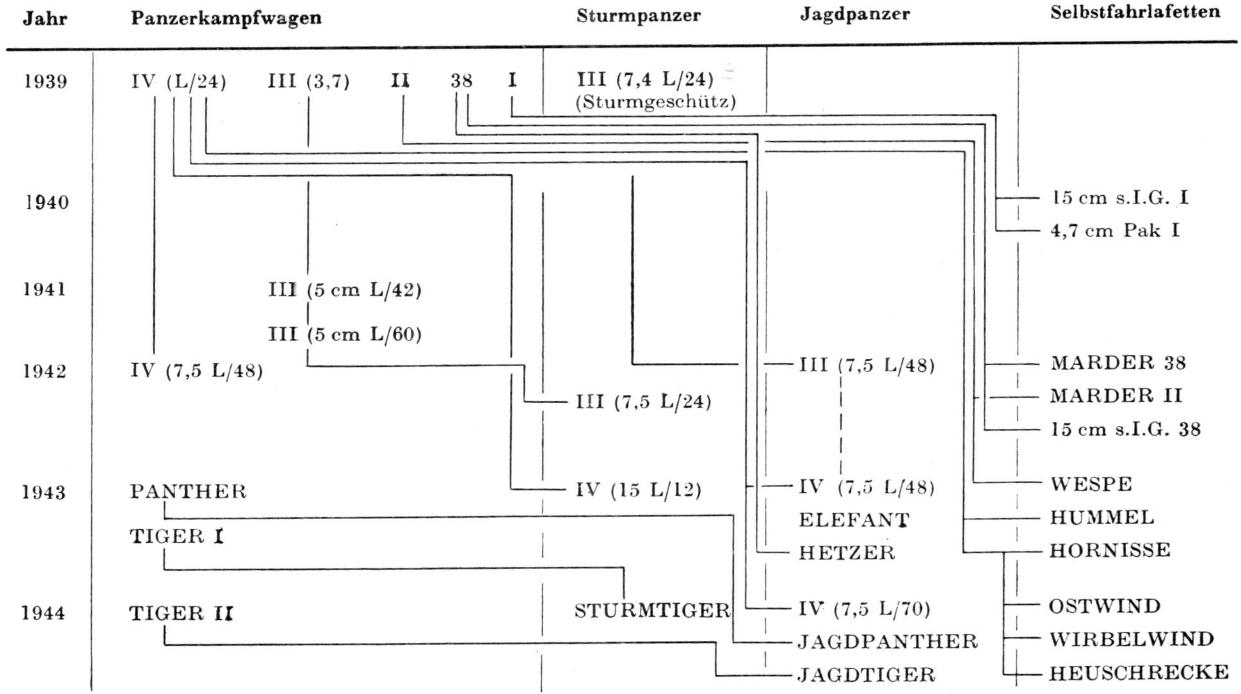

Einführung in die Entwicklungsgeschichte

VORBEMERKUNG

Die Geschichte der Panzerentwicklung 1933 bis 1945 ist gekennzeichnet durch eine stetige Erhöhung der Gewichte und Verstärkung der Panzerung und Waffen. Noch 1933 fing diese Entwicklung, entsprechend der damaligen taktischen Auffassung, mit leichten MG-Kampfwagen an. Schon nach 10 Jahren war mit dem Prototyp der „Maus" ein absoluter Höhepunkt erreicht Von 5 bis 190 t war das Gewicht gesteigert worden!

Nachfolgend wird ein Überblick über die technische Seite dieser Entwicklung gegeben. Die zugrunde liegenden taktischen Forderungen können in diesem Rahmen nicht behandelt werden. Sie lassen sich im wesentlichen auf den gleichen Nenner bringen: Stärkere Fahrzeuge zu bauen als die im Truppendienst befindlichen Typen der Gegner.

Erst mit dem „Tiger" und „Panther" wurde deutlich, daß man auf diesem Weg nicht unbegrenzt fortfahren könne. Die technischen und wirtschaftlichen Grenzen zwangen zur Rückbesinnung auf eine harmonische Berücksichtigung der Faktoren Beweglichkeit, Panzerung und Feuerkraft, die den Panzerkampfwagen kennzeichnen.

Die große Überraschung des östlichen Kriegsschauplatzes, das Auftreten des T 34 im Spätherbst 1941, führte zu einer deutlichen Neuorientierung im deutschen Panzerbau. Konstruktionsmerkmale und Formgebung dieses Panzers sind noch lange Zeit vorbildlich gewesen.

PANZERKAMPFWAGEN

Der Panzerkampfwagen I und seine Abarten*)

Entwicklung

Die Versuche mit den „Leicht- und Großtraktoren" der Jahre 1929 bis 1930 ließen klar erkennen, daß neue Wege beschritten werden mußten, um der Truppe vollwertige Panzerkampffahrzeuge zur Verfügung stellen zu können. Bereits damals wurden die Konstruktionsmerkmale für die später zu schaffenden Panzerkampfwagen III und IV festgelegt. Um dem Heer jedoch sofort nach Herstellung der Wehrhoheit einen brauchbaren Ausbildungsbehelf zu verschaffen, erteilte das Heereswaffenamt (Wa.Prüf. 6) im Jahre 1933 einen Entwicklungsauftrag für einen leichten Panzerkampfwagen der 5-t-Klasse. Dazu eingeschaltet waren die Firmen:

Maschinenfabrik Augsburg-Nürnberg, Werk Nürnberg,
Friedrich Krupp AG, Essen,
Henschel und Sohn, Kassel,
Daimler-Benz AG, Berlin-Marienfelde,
Rheinmetall-Borsig, Düsseldorf.

*) von W. J. Spielberger. Aus „Feldgrau" 1962/63

Die aus diesen Entwürfen resultierenden Prototypen zeigten vor allem bei der Krupp-Ausführung den Einfluß der Erfahrungen, welche diese Firma in Zusammenarbeit mit der schwedischen Firma Landsverk gewonnen hatte. Die Firma Rheinmetall-Borsig knüpfte ihre Entwicklung an die Erfahrungen mit dem Leichttraktor „VK 31/A 2" der Jahre 1928/29 an. Nach eingehender Erprobung wurden von seiten des Heereswaffenamtes der auf dem Krupp-Typ „LKA I" basierende Entwurf angenommen und folgende Hersteller als endgültige Entwicklungsfirmen bestimmt:

für das Fahrgestell die Firma Friedrich Krupp AG in Essen
und für den Aufbau die Firma Daimler-Benz AG in Berlin-Marienfelde.

Während die Kruppsche Entwicklungsbezeichnung „LKA/LKB" lautete, führte das Heereswaffenamt als Tarnbezeichnung die Bezeichnung „Landwirtschaftlicher Schlepper" (LaS) ein. Zum Nachbau eingeschaltet waren vor allem die Firmen Henschel, bei der auch die ersten drei Prototypen im Dezember 1933 fertiggestellt waren, sowie später die Firmen MAN, Nürnberg und Wegmann AG in Kassel. Der erste Probelauf bei Henschel erfolgte am 3. Februar 1934. Das nun in seiner endgültigen Form hergestellte Fahrzeug war ein Vollkettenfahrzeug mit zwei Mann Besatzung (Fahrer und Schütze) und hatte die aus zwei MG 13 bestehende Hauptbewaffnung in einem 360 Grad drehbaren Turm untergebracht. Der luftgekühlte Motor (Krupp M 305) lag zusammen mit dem Ölkühler im Heck des Fahrzeuges. Dieser Vierzylinder-Boxermotor mit 3,5 Liter Inhalt und einer Leistung von 57 PS bei 2500 U/min. wirkte über ein Vorgelege, eine Zwischenwelle sowie eine trockene Zweischeiben-Hauptkupplung auf das ZF Aphon FG 35 Fünfgang-Schaltgetriebe. Von dort ging der Kraftfluß durch einen Kegeltrieb über das „Kupplung-Lenkgetriebe" und ein Seitenvorgelege zu den vorneliegenden Kettentriebrädern.

Versuchsweise wurden bereits damals einige Fahrzeuge mit dem luftgekühlten Krupp-„M 601"-Dieselmotor ausgerüstet, der bei fast gleichen Abmessungen bei 2200 U/min. 45 PS leistete. Diese Leistung war unzureichend. Die Versuche wurden nicht fortgesetzt. Es ist bemerkenswert, hier festzustellen, daß damit praktisch bis 1940 (Tatra Diesel Typ 111) kein weiterer Versuch mehr gemacht wurde, einen luftgekühlten Dieselmotor für Panzerfahrzeuge zu schaffen.

Das aus Lauf- und Stützrollen bestehende Laufwerk war gegen die Wanne mit Schrauben und Viertelfedern abgestützt. Auffallend war bei diesem Fahrzeug das tiefliegende Leitrad. Das 5,4 t schwere Fahrzeug war rundum mit einer 15 mm starken Panzerung versehen und dadurch SmK-sicher.

Serie

Unter der Typenbezeichnung „I A LaS Krupp" lief im Juli 1934 die Serienproduktion bei Henschel an. Der Gesamtauftrag betrug 150 Fahrzeuge.

Die fertiggestellten Fahrzeuge wurden unter der Gerätebezeichnung „Pz.-Kpfw. (M.G.) (Sd.Kfz. 101) Ausf. A" Ref. D 650/1 v. 20. 9. 1938 an die Truppe ausgeliefert und bildeten dort den Nukleus des neuaufzustellenden Fahrzeugbestandes der Panzerverbände. Die in den Truppenversuch gelangten Fahrzeuge bewiesen sehr bald, daß das eingebaute Triebwerk nicht immer den gestellten Anforderungen genügte.

Eine Weiterentwicklung wurde notwendig und erschien auch unmittelbar darauf unter der Typenbezeichnung „I B LaS May". Grundsätzlich unterschied sich dieser Typ durch den jetzt eingebauten Maybach-Sechszylinder-NL-38-Vergasermotor. Um diesen größeren Motor aufnehmen zu können, war es notwendig, den Motorraum und dadurch die Panzerwanne zu verlängern. Dies wiederum ließ sich nur ermöglichen, indem man ein zusätzliches Laufwerkpaar hinzufügte. Um die Beweglichkeit des Fahrzeuges nicht zu beeinträchtigen, wurden die Leiträder nunmehr hoch gelegt und die Kettenauflagelänge dadurch nicht vergrößert. Das Gefechtsgewicht des Fahrzeuges erhöhte sich auf rund 6 t. Das bedeutend stärkere Triebwerk erhöhte gleichfalls das Leistungsgewicht und trotz des angehobenen Gesamtgewichtes wurde eine Höchstgeschwindigkeit von 40 km/h ermöglicht. Der technische und taktische Aufzug blieb unverändert, lediglich ein verbessertes Getriebe kam nunmehr zum Einbau (ZF Aphon FG 31). Das Fahrzeug gelangte ab 1935 in den Truppengebrauch und erhielt die offizielle Bezeichnung: „Pz.-Kpfw. I (M.G.) (Sd.Kfz. 101) Ausf. B" Ref. D 650/4 v. 23. 2. 1938.

Alle am Bau beteiligten Firmen hatten bis 1939 etwa 1500 dieser Fahrzeuge hergestellt, der Bau der Fahrgestelle lief noch bis 1941. Henschel produzierte den Großteil dieser Fahrzeuge in den Jahren 1935 bis 1937, ab 1935 war auch die Firma Wegmann AG in Kassel am Zusammenbau beteiligt.

Als Hauptlieferer der Aufbauteile trat vor allem die Firma Deutsche Edelstahlwerke AG in Hannover-Linden auf und stellte u. a. für das Pz.-I-Bauprogramm folgende Fahrzeugteile her:

	Wannen	Panzerkastenoberteile	Türme
1933	31		
1934	337	54	54
1935	811	851	851
1936	574	565	557
1937	114	255	31
1938		22	

Auch ist bekannt, daß die Ceskomoravska Kolben Danek, später Böhmisch-Mährische Maschinenfabrik in Prag mit Neu- bzw. Umbauten dieser Fahrzeuge beschäftigt war. Ihren ersten Einsatz erlebten beide Ausführungen während der Kämpfe in Spanien. Zu Beginn des Krieges (1. September 1939) standen 1445 Pz. I zur Verfügung und zu Beginn des Frankreichfeldzuges waren 523 Pz.Kpfw. I im Bestand der zum Angriff bestimmten Panzer-Divisionen. Laut Aufstellung v. 1. 7. 1941 waren insgesamt noch 843 Pz. I vorhanden.

Wie Generaloberst Guderian in seinem Buch erwähnte, waren diese Fahrzeuge keineswegs als Kampffahrzeuge gedacht. Die Einsätze in Polen und Frankreich bewiesen auch sehr rasch, daß weder die Feuerkraft noch die Panzerung diese Wagen zum Kampf gegen feindliche Panzerfahrzeuge befähigte. Da nunmehr der Nachschub an größeren Fahrzeugen mehr oder minder sichergestellt war, wurden die Pz. I erst zögernd, später aber immer schneller ausgemustert und waren Ende 1941 als Kampfpanzer fast restlos verschwunden.

Weiterentwicklung

Noch im Jahre 1939 forderte die AHA/AgK/In 6 mit Auftrag vom 15. September das HWA auf, den Pz.Kpfw. I weiterzuentwickeln. Gefordert wurde ein leichter Panzerkampfwagen für Aufklärungszwecke, der gleichzeitig auch als Pz.-Kpfw. für Luftlandetruppen dienen sollte. Als Entwicklungsfirmen waren eingeschaltet: für das Fahrgestell die Krauss-Maffei AG in München, für Aufbau und Turm die Daimler-Benz AG in Berlin-Marienfelde. Vierzig Fahrzeuge der ersten Versuchsreihe waren in Auftrag, mit voraussichtlicher Auslieferung Mitte Juli 1942.

Bei einem Gesamtgewicht von etwa 8 t und einer Panzerung von 10 bis 30 mm hatte das Fahrzeug eine Höchstgeschwindigkeit von 65 km/h. Eingebaut wurde der Maybach-HL-45-Sechszylinder-Vergasermotor mit 150 PS-Leistung. Die Besatzung bestand aus zwei Mann. Die Bewaffnung, bestehend aus einem EW 141 und einem MG 34, war im Drehturm untergebracht. Die Gerätebezeichnung lautete: „Pz.Kpfw. I (Ausf. C) (VK 601).

Ebenfalls 1939, und zwar am 22. Dezember, erging ein weiterer Auftrag an das HWA über 30 Stück eines Pz.Kpfw. I n.A. verst. (neue Ausführung, verstärkt) (VK 1801), mit der gestellten Forderung zur: „Weiterentwicklung des Pz.Kpfw. I mit Schwerpunkt stärkste Panzerung". Wie vorher waren wiederum die Firmen Krauss-Maffei und Daimler-Benz als Entwicklungsfirmen bestimmt. Das Gesamtgewicht betrug nunmehr 18 bis 19 t, die Panzerung 80 mm. Der Maybach HL 45 p verlieh dem Fahrzeug eine Höchstgeschwindigkeit von 25 km/h. Die Besatzung bestand aus Fahrer und Schütze, die Bewaffnung aus zwei MG 34 im Drehturm. Das erste Fahrgestell lief am 17. Juni 1940, der Turm wurde zur gleichen Zeit fertig. Die 0-Serie von 30 Stück wurde ausgeliefert, der Anschlußauftrag über 100 Stück jedoch zurückgezogen.

Die Firma Krauss-Maffei erhielt noch im März 1940 einen Versuchsauftrag über den Einbau von Funkgeräten (Fu 2 und Bordsprechmöglichkeit) im VK 1801 — dieser Versuch wurde abgeschlossen.

Abarten

Nachdem die noch vorhandenen Fahrzeuge als Kampfpanzer nicht mehr zu verwenden waren, wurde mit den Fahrgestellen beider Ausführungen des „Panzer I" eine Entwicklung eingeleitet, die zum Vorbild für den Bau von Abarten jeglicher Art werden sollte. Selbstverständlich wurden Fahrgestelle dieser Typen, wie auch aller anderen Panzerfahrzeuge in offener Ausführung als sogenannte „Wannen", für Fahrschulzwecke verwendet, sie wurden jedoch ebenfalls zu Nachschubzwecken eingesetzt. So entstand bereits zu Beginn des Krieges ein Munitionsschlepper auf dem Fahrgestell des Pz.Kpfw. I, Ausf. A, für dessen geschlossenen Aufbau die Firma Daimler-Benz in Marienfelde verantwortlich zeichnete. Diese gepanzerten Versorgungsfahrzeuge liefen unter der offiziellen Bezeichnung „Panzerkampfwagen I (A) Munitionsschlepper (Sd.Kfz. 111)“ und hatten eine Gesamthöhe von nur 1,4 m. Die Panzerung betrug vorne 15 mm, seitlich und hinten 13 mm, die Besatzung bestand aus zwei Mann. Diese Fahrzeuge entstanden wie die später noch beschriebenen Selbstfahrlafetten aus Umbauten ehemaliger Kampffahrzeuge.

Ab 1940 wurden teilweise Pz.Kpfw. I — ohne Aufbauten — anstelle der Zgkw 1 t an die Panzer-Instandsetzungs-Einheiten ausgegeben und wurden dort bei den Kfz.-Instandsetzungs-Gruppen a verwendet. Da die Motorleistung der Ausführung A nicht immer ausreichte, wurden sämtliche anderen Umbauten ausschließlich auf das Fahrgestell der Ausführung „B“ aufgesetzt. So entstanden bereits 1939 bei der Firma Alkett in Berlin-Spandau die ersten sogenannten „Panzerjägerfahrzeuge“, die richtungsweisend für eine sich anbahnende Entwicklung sein sollten. Hierbei wurde auf das turmlose Fahrzeug eine 4,7 cm tschechische Pak aufgesetzt und diese Waffe nach drei Seiten hin mit Panzerschutz versehen. Diese Waffe hatte eine Rohrlänge von 2040 mm (L/43,4). Seitlich konnte die Waffe nur bis 15 Grad bewegt werden. Das Gerät kam unter der Bezeichnung „4,7 cm Pak (t) (Sfl) auf Panzerkampfwagen I, Ausf. B“ zur Truppe und war noch am 1. 7. 1941 mit 132 Stück beim Heer vorhanden. Das Gefechtsgewicht betrug 6400 kg, die Besatzung bestand aus drei Mann, die Gesamthöhe 2250 mm. 86 Schuß Munition konnten mitgeführt werden. Nach Beginn des Rußlandfeldzuges erwiesen sich diese Fahrzeuge auf Grund der unzureichenden Bewaffnung und Panzerung als nur noch bedingt brauchbar, leisteten jedoch als Übergangslösung vor allem in Afrika noch gute Dienste.

Fast zur selben Zeit entstand ebenfalls bei Alkett eine andere Selbstfahrlafette, die diesmal jedoch das 15 cm schwere Infanteriegeschütz 33 aufnahm. Es wurde erreicht, daß diese Waffe komplett mit Lafette und Räder auf dem Fahrgestell der Ausführung „B“ verlastet werden konnte und sogar noch nach drei Seiten mit einem 10 mm Panzerschild versehen wurde. Diese Lösung, so originell sie wirkte, schuf ein Fahrzeug mit unmöglichem Aufzug, der nunmehr 3,35 m betrug. Die Fahrgestelle waren überlastet, da die Waffe allein in feuerbereitem Zustande 1750 kg wog. Mit vier Mann Besatzung betrug das Gefechtsgewicht des Gerätes rund 8,5 t. Diese Fahrzeuge wurden bereits in Polen eingesetzt und gaben dort, wie später in Frankreich, den durchgestoßenen Panzerverbänden eine brauchbare Steilfeuerunterstützung. Das in den Truppengebrauch gelangte Gerät führte die Bezeichnung „15 cm sIG 33 auf Panzerkampfwagen I, Ausf. B“ und wurde auch als „GW (Geschützwagen) I für 15 cm sIG 33“ bezeichnet. 38 Stück wurden umgebaut.

Zahlreiche Versuche zur Schaffung von Funklenkpanzern und sog. Ladungsträgern hatten die veralteten Fahrgestelle der Panzer I zur Grundlage. Von diesen nur wenig bekannt gewordenen Versuchen wurde der Typ „Ladungsleger I“ bekannt. Mit Auftrag vom 9. 5. 1940 erhielt die Waggonfabrik Talbot in Aachen den Auftrag zur Konstruktion eines Fahrzeuges, welches in der Lage war, eine Sprengladung von 75 kg mittels eines ausschiebbaren Armes aus einem Panzer I abzulegen. Der auf dem Dach des Fahrzeuges angebrachte ausschiebbare Arm war in Ruhestellung 2 m lang und konnte bis auf 2,75 m ausgeschoben werden. Die Versuche kamen über ein

Versuchsstück nicht hinaus. Aus dem Bestreben heraus, den Panzerverbänden auch gepanzerte Führungsfahrzeuge zu geben, entstand bereits in den Jahren 1936/38 der „kleine Panzerbefehlswagen“ (Sd.Kfz. 265). Dieses auf „A“ und „B“-Fahrgestell laufende Fahrzeug wurde von der Firma Daimler-Benz in Berlin-Marienfelde entwickelt und gebaut. Von den drei verschiedenen Typen „1 kl. B“, „2 kl. B“ und 3 kl. B“ wurden insgesamt 200 Stück hergestellt. Teilweise waren diese Fahrzeuge mit einem kleinen, rechteckigen Drehturm ausgerüstet. Das Gefechstgewicht betrug 5880 kg. Der Besatzung von drei Mann stand ein MG zur Nahverteidigung zur Verfügung, die Funkausrüstung bestand aus einem Fu. 6 und einem Fu. 2. Die Aufbauten selbst wurden wiederum von der Deutschen Edelstahlwerke AG in Hannover-Linden geliefert. Zu Beginn des Frankreichfeldzuges 1940 standen 96 Stück dieser Fahrzeuge den Truppen zur Verfügung.

Es ist interessant, festzustellen, daß der Gedanke, nochmals einen Zwei-Mann-Panzer zu entwickeln, gegen Kriegsende wieder aufgegriffen wurde. Nach vorhandenen Unterlagen beschäftigte sich die Weserhütte AG in Bad Oeynhausen mit dem Entwurf eines VK 301, während sich die Büssing-NAG mit Plänen für ein VK 501 beschäftigte. Beide Fahrzeuge erlebten das Kriegsende im Konstruktionsbüro.

Der Panzerkampfwagen II und seine Abarten*)

Entwicklung

Generaloberst Heinz Guderian gibt in seinem Buch „Erinnerungen eines Soldaten“ Auskunft über die Hintergründe der Entwicklung des Panzer II: „. . . da die Fertigung der geplanten Haupttypen (Panzer III und IV) sich länger hinauszögerte als ursprünglich erhofft wurde, entschloß sich General Lutz zu einer weiteren Zwischenlösung, dem mit einer 2-cm-Maschinenkanone und einem MG bestückten Panzer II der Firma MAN . . .“ Das Waffenamt vergab daraufhin im Juli 1934 Entwicklungsaufträge für ein Fahrzeug der 10-t-Klasse an die Firmen:

Friedrich Krupp AG, Essen,
Henschel und Sohn AG, Kassel,
Maschinenfabrik Augsburg-Nürnberg AG, Nürnberg.

Die Firma Krupp griff auf den bereits zur Verfügung stehenden Panzer I Prototyp zurück und rüstete dieses Fahrzeug unter der Typenbezeichnung L.K.A. 2 mit einer 2-cm-KwK 30 und einem MG im Drehturm aus. Die Henschel und MAN-Prototypen zeigten ähnliches Aussehen, sie wichen in ihrer Laufwerksaufhängung grundsätzlich vom Krupp-Prototyp ab.

Unter der vom Heereswaffenamt bestimmten Tarnbezeichnung „LaS 100“ (Landwirtschaftlicher Schlepper 100) wurden die Prototypen eingehenden Erprobungen unterzogen. Die Entwicklung konzentrierte sich schließlich auf den Entwurf der Firma MAN. Als endgültige Entwicklungsfirmen wurden daraufhin bestimmt:

für das Fahrgestell die Maschinenfabrik Augsburg-Nürnberg AG, Werk Nürnberg,
für den Aufbau die Daimler-Benz AG in Berlin-Marienfelde.

---

*) von W. J. Spielberger. Aus „Feldgrau“ 1962/63

Als Nachbaufirmen eingeschaltet wurden folgende Firmen:
Famo in Breslau (1936—43),
Wegmann in Kassel (1935—41),
MIAG in Braunschweig (1936—40).

Serie

Mit Fahrgestell Nr. 20 001—20 025 erschienen die ersten Produktionsfahrzeuge unter der Typenbezeichnung „1/LAS 100" und wurden offiziell als „Panzerkampfwagen II (2 cm) (Sd.Kfz. 121)" 1935 an die Truppe ausgegeben. Diese 7,2 t schweren Fahrzeuge mit drei Mann Besatzung waren mit dem Maybach-6-Zylinder-Hochleistungsmotor HL 57 ausgerüstet, der bei 2600 U/min. 130 PS leistete. Die Höchstgeschwindigkeit betrug 40 km/h. Die Kraftübertragung erfolgte über eine Scheibenkupplung auf ein ZF-Sechsgangschubgetriebe, über ein Kupplungslenkgetriebe zu den vorne liegenden Antriebsrädern. Die paarweise aufgehängten Laufrollen waren mittels Blattfedern und Waagebalken gegen die Wanne abgestützt. Ausführung „a 1" hatte noch Vorgelege ohne Untersetzungsgetriebe. Noch im selben Jahre erschien die Ausführung „a 2", von der ebenfalls 25 Stück gebaut wurden. (Fahrgestell Nr. 20026—20050.) Bei diesem Fahrzeug waren Verbesserungen im Motorraum und an der Kühlung vorgenommen worden. Die dritte Ausführung erschien im Jahre 1936 als Ausführung „a 3" in einer Auflage von 50 Stück. (Fahrgestell Nr. 20051—20100) und wies Verbesserungen am Laufwerk (Federung) und Kühlung auf. Gemeinsam hatten alle diese Fahrzeuge die 2-cm-KwK 30 und ein MG 34 im Drehturm, während die Panzerung rundum 14,5 mm betrug.

Die Versuche ergaben, daß die zur Verfügung stehende Motorleistung nicht immer ausreichte, deshalb kam ab Fahrgestell Nr. 21001 der Maybach-6-Zylindermotor HL 62 zum Einbau. Durch Vergrößerung der Bohrung von 100 auf 105 mm wurde der Hubraum auf 6191 ccm erhöht und die Motorleistung von 130 auf 140 PS angehoben. Zusätzlich erhielt das nun unter der Typenbezeichnung „2/LaS 100" (Ausführung „b") laufende Fahrzeug neue Untersetzungsgetriebe und die endgültigen Gleisketten der Panzer-II-Baureihe. Das Gesamtgewicht hatte sich auf 7,9 t erhöht. 100 Fahrzeuge dieses Typs wurden hergestellt. Ab vierter Serie wurde die Frontpanzerung nachträglich auf 30 mm verstärkt. 1937 wurde auch die Firma Henschel und Sohn in das Panzer-II-Bauprogramm eingeschaltet. In diesem Jahre erschien auch die Ausführung „c" (Typenbezeichnung 3/LaS 100). Dieses Fahrzeug hatte bereits das endgültige Panzer-II-Laufwerk, welches mit fünf an Viertelfedern aufgehängten Laufrollen bis zum Auslaufen der Produktion beibehalten wurde. Fahrgestellnummern liefen von 21101—23000. Charakteristisch für alle bisher erwähnten Fahrzeuge war die runde Bugplatte, die bei den darauffolgenden Fahrzeugen durch eine geschweißte und gradflächige Vorderfront ersetzt wurde. 1937 bis 1940 folgten die Ausführungen A, B, C (Typenbezeichnungen 4, 5 und 6/LaS 100). Am 1. 11. 1940 liefen fünf Aufträge für Panzer II, davon waren drei im April und zwei im August 1940 erteilt worden, die Produktion lief jedoch erst im Dezember 1940 an.

Bei Kriegsbeginn bilden die Panzer II zahlenmäßig das Rückgrat der angreifenden Panzerdivisionen und zu Beginn des Frankreichfeldzuges 1940 standen 955 Panzer II zur Verfügung. Bestandsmäßig waren am 1. 7. 1941 noch 1067 Panzer II beim Heer vorhanden, diese Zahl war am 1. 4. 1942 auf 860 Stück abgesunken.

Weiterentwicklung

Die Daimler-Benz AG in Berlin-Marienfelde schuf im Jahre 1938 den Typ „8/LaS 138", der als „Panzerkampfwagen II (2 cm) (Sd.Kfz. 121) Ausführung D und E" als sog. „Schnellkampfwagen" den leichten Divisionen zugeteilt wurde. Während der Panzerkastenoberteil und Turm dem Panzer II entsprach, wurde bei diesen Baureihen erstmals ein Laufwerk mit Drehstäben verwendet. Ungefähr 250 dieser Fahrzeuge wurden 1938 und 1939 hergestellt. Antriebs- und getriebemäßig baugleich mit den anderen Baureihen der Panzer II, erreichten diese 10 t schweren Fahrzeuge eine Höchstgeschwindigkeit von 55 km/h, Besatzung, Bewaffnung und Panzerung blieben unverändert.

Laut Besprechung mit Adolf Hitler vom 7. 7. 1941 wurde es für zweckmäßig erachtet, daß alle Kampfwagen der künftigen Neuproduktion durch einen Vorpanzer — abgesetzt vom Hauptpanzer — zusätzlich zu verstärken seien, um die erhöhte Durchschlagskraft der neuen Hohlladungsgranaten aufzuheben. Die dabei zu erwartenden Gewichtszunahmen und der Verlust an Geschwindigkeit sollten nach Ansicht Hitlers in Kauf genommen werden (GFM Keitel an OKH). Ebenfalls interessant ist ein Auszug aus einer Sitzung des Panzerausschusses vom 17. 7. 1941. Eine neue Führeranweisung verlangte damals eine Verstärkung der Panzerwaffe auf 36 Panzerdivisionen. Ein Vertreter des Allgemeinen Heeresamtes stellte dabei fest, daß für die Aufstellung dieser Divisionen u. a. 4608 Panzer II nötig wären. Es ist überraschend, festzustellen, daß man zu dieser Zeit immer noch an der Panzer-II-Produktion festhielt, obwohl die Erfahrungen des Frankreichfeldzuges bereits ganz klar erkennen ließen, daß diese Fahrzeuge nur noch in Ausnahmefällen zum Kampf gegen feindliche Panzer geeignet waren.

Ende 1940, Anfang 1941 erschien die Produktions-Abschlußausführung der Panzer-II-Baureihe unter der Typenbezeichnung „7/LaS 100" (Ausführung F). Dieses Fahrzeug hatte bei einer verstärkten Frontpanzerung von 35 mm eine 20 mm Seitenpanzerung erhalten, die das Gefechtsgewicht auf 9,5 t anhob. Das monatliche Produktionssoll ab 1942 war mit 45 Einheiten festgelegt, wegen Arbeitermangel vor allem bei Famo, wurden jedoch beträchtlich weniger Fahrzeuge ausgestoßen. Bis zur Einstellung des Baues Anfang 1944 wurden insgesamt nur noch 625 Fahrzeuge dieses Typs hergestellt. Der Fahrzeugpreis ohne Bewaffnung und Funkausrüstung belief sich auf 49228,— RM.

Noch 1941 forderte die AHA/AgK (Inspektion 6) einen Panzerkampfwagen der 10-t-Klasse mit „erhöhter Geschwindigkeit und verbesserter Panzerung". Ein Entwicklungsfahrgestell dieses Panzerkampfwagen II (Ausführung H und M) wurde am 1. 9. 1941 von der Firma MAN, Nürnberg ausgeliefert. Ausgerüstet mit dem Maybach-HL-P-Sechszylinder-Vergasermotor mit 200 PS sollte das 10,5 t schwere Fahrzeug eine Geschwindigkeit von 65 km/h erreichen. Als Panzerung waren vorne 30 mm, seitlich und am Heck 20 mm vorgesehen, während die Decke mit 10 und der Boden mit 5 mm gepanzert waren. Die Spurweite betrug 2,08 m. Der Besatzung von drei Mann stand eine 2-cm-KwK 38 und ein MG 34 im Drehturm zur Verfügung. Der voraussichtliche Produktionsbeginn war auf Mitte 1942 festgelegt, das Fahrzeug jedoch zu diesem Zeitpunkt bereits überholt.

Hauptzulieferer der Wannen, Panzerkastenoberteile und Türme für das Panzer-II-Bauprogramm war wiederum die Deutsche Edelstahlwerke AG, Hannover, die in den Jahren 1936—42 folgende Einzelteile herstellte:

	Wannen	Oberteile	Türme
1936	117	147	84
1937	215	309	194
1938	308	346	432
1939	—	85	2
1940	42	118	118
1941	131	92	92
1942	148	172	54

Bereits 1938, und zwar am 18. Juni, war ein Auftrag an die Firma MAN in Nürnberg für das Fahrgestell und die Firma Daimler-Benz AG in Berlin-Marienfelde für Aufbau und Turm ergangen, der als Vorschlag des Waffenamtes eine Weiterentwicklung des Panzerkampfwagens II mit „Schwerpunkt hohe Geschwindigkeit" schaffen sollte. Die Bezeichnung dieses Fahrzeuges lautete „Panzerkampfwagen II n.A. (VK 901)". Das erste Fahrgestell war Ende 1939 fertiggestellt und mit dem „HL 45" 145-PS-Motor der Firma Maybach ausgerüstet. Mit einer Frontpanzerung von 30 mm und 14,5 mm seitlich, ergab sich ein Gesamtgewicht von 9,2 t. Die Höchstgeschwindigkeit betrug 50 km/h. 60 km/h waren angestrebt, hierzu wurde jedoch ein 200-PS-Motor erforderlich, der später im „HL 66 P" zur Verfügung stand. Die Besatzung von drei Mann hatte eine 2-cm-KwK 38 und ein MG 34 in stabilisierter Aufhängung im Drehturm zu bedienen. Die Nullserie von 75 Stück lief im Oktober 1940 an und wurde ausgeliefert. 30 dieser Fahrzeuge sollten mit Auftrag vom 1. Juni 1942, welcher an die Firmen Daimler-Benz AG, Rheinmetall-Borsig und Skoda erging, in Panzerbeobachtungswagen für Panzerartillerie und Panzerregimenter umgebaut werden. Ein Versuchsgerät VK 903 mit Kuppel 1303b war bis September 1942 fertiggestellt und mit E-Messer, Orter-, Beobachtungs- und Funkgerät ausgerüstet.

Ein zweiter Entwicklungsauftrag ebenfalls an die MAN und Daimler-Benz AG erfolgte am 22. 12. 1939 mit der Forderung zur Weiterentwicklung des Panzerkampfwagens II mit „Schwerpunkt stärkster Panzer". Die Typenbezeichnung für dieses Fahrzeug lautete: „Panzerkampfwagen II n.A. verstärkt (VK 1601)". Eine Nullserie von 30 Stück wurde aufgelegt, mit Beginn der Auslieferung im Dezember 1940. Das erste Fahrgestell lief am 18. Juni 1940, während der erste Turm am 19. Juni fertiggestellt war. Ein Auftrag über Lieferung einer ersten Serie von 100 Stück wurde jedoch wieder zurückgezogen. Auch diese Fahrzeuge waren mit dem Maybach HL 45 mit 150 PS ausgerüstet, der dem 16 bis 17 t schweren Fahrzeug eine Höchstgeschwindigkeit von 31 km/h erlaubte. Die Spurweite betrug 2350 mm, die Panzerung vorne 80 und seitlich 50 mm. Wiederum standen einer Besatzung von drei Mann eine 2-cm-KwK 38 und ein MG 34 in stabilisierter Aufhängung im Drehturm zur Verfügung.

„Luchs“

Die Erfahrungen mit beiden vorgenannten Typen fanden ihren Niederschlag beim Entwurf des „Panzerkampfwagen II n.A. (VK. 1301)“. Der Auftrag des Waffenamtes bestimmte eine im Aussehen und in den Ausmaßen dem VK 901 gleichkommende Ausführung. In Weichstahlausführung war ein Prototyp bis Ende April 1942 fertiggestellt worden. Das Gefechtsgewicht belief sich auf 12,9 t. Nach geringfügigen Änderungen ging das Fahrzeug als VK 1303 in Serienproduktion. Es ist interessant, daß bereits am 15. 9. 1939 die AHA/AgK/In. 6 vom Heereswaffenamt ein gepanzertes Aufklärungsfahrzeug forderte, welches als Vollkettenfahrzeug ausgebildet, funkmäßig mit Mittelwellengerät und Funksprechgerät ausgerüstet sein sollte. 800 Stück dieses Fahrzeugs wurden ohne Einführungsantrag in Groß-Serie bestellt. Als Entwicklungsfirmen traten auf: für das Fahrgestell die MAN in Nürnberg und für Turm und Aufbau die Daimler-Benz AG in Berlin-Marienfelde. Ursprünglich lautete die offizielle Bezeichnung: Pz.Kpfw. II (Sd.Kfz. 123) „Ausführung L“. Die ausschließliche Verwendung des Fahrzeuges bei Aufklärungseinheiten änderte jedoch die abschließende amtliche Bezeichnung in Panzer-Spähwagen II (2-cm-KwK 38) (Sd.Kfz. 123) „Luchs“. Dieses 11,8 t schwere Fahrzeug war wiederum mit dem Maybach-HL-66-P-Sechszylinder-Vergasermotor ausgerüstet, der 180 PS leistete. Mit einem Sechsgang-ZF-Getriebe ausgerüstet, erreichte das Fahrzeug eine Höchstgeschwindigkeit von 60 km/h. Die ersten 100 Fahrzeuge waren mit 2-cm-KwK 38 und einem MG 34 im Drehturm ausgerüstet. Die Besatzung bestand aus vier Mann. Die Panzerung betrug an der Stirnseite 30 mm, während die Seiten 20 mm stark waren. Ab Fahrzeug Nr. 101 gelangte die 5-cm-KwK L/60 zum Einbau. Hiervon wurden noch 31 Fahrzeuge gebaut. Die Produktion wurde am 12. Mai 1943 eingestellt.

„Leopard“

Damit war jedoch die Entwicklung der Panzer II Baureihe immer noch nicht abgeschlossen. Unter Zurückgriff auf die vorhererwähnte VK 1601 (Pz. Kpfw. II n.A., verstärkt), vergab das Waffenamt 1941 einen Entwicklungsauftrag an die Firmen MIAG in Braunschweig über ein Fahrgestell und an die Daimler-Benz AG über einen Turm und Aufbau für einen stark gepanzerten Kampfwagen zur Gefechtsaufklärung. Die Entwicklungsbezeichnung lautete „Gefechtsaufklärer VK 1602 (Leopard)“. Es ist beachtenswert, daß das Gewicht für dieses VK 1602 auf etwa 26 t festgelegt war. Als Panzerung vorgesehen waren 50—80 mm für den Turm und 20—60 mm für die Wanne. Ein Ottomotor von 550 PS war als Antrieb vorgesehen, der dem Fahrzeug eine Höchstgeschwindigkeit von 60 km/h verleihen sollte. Der Besatzung von vier Mann stand eine 5-cm-KwK 39/1 und ein MG 42 im Drehturm zur Verfügung. Die Zeichnungen für die Panzerteile des Fahrgestells waren am 30. Juli 1942, die Zeichnungen für die Hauptgruppen des

Fahrgestells am 1. September 1942 und die Zeichnungen für den Zusammenbau des Fahrgestells am 1. November 1942 abgeschlossen. Zum Bau des Fahrzeugs ist es jedoch nicht gekommen. Lediglich der 5-cm-Turm wurde von der Firma Daimler-Benz fertig entwickelt und später für den verbesserten Büssing-NAG 8-Rad-Panzerspähwagen Typ „ARK“ verwendet.

Schwimmpanzer II

Abschließend ist noch die Rolle des Pz-Kpfw. II im Rahmen des Unternehmens „Seelöwe“ erwähnenswert. Bekanntlich wurde im September und Oktober 1940 in Putlos die Panzerabteilung A aus Freiwilligen des Panzerregiments 2 aufgestellt und für die Invasion nach England ausgebildet. Dabei wurden die Pz.Kpfw. II durch eine Sonderausrüstung zu Schwimmpanzern umgebaut. Waffenprüf. 6 verlangte von den Firmen Alkett in Berlin, Bachmann in Ribnitz und Gebr. Sachsenberg in Roslau Schwimmkörper, die eine Geschwindigkeit von 10 km/h zuließen und eine Seetüchtigkeit noch bei Seegang 3—4 ermöglichten. 52 Satz dieser Schwimmbehälter wurden bestellt, sie wurden an den Stützrollen befestigt. Diese Behälter waren durch Trennwände in drei Kammern abgeteilt und mit Zelluloidröhrchen gefüllt. In diesen Behältern war zugleich der Antrieb untergebracht, der mittels Aufsteckmuffe, Kardangelenk und Welle auf eine kleine Schiffsschraube übertragen wurde. Zwischen Turm und Wanne war zur Abdichtung ein Schlauch eingelegt. Im Wasser tauchte der Kampfwagen etwa bis Kettenabdeckblech ein. Die Waffen blieben auch beim Schwimmen voll einsatzbereit. Ferner bekannt wurde noch im Rahmen der Panzer-II-Baureihe ein sog. „Panzergerät 13“, von dem jedoch alle weiteren Unterlagen fehlen.

Bevor auf die Vielzahl der Abarten des Pz.Kpfw. II näher eingegangen wird, soll noch kurz erwähnt werden, daß die Pz.Kpfw. II, wie bereits die Panzer I, bei den „schnellen Divisionen“ zum Transport auf Straßen auf Lastkraftwagen und auf angehängten Tiefladeanhängern verlastet wurden. Hierbei fanden hauptsächlich die Lkw Typen Büssing-NAG „900 und 654“ sowie die Fauntype „L 900/D 567“ Verwendung.

Abarten

Die vorhererwähnten Pz.Kpfw. II der Ausführung D und E wurden teilweise im Jahre 1940 in Flammenwerferpanzer umgebaut. Dazu erteilte am 21. Januar 1939 die Insp. 6 des Waffenamtes einen Entwicklungsauftrag an die Firmen MAN Nürnberg und Wegmann AG in Kassel über 90 Stück einer Nullserie. Am 19. Juli 1940 waren bereits 16 Stück vorhanden, die letzten neun Stück wurden im Januar 1942 ausgeliefert. Insgesamt waren am 1. April 1942 95 Stück des „Pz.Kpfw. II (F) (Sd.Kfz. 122)“ bei Sonderpanzer-Formationen vorhanden. Mit zwei Mann Besatzung und 11 t Gesamtgewicht waren diese Fahrzeuge mit je 2 Wurftürmen ausgerüstet, welche je 180° schwenkbar waren. Der mitgeführte Flammölvorrat reichte für etwa 80 Flammstöße von je 2—3 Sekunden Dauer, bei einer Reichweite von etwa 35 Metern. Ein MG 34 stand als Nahverteidigungswaffe zur Verfügung.

Selbstfahrlafetten

Da sich diese Fahrzeuge nicht besonders bewährten, bildeten sie als erste der Pz.-II-Baureihen die Grundlage für Selbstfahrlafetten verschiedener Art. Am 20. Dezember 1941 erging ein Auftrag an das Waffenamt zur Schaffung eines Panzerjägers (Sfl), unter Verwendung der erbeuteten russischen 7,62 cm Pak sowie leFK und des Fahrgestells „LaS 138". Diese Fahrzeuge wurden als Kriegslösung, ohne Einführungsantrag, bei der Firma Alkett in Fertigung gegeben. Bis zum 12. Mai 1942 waren 150 Panzerselbstfahrlafetten ausgestoßen, ein Anschlußauftrag über weitere 60 Satz Panzeraufbauten war erteilt. Der weitere Ausstoß hing jedoch von der Anlieferung reparierter Fahrgestelle des Pz.Kpfw. II (F) ab. Angeblich wurden auch vereinzelt deutsche 7,5-cm-Pak 40/2 aufgebaut. Nachgewiesenerweise kam auch die russische 7,62-cm-Feldkanone 296 ohne Mündungsbremse zum Einbau. Die offizielle Bezeichnung des Fahrzeugs lautete „Pz.Sfl. II für 7,62-cm-Pak 36 (r)" (Sd.Kfz. 132) „Marder II". Diese 11,5 t schweren Fahrzeuge mit vier Mann Besatzung wurden auch gelegentlich als „7,62-cm-Pak (r) auf Fahrgestell Pz.Kpfw. II (Sf)" und als „7,62 cm 36 (Sfl) im Pz.Kpfw. II" bezeichnet. Ab 1942 wurden für derartige Umbauten auch die veralteten Fahrgestelle der „Las 100" Baureihen herangezogen. Am 18. Mai 1942 erteilte der Reichsminister für Bewaffnung und Munition unter Nummer 6772/42 g einen Auftrag an das Waffenamt über einen „Panzerjäger auf Sfl". Verantwortlich für die Entwicklung zeichneten für das Fahrgestell die Firma MAN in Nürnberg, für den Aufbau die Firma Alkett in Spandau und für das Geschütz die Firma Rheinmetall-Borsig. Nachdem Versuche mit der 5-cm-Pak 38 erfolglos abgebrochen wurden, kam nunmehr die 7,5-cm-Pak 40/2 zum Einbau. Mit drei Mann Besatzung hatten diese Fahrzeuge ein Gefechtsgewicht von 10,8 t. Am 15. Juni 1942 erfolgte die Auslieferung des ersten Fahrzeuges, dem weitere 1216 Stück folgten. Die offizielle Bezeichnung lautete „7,5-cm-Pak 40/2 auf Sfl. II" (Sd.Kfz. 131) „Marder II". Trotz des oben offenen Kampfraumes bildeten diese Fahrzeuge eine wertvolle Hilfe bei der Panzerabwehr in Rußland.

Von dem bereits erwähnten Pz.Kpfw. II n.A. (VK 901), von dem im Januar 1942 noch sechs Stück hergestellt wurden, wurden zwei Fahrgestelle laut Auftrag des Waffenamtes vom 5. Juli 1940 Az. 73a/p Agk/In 6 (VIIIa) Nr. 1684/40 g in leichte Panzerjäger umgebaut. Die beiden Versuchsgeräte welche im Januar 1942 an die Front gelangten, hatten die Bezeichnung „5-cm-Pak 38 auf Panzerkampfwagen II Sonderfahrgestell 901" (Pz.Sfl. Ic). Verantwortlich für Geschütz und Aufbau war die Firma Rheinmetall in Düsseldorf, während die Umbauten am Fahrgestell bei der Firma MAN in Nürnberg durchgeführt wurden. Bei einem Gesamtgewicht von 10,5 t, einer Frontpanzerung von 30 mm und einer Seitenpanzerung von 20 mm und mit vier Mann Besatzung, wurde dieser Versuch jedoch nicht weitergeführt, da die 5-cm-Pak 38 sich gegen den T 34 als wirkungslos erwies.

Als Artillerie-Selbstfahrlafette wurde hauptsächlich die seit 1942 auf umgebauten LaS 100 Fahrgestellen laufende „Wespe" bekannt. Die offizielle Bezeichnung dieser Fahrzeuge lautete „leFH 18/2 auf Fahrgestell Pz.Kpfw. II (Sf)" (Sd.Kfz. 124) — auch GW II (Geschützwagen II) für leFH 18. Die

Bezeichnung „Wespe" entfiel laut Führerbefehl vom 27. Februar 1944. Verantwortlich für die Entwicklung dieses Fahrzeuges war die MAN Nürnberg für das Fahrgestell, Alkett Spandau für den Aufbau und Rheinmetall-Borsig für das Geschütz. Die Produktion erfolgte hauptsächlich bei der Famo in Warschau (früher Vereinigte Maschinenfabrik).

Das Gefechtsgewicht betrug 11480 kg, die Besatzung bestand aus fünf Mann. 32 Schuß leFH Munition konnten mitgeführt werden. Die Fahrzeuge hatten teilweise unterschiedliche Bugausbildung, mit einer Wannenpanzerung von vorne 18 und seitlich 15 mm, während der Aufbau durchschnittlich 10 mm gepanzert war. 683 Stück dieses Fahrzeugs standen ab 1942 bei den leichten Batterien der Panzerartillerieabteilungen (Sf). Bei diesen Einheiten fand auch die sog. „Munitionsselbstfahrlafette auf Fahrgestell Pz.Kpfw.II" Verwendung, von der 158 Stück gebaut wurden. Dieses Fahrzeug glich im Aufbau der Sf „Wespe", hatte jedoch kein Geschütz. 90 Schuß 10,5-cm-Munition konnten mitgeführt werden. Die Besatzung bestand aus einem Fahrer und zwei Kanonieren. Es war der Truppe möglich, mit eigenen Mitteln diese Fahrzeuge in Geschützfahrzeuge umzuwandeln.

Weitere Unterlagen besagen, daß die 10,5 cm leichte Feldhaubitze 18/2 auch im Rahmen der „Heuschrecke"-Baureihe auf ein Fahrgestell der „LaS-100"-Serie aufgesetzt wurde. Dabei war die Bewaffnung einschließlich Turm ablastbar angeordnet, das Geschütz war ortsfest verwendbar. Das gepanzerte Fahrgestell konnte als Munitionsfahrzeug eingesetzt werden. Die Bilder eines Holzmodells dieses Fahrzeuges zeigen, daß man bereits damals eine Verlängerung des Pz.Kpfw.-II-Fahrgestells um ein Laufrollenpaar in Erwägung gezogen hatte. Diese Entwicklung wurde später beim Aufbau eines 15-cm-sIG 33 auf Panzer-II-Fahrgestell wirklich durchgeführt. Während die „Heuschrecke 10" nicht gebaut wurde, erfolgte der Einbau des sIG 33 bereits ab 1942 in ein normales LaS-100-Fahrgestell. Diese unter der Bezeichnung „15-cm-sIG 33 auf Panzerkampfwagen II" (Sd.Kfz. 121) — auch GW II für 15-cm-sIG 33 — laufenden Fahrzeuge, hatten einen sehr niedrigen und daher günstigen Aufzug, waren jedoch stark überlastet. 1943 gelangten dann die vorhererwähnten, verlängerten Fahrgestelle für diesen Zweck zum Einsatz. Mit fünf Mann Besatzung betrug das Gefechtsgewicht rund 12 t.

Der Entwicklung der Sf Artillerie maß man ab 1942/43 größere Bedeutung bei, so entstanden zu dieser Zeit interessante Lösungen, welche teilweise das Fahrgestell des Aufklärungspanzers „Luchs", später jedoch das nicht gebaute Fahrgestell des Gefechtsaufklärers „Leopard" zur Grundlage hatten.

In diesem Zusammenhang erhielt im Frühjahr 1942 die Firma Krupp, Essen, den Auftrag über eine „10,5-cm-Feldhaubitze als gepanzerte Selbstfahrlafette". Nach Möglichkeit sollte dabei auch das Rohr der neuen lFH 43 der Rheinmetall-Borsig Verwendung finden. Der Austauschbarkeit der Rohre Krupp und Rheinmetall-Borsig sollte Rechnung getragen werden. Die Bezeichnung dieser Fahrzeuge lautete „Gerät 5-1027 leFH 43 (Sfl) (Kp II)". Hierbei fanden noch Fahrgestellteile des „Luchs" Verwendung. Ferner bekannt wurden das „Gerät 5-1026 (leFH 43 (Sfl) (Kp I)" der Firma Krupp, bei dem das Gewicht in Fahrstellung auf 25 t und das abgesetzte Gewicht auf 4,3 t angegeben war. Alle im Auftrag befindlichen Fahrzeuge sollten Mitte 1943 zur Auslieferung gelangen und hatten wie die noch folgend beschriebenen Fahrzeuge kraftfahrzeugtechnisch Fahrgestellteile des „Leopard" zur Grundlage. Ein gleichlaufender Auftrag über das „Gerät 5-1028 (leFH 43 (Sfl) Rh.B)" erging an die Firma Rheinmetall-Borsig, die unter Verwendung ihrer 10,5-cm-leFH 43 L/31 das Gewicht in Fahrstellung auf 23 t und das abgesetzte Gewicht auf 2,15 t reduzierte. Unter gleichen Bedingungen schuf die Friedrich-Krupp-AG das „Gerät 5-1212 (12,8-cm-K 43 (Sfl) Kp II)" und „Gerät 5-1529 (sFH 43 (Sfl) Kp II)", von denen je eins im Auftrag war. Die voraussichtliche Lieferung sollte im Sommer 1943 erfolgen. Das Gesamtgewicht dieser Fahrzeuge lag bei etwa 34 t. Die gesamte Entwicklung kam über einzelne Versuchsstücke nicht hinaus. Abschließend ist noch zu erwähnen, daß der Pz.Kpfw. II n.A. verstärkt (VK 1601) in einzelnen Exemplaren als Bergepanzer Verwendung fand. Ein Brückenlegepanzer auf Pz II-Fahrgestell blieb Entwurf.

Die Panzerkampfwagen 35 (t) und 38 (t) mit ihren Abarten*)

Kein anderer Panzer ausländischen Ursprunges erreichte in der deutschen Wehrmacht die Bedeutung dieser beiden Fahrzeuge. Vor allem der „Panzerkampfwagen 38 (t)" bildete die Grundlage für zahlreiche Abarten, welche bis Kriegsende in großen Stückzahlen als brauchbare und zuverlässige Kampffahrzeuge bei der Truppe standen.

Panzer 35 (t)

Der von Skoda entwickelte „Panzerkampfwagen 35 (t)" lief unter der Typenbezeichnung „LTM 35" als leichter Panzer bei der tschechischen Armee und wurde in größeren Stückzahlen auch exportiert. 1939 von der deutschen Wehrmacht übernommen, stand dieses 10,5 t schwere Fahrzeug 1940 bei der 6. P.D. im Einsatz. Noch am 1. 6. 1942 waren davon 167 Stück vorhanden. Die Bewaffnung bestand aus einer 37 mm KwK (A 3) und zwei MGs. Die genietete Panzerung betrug vorne 25 mm und seitlich 16 mm. Der Vierzylinder Skoda „T 11" Vergasermotor mit 8,5 Liter Inhalt und einer Leistung von 120 PS bei 1800 U/min, verlieh dem Fahrzeug eine Höchstgeschwindigkeit von 40 km/h. Mit Außenmaßen von 4450 × 2140 × 2200 mm und vier Mann Besatzung waren diese kompakten Fahrzeuge für ihre Zeit sehr modern. Die Reichweite betrug bei Straßenfahrten 190 km und im Gelände 115 km. Die Firma Skoda verwirklichte beim Entwurf dieser Fahrzeuge viele fortschrittliche Ideen für den Panzerbau. Grundsätzlich wiesen die Fahrzeuge folgende Konstruktionsmerkmale auf:

1. Ein hinten liegendes Vorgelege, das es ermöglichte, den Kampfraum von Antriebsaggregaten freizuhalten. Auch hierbei wich man von der deutschen Einstellung ab, die vorne liegende Antriebsräder bevorzugte, um den Gleisketten eine gewisse Selbstreinigung zu ermöglichen.
2. Das Triebwerk wurde so kurz als möglich gehalten, um möglichst viel Platz für den Kampfraum zu erhalten.
3. Druckluftunterstützung für Betätigung von Getriebe und Lenkung wurde eingeführt, um die Fahrerermüdung zu reduzieren. Bei Verwendung der

*) von W. J. Spielberger. Aus „Feldgrau" 1962/63

Fahrzeuge an der Ostfront stellte sich jedoch heraus, daß bei extrem niedrigen Temperaturen die Druckluftschaltung und -lenkung sehr störungsanfällig wurde. Daraufhin wurden diese Aggregate durch mechanische Übertragungsteile ersetzt.

4. Die Laufwerksaufhängung ermöglichte eine gleichmäßige Lastverteilung auf alle Laufrollen.

Die oben erwähnte Einführung einer Druckluftunterstützung für Schaltung und Lenkung bedeutete eine bemerkenswerte Reduzierung von Müdigkeitserscheinungen der Panzerfahrer. Es war durchaus möglich, Tagesleistungen von 200 km mit Durchschnittsgeschwindigkeiten zwischen 20 bis 25 km/h zu erreichen, obwohl die Höchstgeschwindigkeit nur 40 km/h betrug. Auch war die Lebensdauer der Fahrwerksaufhängung bemerkenswert. Es wurden teilweise Gleisketten- und Laufrollenlaufzeiten von 4000 bis 8000 km erzielt.

Nach Ausmusterung der Panzerkampfwagen 35 (t) als Kampffahrzeuge wurden die noch vorhandenen Fahrgestelle als „Mörserzugmittel 35 (t)" bei schweren Artillerieeinheiten oder als „Zugkraftwagen 35 (t)" mit einer Anhängelast von 12 t als Zug- und Abschleppfahrzeuge bei Instandsetzungseinheiten der Panzerverbände verwendet. Die Besatzung bestand aus zwei Mann.

Fahrzeuge gleicher Bauart (LTM 35) standen in der rumänischen Armee, teilweise beim italienischen Heer und in verbesserter Ausführung bei ungarischen Einheiten im Truppengebrauch.

Die sonst so brauchbaren tschechischen Kampffahrzeuge waren in ihrem Kampfwert hauptsächlich durch genietete Panzerbleche beeinträchtigt, wodurch sie sich grundsätzlich von Panzerfahrzeugen deutscher Fertigung unterschieden.

Panzer 38 (t)

Der von der Ceskomoravska Kolben Danek Praga (ab 1940 Böhmisch-Mährische Maschinenfabrik AG) in Prag ab 1938 gebaute Typ „TNHP-S" war eines der modernsten Panzerfahrzeuge seiner Zeit. Der Bau dieses Kampfwagens wurde auch nach Übernahme der Tschechoslowakei bis 1942 fortgesetzt. Laut Mitteilung vom 1. 11. 1940 betrug das monatliche Produktionssoll noch 40 Fahrzeuge dieses Typs. Diese äußerst robusten und zuverlässigen Fahrzeuge stellten 1940/41 ein Viertel des Kampfwagenbestandes der deutschen Panzerwaffe und liefen in den Planstellen der „Panzer III". Die offizielle Bezeichnung der Fahrzeuge lautete: „Panzerkampfwagen 38 (t) (3,7 cm)". 1940 standen zum Einsatz im Westen 228 Stück bei der 7. und 8. P.D., am 1. 7. 1941 zeigte die Bestandsaufnahme 763 Panzerkampfwagen 38 (t), diese Zahl war am 1. 4. 1942 auf 522 abgesunken. Wegen unzureichender Bewaffnung waren die Fahrzeuge ab Ende 1941 zum Einsatz gegen russische Fahrzeuge nicht mehr geeignet. Das Gefechtsgewicht des 38 (t) belief sich auf 9725 kg. Mit einem Praga „EPA" Sechszylinder Vergasermotor ausgerüstet, der mit 7,7 Liter Inhalt 125 PS leistete, erreichte das Fahrzeug eine Höchstgeschwindigkeit von 42 km/h. Ab Fahrgestell Nr. 1601 wurde die Leistung dieses Triebwerkes durch eine Zweivergaseranlage und erhöhte Drehzahl auf 150 PS angehoben (Typenbezeichnung epa/AC). Es fand in dieser Ausführung bis Kriegsende in allen Abarten Verwendung. Im Drehturm waren eine 3,7 cm KwK (A 7) L/40 und ein 7,9 mm MG untergebracht. Die Besatzung bestand aus vier Mann. Ein Praga-Wilson Vorwählgetriebe mit fünf Vorwärtsgängen erleichterte den Schaltvorgang und trieb über ein zweistufiges Planetenlenkgetriebe die vorne liegenden Antriebsräder. Das Fahrwerk hatte pro Seite vier große Laufräder, welche paarweise an längsliegenden Blattfedern an der Wanne aufgehängt waren.

Auch diese Fahrzeuge wurden exportiert bzw. in Lizenz nachgebaut; und zwar liefen sie in den Armeen der Schweiz, Schwedens und Perus. Bekannt wurden die Ausführungen A bis G und S.

Gedankenskizzen der Firma Krupp aus dem Jahre 1944 zeigen Untersuchungen, einen „Panzer IV"-Turm mit der 7,5 cm KwK 40 L/48 auf dem Fahrgestell des 38 (t) unterzubringen. Eine Realisierung dieses Entwurfes dürfte jedoch wegen Überlastung des Fahrgestelles unmöglich gewesen sein.

Da auch die komplizierten Halbkettenfahrgestelle nicht immer den schwierigen Geländeverhältnissen gewachsen waren, entschloß man sich ab Oktober 1943, das bewährte Fahrgestell des Panzerkampfwagens 38 (t) als Aufklärungspanzer 38 (t) mit dem Turm des Sd.Kfz. 222 in Einsatz zu bringen. Tatsächlich gelangten noch 1944 unter der Gerätebezeichnung „Sd.Kfz. 140/1" siebzig Fahrzeuge dieser Art in den Truppengebrauch.

„Marder III"

Der Schrei der deutschen Infanterie nach brauchbaren Panzerabwehrwaffen unmittelbar nach Beginn des Rußlandfeldzuges 1941, führte am 22. 12. des Jahres zu einem Auftrag an das Waffenamt, als Kriegslösung einen Panzerjäger (Sfl) zu schaffen. Dazu sollten die erbeuteten russischen 7,62 cm lFK und Pak und das Fahrgestell des Panzerkampfwagen 38 (t) Verwendung finden. Ein Einführungsantrag wurde nicht gestellt. Es ist beachtenswert, daß nach dem Auftreten des russischen T 34 russische Beutewaffen als erste die fast unbrauchbar gewordene Panzerabwehr des deutschen Heeres gleichziehen sollten. Wie schon beim „Panzer II" erfolgte der Aufbau dieser Waffen auf dem unveränderten Fahrgestell und dem teilweise veränderten Panzerkastenoberteil des Panzerkampfwagen 38 (t). Das Geschütz mit Oberlafette (ohne Unterlafette) wurde unter Verwendung eines neuangefertigten Unterbaues auf das Oberteil des Aufbaues aufgesetzt. Der Unterbau hatte die Form einer Brücke und war mit der Decke des Heckpanzers sowie mit dem Bugpanzer verschraubt. Die Besatzung (Richt- und Ladeschütze) war nach vorne und den Seiten durch feste Panzerung bzw. durch ein an den Seiten verlängertes, schwenkbares Geschützschild geschützt. Die Aufbaupanzerung war frontal Smk-sicher, seitlich etwas schwächer gehalten. In der Panzerwanne waren Fahrer- und Funkersitze wie beim Panzerkampfwagen 38 (t) angeordnet. Hinter diesen waren rechts und links je drei Munitionskästen zur Aufnahme von 24 Granatpatronen eingebaut. Weitere Munition (6 Schuß) befand sich in je einem Munitionskasten an den Seitenwänden des Aufbaues rechts und links. Als offizielle Bezeichnung dieser Fahrzeuge wurde festgelegt: „Panzerselbstfahrlafette 2 für 7,62 cm Pak 36" (Sd. Kfz. 139). Als Suggestivname erhielt es laut Führerbefehl vom 27. 2. 1944 zusätzlich die Benennung „Marder III". Das Fahrzeug lief auch unter der Bezeichnung „Panzerjäger 38 für 7,62 cm Pak 36" (Ref. D 652/34 vom 27. 4. 1942). Der Produktionsbeginn erfolgte am 24. 3. 1942 bei der Böhmisch-Mährischen Maschinenfabrik in Prag, mit einem Ausstoß von 17 Fahrzeugen pro Monat. Die Kapazität war auf 30 Stück pro Monat festgelegt. Bis zum 15. 5. 1942 waren 120 Stück ausgestoßen und ein Anschlußauftrag über weitere 100 Stück erteilt. Die Auslieferung erfolgte mit je 20 Stück im Juni und Juli 1942, während im August und September je 30 Stück hergestellt wurden. Mit einem Gesamtaufzug von 2,5 m und einer Feuerhöhe von 2 m, betrug das Gefechtsgewicht 10,8 t. Insgesamt wurden 344 Fahrzeuge dieses Typs hergestellt.

Ein weiterer Auftrag über Panzerjägerfahrzeuge, diesmal unter Verwendung der deutschen 7,5 cm Pak 40/3, erging auf Forderung Adolf Hitlers durch den Reichsminister für Bewaffnung und Munition am 18. 5. 1942 unter der Nummer 6772/42 g an das Waffenamt. Wiederum kam das unveränderte Fahrgestell des Panzerkampfwagen 38 (t) zur Verwendung, welches mit neuen Aufbauten versehen wurde. Der Motor lag noch im Heck, war jedoch bei einigen Fahrzeugen bereits auf 150 PS Leistung verstärkt. Das erste Versuchsstück dieses 10,8 t schweren Fahrzeuges wurde im Juni 1942 ausgeliefert. Die offizielle Bezeichnung lautete: „7,5 cm Pak 40/3 auf Sfl 38" (Sd.Kfz. 138) und war ebenfalls bekannt unter der Bezeichnung „Panzerjäger 38 Marder III" (Ref. D 652/36 vom 15. 1. 1943). Bei diesen Fahrzeugen, wie auch bei den später noch beschriebenen „Geschützwagen" für das sIG 33 machte die Lage der Antriebsaggregate im Heck des Fahrgestelles eine Anordnung des Kampfraumes im Vorderteil des Fahrzeuges notwendig. Dadurch wurden diese Fahrzeuge sehr kopflastig. Spätere Entwicklungen verlegten den Motor dann zur Mitte der Wanne und ermöglichten dadurch eine klarere Gestaltung des nun hinten liegenden Kampfraumes. Auch wurde die Zugänglichkeit zum Motor wesentlich verbessert. In dieser Ausführung kam dann ab März 1943 ein verbesserter „Panzerjäger 38 (t)" mit 7,5 cm-Pak 40/3 (Sd.Kfz. 138) zum Einsatz. Durch eine neue Bugausführung wurden diese Fahrzeuge ballistisch günstiger gestaltet und bildeten trotz ihres oben offenen Kampfraumes bis 1944 das Rückgrat der Panzerabwehr. Nachdem von beiden Ausführungen 799 Stück hergestellt worden waren, lief die Produktion im Mai 1944 aus.

Jagdpanzer „Hetzer"

Es war von Anfang an klar, daß diese umgebauten Behelfsfahrzeuge nur als Zwischenlösung gelten konnten. Auf Grund der mit den Sturmgeschützen auf „Panzer-III"-Fahrgestellen gemachten guten Erfahrungen war es logisch, daß das überaus bewährte Fahrgestell des 38 (t) für eine ähnliche Verwendung nutzbar gemacht werden sollte. Aus diesen Überlegungen heraus entstand 1943 der „Jagdpanzer 38 - Hetzer" (Ref. D 652/63 vom 1. 11. 1944), der in seiner Gesamtgestaltung eines der fortschrittlichsten Panzerjägerfahrzeuge des zweiten Weltkrieges darstellte. Diese 16 t schweren Fahrzeuge standen ab Mai 1944 bei den Panzerjägerabteilungen der Infanteriedivisionen und wurden noch nach Kriegsschluß vom Werk Königgrätz der Skoda-Werke AG für die tschechische Armee weitergebaut. Auch die Schweiz beschaffte in den Jahren 1946/47 158 Stück dieser Fahrzeuge und stellte sie als „Panzerjäger G 13" bei ihrem Heer ein. Das Laufwerk war verstärkt, die Spurweite von 1780 auf 2123 mm verbreitet worden. Durch Erhöhung der Motordrehzahl auf 2800 U/min, wurde die Leistung auf 160 PS angehoben und ermöglichte dadurch eine Höchstgeschwindigkeit von 40 km/h. Auch der Kraftstoffvorrat wurde von 218 auf 320 Liter vergrößert. Mit einer Frontpanzerung von 60 mm und einer Hauptbewaffnung mit einer 7,5 cm-Pak 39 L/48, waren diese Fahrzeuge zur Panzerabwehr gut geeignet. Der Besatzung von vier Mann stand außerdem ein Rundumfeuer-MG zur Nahverteidigung zur Verfügung. Während die Fahrzeuge normal mit einem UKW. Fu. 5 Gerät ausgerüstet waren, erhielten die Führungsfahrzeuge ein Fu 8. Der Bau der Fahrgestelle und die Montage erfolgten bei der Böhmisch-Mährischen Maschinenfabrik in Prag und dem Skoda-Werk AG in Königgrätz, während die Panzerungen von der Poldihütte in Komotau, der Böhmisch-Mährischen Maschinenfabrik in Prag, den Linke-Hoffmann-Werken in Breslau und den Skoda-Werken AG in Pilsen geliefert wurden. 1944 wurden von diesem Fahrzeugtyp 1577 Stück hergestellt, die Skoda-Werke AG stellten vom September 1944 bis Mai 1945 750 Fahrzeuge her. Auch bei diesem Fahrzeug beschäftigte sich die Firma Friedrich Krupp im Jahre 1944 mit dem Einbau einer stärkeren Hauptbewaffnung. Die Zeichnungs-Nr. „No.Bz - 3471" vom 24. 11. 1944 zeigt einen „Panzerjäger 38 (t)" mit 7,5 cm L/70 (KwK 42 des Pz.Kpfw. Panther). Die Waffe hatte ein Seitenrichtfeld von 15°+15° = 30° und eine Höhenabweichung von +15° und —8°. Die Feuerhöhe betrug 1950 mm. Wie schon beim Versuch, einen „Panzer IV."-Drehturm auf den Panzerkampfwagen 38 (t) aufzusetzen, verblieb es auch hier bei einem nur zeichnerisch erfaßten Entwurf.

Mit fast gleichem Aufzug erschienen diese Fahrzeuge auch als „Flammenwerferpanzer 38 (t)". Diese Fahrzeuge hatten lediglich ein Flamm-Strahlrohr anstelle der 7,5 cm-Pak. Der beiden Fahrzeugen sehr ähnliche „Bergepanzer 38" hatte dagegen einen leicht geänderten (niedrigeren) Aufbau ohne Bewaffnung. Von beiden Fahrzeugen wurden 1944/45 nur geringe Stückzahlen produziert.

Weiterentwicklungen

Als Weiterentwicklung des „Jagdpanzer 38 (t)" war der „Panzerjäger 38 (d)" vorgesehen, der ab 1945 als leichtes Einheits-Panzerfahrzeug bei der deutschen Wehrmacht eingeführt werden sollte. Bei grundsätzlich gleichem Aussehen unterschied sich dieses Fahrzeug vor allem durch den Einbau des luftgekühlten Tatra „111" Zwölfzylinder-Dieselmotor, der bei 14,8 Liter Inhalt 210 PS leistete. Die deutschen Originalzeichnungen für dieses Fahrzeug vom Februar 1945 sahen zwei Ausführungen für die Produktion vor: a) Panzerjäger 38 (d) (W 1807) — Motoreinbau im Heck; b) Panzerjäger 38 (d) (W 1806) — Motoreinbau in Fahrzeugmitte. Als Hauptbewaffnung war die 7,5 cm KwK 42 bzw. Panzerjägerkanone L/70 in rückstoßloser Aufhängung zum Einbau vorgesehen. Alle durch die im Herbst 1944 vorgesehene Einstellung der „Panzer-IV"-Produktion freigewordenen Produktionskapazitäten sollten für den Bau des „Panzerjäger 38 (d)“ verwendet werden. Die Entwicklung dieses Fahrzeuges beanspruchte 1944/1945 sämtliche Sondervollmachten. Als Produktionsziel war vorgesehen, monatlich davon 2000 Stück herzustellen. Diese Zahl schloß 300 bis 350 „Waffenträger“-Fahrzeuge und einige Aufklärungsfahrzeuge ein.

In den vorhergehenden Beiträgen wurde schon auf die Verwendung von veralteten Panzerfahrgestellen als Grundlage für Artillerie-Selbstfahrlafetten hingewiesen. So entstand auch im Rahmen der Panzerkampfwagen 38 (t) Baureihe bereits 1940 das „sIG 33 (Sfl) auf Panzerkampfwagen 38 (t)“ (Sd.Kfz. 138/1), welches auch als „15 cm sIG 33 auf Geschützwagen 38“ bezeichnet wurde. Der Umbau der Fahrzeuge erfolgte bei der Alkett in Berlin-Spandau, während die Bewaffnung von der Rheinmetall-Borsig-AG geliefert wurde. Auch hierbei wurden, wie bereits bei den vorhererwähnten Pak-Selbstfahrlafetten, die normalen Panzerfahrgestelle mit hinten liegendem Triebwerk verwendet. Erst ab 1942 gelangte die verbesserte Ausführung dieser Fahrzeuge mit hinten liegendem Kampfraum zum Einsatz. Das Triebwerk lag nunmehr in Fahrzeugmitte. Die Montage und der Fahrgestellbau erfolgte bei der Böhmisch-Mährischen Maschinenfabrik in Prag, während die Panzerungen von der Poldihütte in Komotau hergestellt wurden. Von diesem Fahrzeug wurden bis 1944 370 Stück gebaut. Die offizielle Bezeichnung der Vorläufertypen wurde beibehalten. Der Richtpreis dieser Fahrzeuge (ohne Waffe) betrug RM 53000.

Ohne Bewaffnung liefen die gleichen Fahrzeuge als „Munitionsfahrzeug auf Fahrgestell Panzerkampfwagen 38 (t)“ bei den sIG-Kompanien der Panzergrenadierregimenter. Bei drei Mann Besatzung (Fahrer, 2 Schützen) konnten bis zu 40 Schuß sIG-Munition mitgeführt werden. Die Fertigung betrug 102 Fahrzeuge.

Flakpanzer

Zur Verstärkung des Truppenluftschutzes kamen ab Oktober 1943 die ebenfalls von der Böhmisch-Mährischen Maschinenfabrik hergestellten „Flakpanzer 38 (2 cm) (Sd.Kfz. 140)“ zum Einsatz. Diese 9,8 t schweren Fahrzeuge hatten fünf Mann Besatzung und waren mit einer 2 cm Flak ungenügend bewaffnet. Sie stellten jedoch den ersten Versuch zur Schaffung eines Flakpanzers dar. 162 Stück dieser Fahrzeuge wurden hergestellt, der Bau jedoch 1944 bereits wieder eingestellt. Als Abart kam der „Aufklärungspanzer 38 (t) (Sd.Kfz. 140/1)“ mit 70 Stück im Jahre 1943 in den Truppengebrauch. Diese Fahrzeuge sollten als Ersatz der Vierrad-Panzerspähwagen (Sd.Kfz. 222) und des leichten Aufklärungs-Schützenpanzerwagen (Sd.Kfz. 250/9) dienen. Sie hatten auf dem normalen Panzerfahrgestell 38 (t) nach geringen Abänderungen am Panzerkasten den mit einer 2 cm KwK 38 und einem MG 34 bestückten und oben offenen Drehturm des Sd.Kfz. 222 übernommen.

Als Weiterentwicklung des Flakpanzer 38 und unter Verwendung der Fahrgestellteile des Panzerjäger 38 (d), sollte ab 1945 ein neuer Flakpanzer „Kugelblitz“ geschaffen werden. Die Entwicklung war abgeschlossen und ein Holzmodell fertiggestellt. Eine Produktionsaufnahme konnte jedoch aufgrund der Kriegsereignisse nicht mehr erfolgen. Als Hauptbewaffnung waren nunmehr neben zwei 30 mm Maschinenkanonen 103/38 zwei zusätzliche 20 mm Flak 38 vorgesehen. Alle Waffen waren in einem kugelförmigen Drehturm untergebracht, der auf dem Drehkranz des „Panzer IV" aufgesetzt wurde. Die Höhen- und Seitenrichtung wurden hydraulisch eingestellt und von einem Richtschützen bedient, während der zweite Mann im Drehturm gleichzeitig Kommandant und Ladeschütze war. Diese Fahrzeuge wiesen theoretisch eine enorme Feuerkraft auf und hätten der Truppe den so dringend notwendigen Luftschutz vermitteln können.

Waffenträger

Bereits im Jahre 1942 entstand die Idee, die Feldartillerie mit sogenannten „Waffenträger"-Fahrzeugen auszurüsten. Dazu war vorgesehen, Vollkettenfahrzeuge zu schaffen, auf welchen bei teilweisem Panzerschutz verschiedene Geschütze ablastbar untergebracht werden konnten. Auch hierzu wurden Fahrgestellteile des Panzerkampfwagen 38 (t) bzw. (d) berücksichtigt. Obwohl diese Fahrzeuge nichts mit Panzerkampfwagen zu tun hatten, lag ihre Entwicklung und die Produktion in den Händen der panzerbauenden Industrie. Zwei Jahre dauerten die Versuchsarbeiten, um ein Vollkettenfahrzeug zu entwickeln, welches allen Ansprüchen der motorisierten Feldartillerie gerecht werden konnte. Dabei wurden folgende Konstruktionsmerkmale gefordert:

a) Vollkettenfahrgestell
b) Geschütztraverse 360° mit Höhenrichtmöglichkeit
c) leichter Panzerschutz (8—10 mm)
d) verwendbar für verschiedene Geschützarten

Zwei Prototypen wurden entwickelt und der Beginn der Serienproduktion gegen Mitte 1945 mit einem Monatsausstoß von 300 bis 350 Fahrzeugen festgelegt. Nach eingehender Untersuchung verschiedener Entwürfe fand der Vorschlag, Fahrgestellteile des Panzerkampfwagen 38 (d) zu verwenden, Berücksichtigung. Lediglich die Wannen sollten unterschiedlich ausgelegt werden. Der Motoreinbau erfolgte vorne neben dem Fahrer, und durch die Anordnung von vorne liegenden Antriebsaggregaten konnte der hintere Teil der Wanne als Plattform ausgebildet werden, auf der das Geschütz befestigt und ein Teil der Munition verstaut werden konnte. Die Wannen wurden so niedrig gehalten, daß es notwendig wurde, den Kopf des Fahrers durch eine besondere Panzerhaube zu schützen. Zwei Ausführungen waren zur Produktion vorgesehen, und zwar sollte das kleinere Fahrzeug mit je vier Laufrädern pro Seite entweder die 8,8 cm Panzerjägerkanone L/71 oder die 10,5 cm leichte Feldhaubitze aufnehmen (Bezeichnung: „leichter Waffenträger"). Das Gesamtgewicht dieser Fahrzeuge lag bei ca. 14 t. Das größere Fahrzeug mit je sechs Laufrädern pro Seite war für die 12,8 cm K 81 und die schwere Feldhaubitze 18 L/29,5 vorgesehen. Schließlich einigte man sich auf die Herstellung eines sogenannten „Einheitswaffenträgers", der bei einer Kettenauflagelänge von 4,4 m und einer Spurweite von 2,7 m, bei ca. 1900 mm.

Feuerhöhe entweder die 10,5 cm lFH 18/40 (L/28), die 15 cm sFH 18 (L/29,5), die 8,8 cm Pak 43 (L/71) oder die 12,8 K 81 (L/55) aufnehmen konnte. Mit einem Gefechtsgewicht von ca. 18 t konnten diese Mehrzweckefahrzeuge nach Absetzen der Hauptbewaffnung als Munitions- und Abschleppfahrzeuge verwendet werden.

Die Entwicklung dieser Fahrzeuge wurde der Firma Ardelt in Eberswald übertragen, für die Konstruktion zeichnete jedoch die Firma Friedrich Krupp verantwortlich. Prototypen wurden durch die Firma Krupp auch der Steyr-Daimler-Puch-AG aufgetragen, welche unter Verwendung von „RSO"-Teilen einen Prototyp mit der 8,8 cm Pak 43 herstellte. Ein ähnliches Fahrzeug wurde auch in Zusammenarbeit zwischen der Rheinmetall-Borsig-AG und Ardelt tatsächlich gebaut. Diese interessanten Fahrzeuge sollten ab 1945 als Ersatz für alle im Truppengebrauch befindlichen Panzerjäger- und Artillerie-Selbstfahrlafetten Verwendung finden. Infolge der Kriegsereignisse konnte die Entwicklung nicht mehr zu einem brauchbaren Abschluß gebracht werden.

Aus dem Gedanken heraus, die Panzergrenadiereinheiten bei schlechten Geländeverhältnissen beweglicher zu machen, befaßte man sich Ende 1944 damit, Fahrgestellteile des Panzerkampfwagen 38 (t) für einen Vollketten-Schützenpanzerwagen zu verwenden. Dabei war es notwendig geworden, das Laufwerk pro Seite um eine Laufrolle zu verlängern, um neben einer Besatzung von vier Mann noch eine Panzergrenadier-Gruppe unterbringen zn können. Der Besatzung stand eine 2 cm KwK 38 im Drehturm zum Flieger- und Erdzielbeschuß zur Verfügung. Angeblich wurde Ende 1944 ein Holzmodell dieses Fahrzeuges vorgestellt, zum Bau von Prototypen scheint es nicht mehr gekommen zu sein.

Reklamen in Fachzeitschriften, veröffentlicht von der Ceskomoravska Kolben Danek nach 1945, zeigen u. a., daß „Raupenfahrzeuge aller Art für zivile und militärische Zwecke" zum Verkauf angeboten wurden, die das noch immer unveränderte Laufwerk des Panzerkampfwagen 38 (t) zur Grundlage hatten. In bezug auf Lebensdauer und Zuverlässigkeit war dieses Laufwerk eines der fortschrittlichsten seiner Zeit.

Panzer T 15 und T 25

Die Skoda-Werke in Pilsen schufen auf Veranlassung des Heereswaffenamtes während des Krieges noch zwei äußerst fortschrittliche Fahrzeuge. Dabei handelte es sich um ein 10,5 t Aufklärungsfahrzeug Typ „T 15", während das andere als 22 t „T 25" Kampfpanzer ausgelegt war. Beide Fahrzeuge hatten eine Höchstgeschwindigkeit von 60 km/h.

Beim „T 15" handelte es sich um ein schnelles Vollketten-Aufklärungsfahrzeug mit einem Leistungsgewicht von 21 PS/t. Der Antrieb erfolgte auf ein hinten liegendes Vorgelege über ein mechanisches Getriebe. Ursprünglich mit einer 3,7 cm Kanone im Drehturm ausgerüstet, wurde die Bewaffnung später auf 5 cm erhöht. Die Panzerblechstärke betrug ursprünglich 15 mm, 20 mm und 50 mm, spätere Verbesserungen an der Wanne sahen dann stärker geneigte Panzerplatten vor.

Auch der „T 25" entsprach den Vorschlägen des Waffenamtes. Das Fahrzeug wurde lediglich zeichnerisch erfaßt und nicht einmal Prototypen gebaut.

Die Hauptmerkmale dieses Fahrzeuges waren wie folgt:

1. Die Hauptbewaffnung bestand aus einer 75 mm KwK, mit einer V° von 900 m/sek.
2. Der Turm wurde elektrisch-hydraulisch geschwenkt.
3. Die Panzerbleche der Wanne waren stark geneigt, um eine günstige ballistische Form zu erzielen.
4. Ein luftgekühlter Zwölfzylinder V-Motor von 450 PS Leistung war ursprünglich als Vergasermotor vorgesehen, sollte jedoch später als Dieselmotor gebaut werden.
5. Ein Hilfsmotor von ca. 45 PS Leistung war zum Antrieb der Ventilatoren, der Lichtmaschinen und als Anlassermotor vorgesehen.
6. Sechs große Laufräder erübrigten die bisher üblichen Stützrollen. Die Panzerung betrug vorne 30, seitlich 20 und hinten 10 mm. Als Besatzung waren fünf Mann vorgesehen.

Bilder eines Holzmodelles eines Fahrzeuges der „Heuschrecke-10"-Baureihe zeigen das Fahrgestell des Panzerkampfwagen „T 25" als Grundlage. In einem Drehturm war die 10,5 cm le FH 43 untergebracht. Das errechnete Gesamtgewicht belief sich auf 24,2 t. Sechzig Schuß 10,5 cm Munition konnten mitgeführt werden. Auch hierbei blieb es nur bei Vorschlägen.

Zusammenfassend darf gesagt werden, daß die vorgefundenen Panzerfahrzeuge der ehemaligen tschechischen Armee als brauchbare Kampffahrzeuge den Fahrzeugpark der deutschen Panzertruppe beachtlich verstärkten. Dies vor allem zu einem Zeitpunkt, als die deutsche Panzerindustrie nicht in der Lage war, genügend Fahrzeuge der Typen „Panzerkampfwagen III und IV" herzustellen.

Der Panzerkampfwagen III und seine Abarten*)

Entwicklung

Die panzerbauende Industrie war in Deutschland ab 1935 aufgrund der bei Entwicklung und Produktion der Panzer I und II gesammelten Erfahrungen in der Lage, eigene Konstruktionsgedanken zu verwirklichen. Es konnte nunmehr darauf verzichtet werden, auf ausländische Entwicklungen zurückzugreifen. Die eigenen Ideen waren jedoch zum Teil sehr kompliziert und nahmen nicht immer Rücksicht auf dadurch bedingte Fertigungsschwierigkeiten.

Laut Generaloberst Guderian forderte man zur endgültigen Ausstattung der Panzertruppe zwei Typen von Kampfpanzern: Einen mit panzerbrechender Kanone, neben Turm- und Bug-MG, einen anderen, als Unterstützungsfahrzeug gedachten, mit einer Kanone größeren Kalibers. Der erstere, der spätere Panzerkampfwagen III, war zur Ausstattung der drei leichten Kompanien der Panzerabteilungen vorgesehen.

*) von W. J. Spielberger. Aus „Feldgrau" 1962/63

Über die Bewaffnung bestanden grundsätzlich Meinungsverschiedenheiten. Waffenamt und Inspektion der Artillerie erachteten die 3,7-cm-Kanone als ausreichend, während die Inspektion der Kraftfahrkampftruppen eine 5-cm-Kanone forderte. Da die Infanterie bereits mit der 3,7-cm-Pak ausgestattet worden war und man aus Gründen der Vereinfachung nur eine panzerbrechende Waffe bauen und munitionieren wollte, wurde der Einbau der stärkeren Waffe zu diesem Zeitpunkt abgelehnt. Es konnte jedoch erreicht werden, daß der Turmdrehkranz des P III einen Durchmesser erhielt, der den nachträglichen Einbau eines weit stärkeren Kalibers ermöglichte. Unter Berücksichtigung der Tragfähigkeit deutscher Straßenbrücken wurde für beide Typen ein Gefechtsgewicht von 24 Tonnen festgelegt, als Höchstgeschwindigkeit 40 km/h gefordert. Die Besatzung sollte aus fünf Mann bestehen, Kommandant mit Richtschütze und Ladeschütze im Drehturm, Fahrer und Funker im Bugraum. Für den Kommandanten war ein erhöhter Sitz zwischen dem des Richtschützen und dem Platz des Ladeschützen (Turmmitte) mit einer eigenen Kommandantenkuppel vorgesehen, die eine Rundumsicht erlaubte. Kehlkopfmikrofone sollten die Eigenverständigung der Besatzung sowie die Funkverbindung von Panzer zu Panzer, auch während der Fahrt, sicherstellen.

Für den P III vergab das Waffenamt (HWA) 1935 Entwicklungsaufträge an die Firmen MAN, Nürnberg; Daimler-Benz AG, Berlin-Marienfelde; Rheinmetall-Borsig, Berlin und Friedrich Krupp AG, Essen. Die Entwürfe forderten ein 15-t-Fahrzeug mit den erwähnten Konstruktionsmerkmalen. Die vom HWA bestimmte Tarnbezeichnung lautete „Zugführerwagen/ZW“. Prototypen wurden ab 1936 eingehenden Untersuchungen unterzogen und aufgrund der Erprobungsergebnisse die Firma Daimler-Benz AG für Entwicklung und Produktion verantwortlich gemacht. Im Gegensatz zum Panzer IV machte sich bei der Laufwerksauslegung dieses Fahrzeuges der Einfluß der Automobilindustrie (DB) bemerkbar, die ab dem vierten Modell des Fahrzeuges „ZW“ beim Panzer III ausschließlich die Drehstabfederung verwendete. Erfahrungen im Lokomotivbau der Firma Krupp ergaben eine Auslegung des Fahrwerks in gekoppelten Laufrädern mit längsliegenden Blattfedern. Der Krupp Prototyp „MKA“ vereinigte jedoch Konstruktionsmerkmale der Typen „ZW“ und „BW“ (P IV).

Ebenfalls bemerkenswert ist die Tatsache, daß die Auswahl der panzerbauenden Firmen grundsätzlich ohne Rücksicht auf Hersteller gemacht wurde, die Erfahrungen im Großserienbau von Kraftfahrzeugen hatten. Die Ansicht liegt nahe, daß zu diesem Zeitpunkt kein Massenausstoß dieser Fahrzeuge geplant war. Die beiden größten Automobilfirmen jener Zeit, Ford und Opel, wurden absichtlich wegen ihrer „Auslandsverbindungen“ nicht in dieses Panzerprogramm eingeschaltet.

Serie

1936 erschien das von Daimler-Benz AG gebaute erste Modell des Panzerkampfwagen III, das als Typ „1/ZW“ mit 10 Stück in den Truppenversuch ging. Davon waren 8 Fahrzeuge mit der 37,2-mm-Kanone ausgerüstet, Fahrgestell-Nr. liefen ab 60001. Während Panzerwanne, Kasten und Turm bereits dem späteren Panzer III ähnlich waren, bestand das Laufwerk noch aus fünf großen Doppellaufrädern, welche an Schraubenfedern aufgehängt waren. Das vorneliegende Triebrad und das hintenliegende Leitrad vervollständigten mit zwei Stützrollen das Laufwerk. Mit einer Panzerstärke von 5 bis 14,5 mm betrug das Gesamtgewicht 15 t. Als Triebwerk kam der aus dem Maybach DSO entwickelte 12-Zylinder-Hochleistungsmotor „108 TR" zum Einbau, der als Vergasermotor mit rund 11 Liter Inhalt eine Höchstleistung von 250 PS aufwies. Davon standen jedoch als Dauerleistung nur 230 PS effektiv zur Verfügung. Die Höchstgeschwindigkeit betrug 32 km/h. Als Getriebe wurde ein ZF SFG 75 Fünfganggetriebe verwendet. Die Munitionsausstattung betrug für die Kanone 150 Schuß, für die drei MG 34 (davon zwei parallel zur Hauptbewaffnung im Drehturm) 4500 Schuß. Inoffiziell lief dieses Fahrzeug als Panzerkampfwagen III (3,7 cm) Ausführung A. 1937 erschienen die Ausführungen B und C. Grundsätzlich wurde bei beiden Arten ein neues Laufwerk erprobt, welches nunmehr acht kleine Laufrollen an längsliegenden Blattfedern aufgehängt, vorsah. Die Zahl der Stützrollen wurde auf drei erhöht. Die Bewaffnung bestand noch immer aus einer an innenliegender Walzenblende gelagerten 3,7 cm KwK L/45 und zwei MG 34, während ein drittes MG 34 durch den Funker, in der Fahrerfront eingebaut, bedient wurde. Von der Ausführung B (Type 2/ZW) und Ausführung C (Typ 3a/ZW) wurden je 15 Stück hergestellt. Die Panzerung betrug noch immer 14,5 mm rundum. Ende 1938 erschien die Ausführung D (Typ 3b/ZW) des Panzerkampfwagen III, der nun endgültig in Serienproduktion ging. Mit Einführung der Ausführung D wurden alle bisher erschienenen Ausführungen ebenfalls als Ausführung D bezeichnet. Bei gleichem Laufwerk wurde die Panzerung auf 30 mm rundum verstärkt und das Gesamtgewicht auf rund 19 t angehoben. Getriebemäßig wurde nun das ZF Aphon SSG 76-Getriebe verwendet, ab Ausf. E der verstärkte Maybach 12-Zylinder HL 120 TR, bei dem durch Erhöhung der Bohrung von 100 auf 105 mm der Zylinderinhalt auf fast 11,9 Liter und Höchstleistung auf 320 PS erhöht wurde (Drehmoment 80 mKg). Als Schaltgetriebe kam das Maybach-Variorex-Vorwählgetriebe zum Einbau, welches zehn Vorwärtsgänge und einen Rückwärtsgang aufwies. Dieses komplizierte Getriebe sollte den Schaltvorgang erleichtern, wobei die Schaltung selbsttätig durch eine Unterdruckanlage ausgeführt wurde, nachdem die Gänge vorgewählt und dann durch Niedertreten des Kupplungsfußhebels ein Auslöseventil betätigt wurde. Gang 9 und 10 waren als Schongänge ausgelegt, eine Geschwindigkeit von 40 km/h bei 2800 U/min. durfte nicht überschritten werden. Von dieser Ausführung wurden 55 Stück hergestellt.

Am 27. 9. 1939 wurde im Heeresverordnungsblatt „Der Panzerkampfwagen III (3,7 cm) (Sd.Kfz 141) aufgrund der bei der Truppe erfolgten Erprobung für einführungs- und beschaffungsreif erklärt".

An dem nun einsetzenden Groß-Serienbau wurden folgende Firmen beteiligt: Altmärkische Kettenfabrik GmbH (Alkett), Werk Spandau zur Montage, Werk Falkensee zum Fahrgestellbau; Daimler-Benz AG, Werk Berlin-Marienfelde, Fahrzeug- und Motorenbau GmbH (Famo), Werk

Breslau, Henschel & Sohn AG, Werk III, Mittelfeld-Kassel; Maschinenfabrik Augsburg-Nürnberg AG, Werk Nürnberg; Mühlenbau und Industrie AG (MIAG), Amme Werk Braunschweig; Waggonfabrik Wegmann AG, Werk Kassel; Maschinenfabrik Niedersachsen-Hannover, Werk Hannover-Linden.

Die 1939 erscheinende Ausführung E des Panzerkampfwagens III (Typ 4/ZW) (Ref. D 652/17 vom 23. 4. 1940) hatte das endgültige Fahrgestell dieser Baureihe erhalten. Nunmehr waren sechs Laufrollen je Seite (Laufrollengröße 520 × 95—398, Stützrollengröße 310 × 70—302) an Drehstäben aufgehängt, die querliegend zur Fahrtrichtung eingebaut waren. Noch mit dem Maybach HL-120-TR-Motor ausgerüstet, wog das Fahrzeug mit 30 mm Rundumpanzerung 19,5 t. Das Fahrgestellgewicht betrug 13,8 t. Während bisher zwei gekoppelte MG 34 zur Hauptbewaffnung im Drehturm untergebracht waren, kam ab dieser Ausführung nur noch ein MG zum Einbau. Panzerkampfwagen III der Ausführung E hatten teilweise noch die alten Türme der Ausführung D mit innenliegender Walzenblende und zwei Turm-MG. Der Kraftfluß ging vom Triebwerk über eine Hauptkupplung zu dem bereits vorher beschriebenen Maybach-Variorex-Vorwählgetriebe. In diesem Getriebe waren die Zahnräder dauernd im Eingriff. Durch verschiebbare Schaltmuffen ging der Kraftfluß über die für den jeweiligen Gang erforderlichen Zahnradpaare. Die Hauptkupplung war als Öldruckkupplung ausgebildet. An das Wechselgetriebe war der Kegeltrieb mit den Lenkgetrieben angeflanscht. Lenkung (Kupplungslenkung) erfolgte mittels mechanischer Servo-Innenbackenbremsen mit hydraulischer Unterstützung. Lenk- und Stützbremse waren im selben Gehäuse untergebracht, von dort aus erfolgte der Antrieb auf das angeflanschte Kettentriebrad. Das hinten liegende Leitrad bestand bei dieser Ausführung aus einer Nabe, auf der zwei Radscheiben aufgeschweißt waren. Die Walzenblende für die 3,7 cm KwK war nunmehr nach außen verlegt. Dieses Fahrzeug wurde mit 100 Stück bis 1940 gebaut und war als Hauptausrüstung der Panzerregimenter vorgesehen. Immer wieder machte sich zu dieser Zeit die geringe Leistungsfähigkeit der deutschen Panzerindustrie bemerkbar, die nur kleine Stückzahlen bewältigen konnte. Die Fahrzeuge erhielten ihre Feuertaufe in Polen und bewährten sich. Zum Angriff auf Frankreich standen am 10. 5. 1940 349 Panzer III zur Verfügung.

Verstärkte Ausführungen

Bereits am 4. 1. 1938 hatte das Waffenamt den Auftrag bekommen, eine Weiterentwicklung des Panzerkampfwagen III mit 5 cm KwK in Angriff zu nehmen. Für Fahrgestell und Aufbau war wiederum die Firma Daimler-Benz AG, Berlin, und für die Turmgestaltung der Firma Krupp AG in Essen verantwortlich. Vorgesehen war, die 5 cm KwK L/42 mit einer V^0 von 450 bis 685 m/sec. einzubauen. Die ersten Fahrzeuge mit 5-cm-Bewaffnung, die am 10. Mai 1940 noch nicht zur Verfügung standen, wurden im Laufe des Westfeldzuges 1940 nachgeschoben. Die offizielle Bezeichnung lautete nunmehr Panzerkampfwagen III (5 cm) Ausführung F (Typ 5/ZW).

Ab dieser Ausführung kam der Maybach HL 120 TRM zum Einbau, der eine Höchstleistung von 300 PS bei n = 3000 und eine Dauerleistung von 265 PS bei n = 2600 aufwies. Dieses Triebwerk wurde im Nachbau auch von der Norddeutschen Motorenbau GmbH (Nordbau) hergestellt. Gewichtsmäßig erhöhte sich das Fahrzeug nur unwesentlich. Im Aussehen fiel die etwas niedrigere Kommandantenkuppel auf. Serienmäßig wurden die Fahrzeuge jetzt mit einem Gepäckkasten am Turmheck ausgerüstet. Antriebs- und Leiträder wurden ab dieser Ausführung grundsätzlich geändert. Das neue Leitrad war nunmehr als Speichenrad ausgebildet. 450 Fahrzeuge dieses Typs wurden hergestellt. Am 1. 11. 1940 wurde die Produktion für den Panzerkampfwagen III mit 108 Stück pro Monat festgelegt. Infolge Anlaufschwierigkeiten der siebten Serie (erstmalige Ausbringung im Oktober 1940) wurden jedoch nur 96 Stück fertiggestellt. Diese siebte Serie, Panzerkampfwagen III (5 cm) Ausführung G (Typ 6/ZW) bildete nunmehr durch erhöhte Stückzahlen das Rückgrat der Panzerregimenter. Für Afrika wurde eine besondere Tropenausrüstung (verstärkte Kühlung und Luftfilter) verwendet. Hierbei handelte es sich hauptsächlich um den Einbau von „Filzbalgfiltern", die teilweise sogar unter Panzerschutz außerhalb des Motorraumes angebracht waren. Trotzdem betrug die durchschnittliche Kolbenlaufzeit nur 2000 bis 3000 km. Fahrzeuge mit dieser Ausrüstung erhielten die Bezeichnung „Tp" (Tropen). Auch bei den Kämpfen des Jahres 1941 in Jugoslawien und Griechenland gelangten vor allem P III zum Einsatz. Von dieser Ausführung G wurden 450 Stück gebaut, insgesamt in den Jahren 1940 bis 1941 2143 Fahrgestelle des Typs „ZW" hergestellt.

Für das Unternehmen „Seelöwe" wurde im September und Oktober 1940 aus freiwilligen des Panzerregiments 2 in Putlos die Panzerabteilung „A" aufgestellt und für die Invasion Englands ausgebildet. Zur gleichen Zeit und am gleichen Ort wurden zwei weitere Sonderabteilungen, und zwar die Panzerabteilung „B" und „C" zusammengezogen. Diese drei Abteilungen bildeten später das Panzerregiment 18 der 18. Panzerdivision. In diesen Abteilungen wurden Panzerkampfwagen III und IV tauchfähig gemacht. Folgende Vorkehrungen wurden dazu getroffen: Alle Öffnungen, Sehschlitze, Klappen usw. wurden mit Abdeckband und Kabelteer abgedichtet. Die Turmeinstiegsluken wurden von innen verriegelt, auch wurden die Lufteinlaßöffnungen für den Motor ganz verschlossen. Über die Walzenblende der KwK, die Kommandantenkuppel und das Funker-MG wurde ein Gummiüberzug gezogen. In diesem Überzug lag eine Knallzündschnur, welche nach dem Auftauchen den Überzug absprengte und das Fahrzeug gefechtsklar machte. Zwischen Wanne und Turm wurde ein Gummischlauch eingelegt, der nach Aufpumpen das Eindringen von Wasser verhindern sollte. Die Frischluftzufuhr erfolgte durch einen drahtumflochtenen Gummischlauch, der bei einem Durchmesser von ca. 20 cm, eine Länge von 18 m aufwies. An dessen Ende war eine Boje mit Funkantenne befestigt. Die Auspuffrohre waren mit Überdruckventilen versehen. Bei Unterwasserfahrt wurde auf Meerwasser für die Motorkühlung umgeschaltet. Sickerwasser wurde mittels einer Lenzpumpe entfernt. Die Tauchtiefe betrug 15 m. Bei der Länge des Luftschlauches von 18 m waren 3 m als Sicherheit vorhanden. Der Einsatz der „Tauchpanzer“ sollte von Lastkähnen aus erfolgen. Über eine Rampe, verlängert durch U-Eisenschienen rutschten die Panzerkampfwagen ins Wasser. Kursangabe erfolgte vom Kommandoboot mittels Funk an die getauchten Fahrzeuge, die Unterwassernavigation geschah nach einem Kurs-Kreisel. Die Besatzungen waren mit Tauchrettern ausgerüstet. Die getauchten Fahrzeuge ließen sich verhältnismäßig leicht lenken, da der Auftrieb das Gewicht teilweise aufhob. Nach Aufgabe des Unternehmens „Seelöwe“ wurden diese Fahrzeuge zu Beginn des Rußlandfeldzuges 1941 beim Bugübergang verwendet.

Eine Mitteilung des GFM Keitel an das OKH vom 7. 7. 1941 besagt: „Der Führer hält es für zweckmäßig, daß wir unsere Kampfwagen bei der künftigen Neuproduktion durch einen Vorpanzer — abgesetzt vom Hauptpanzer — zusätzlich verstärken, um dadurch die erhöhte Durchschlagskraft der englischen Kampfmittel wieder aufzuheben. Die Gewichtszunahme und der Verlust an Geschwindigkeit sollen nach Ansicht des Führers in Kauf genommen werden“. Die Stärke der Zusatzpanzerung betrug 30 mm. Die 1940 erscheinende Ausführung H des Panzerkampfwagen III (7/ZW Ref. D 652/62 vom 1. 11. 1942) erhielt verstärkte Drehstäbe. Es erwies sich als notwendig, die Kettenbreite von 360 auf 400 mm (Kettentyp: Kgs 61/400/120) zu erhöhen, die Auflagelänge wurde beibehalten. Die Kettenspurweite erhöhte sich dadurch von 2490 auf 2510 mm. Das Fahrgestellgewicht betrug nunmehr 15,8 t, während das Gefechtsgewicht auf 21,6 t anstieg. Aufgegeben wurde das komplizierte Maybach-Variorex-Getriebe und durch ein normales Sechsgang-Aphon-Getriebe mit Gleichlaufeinrichtung vom Typ ZF SSG 77 ersetzt. Die Hauptkupplung war nunmehr eine trockene Mehrscheibenkupplung. Bei der Umbewaffnung des Panzer III auf die 5 cm KwK forderte Adolf Hitler vom Anfang an eine Rohrlänge von L/60, während tatsächlich nur die 5 cm KwK L/42 eingebaut wurde.

Die Gesamtzahl der mit 5 cm L/42 ausgerüsteten „ZW“-Fahrzeuge betrug 1924 Stück.

Der Mangel an ausreichender Panzerbewaffnung stellte sich erst 1941 nach Auftreten der russischen T 34 in seiner vollen Tragweite heraus. In diesem Zusammenhang wird auf die in der Anlage beigefügten zwei Originaldokumente hingewiesen, die mit erschütternder Deutlichkeit die Schockwirkung aufzeigen, welche das Auftreten dieser fortschrittlichen russischen Fahrzeuge bei der deutschen Heeresführung hervorrief. Während man noch am 17. Juli 1941 für die Aufstellung der vorgesehenen 36 Panzerdivisionen 7992 Panzer III vorsah, zeigt eine Bemerkung vom 29. November 1941, also nach dem Auftreten des russischen T 34, eine ganz klare Wendung. Nicht nur, daß man bereits zu diesem Zeitpunkt Zweifel an der Wirksamkeit der Panzertruppe hegte, bezeichnete Adolf Hitler persönlich den Panzer III als eine nicht gelungene Konstruktion. Es muß jedoch klargestellt werden, daß dieser Wagen ein für seine Zeit äußerst fortschrittliches Kampffahrzeug darstellte, besonders dann, wenn die von Anfang an erhobene Forderung Guderians nach der 5-cm-Kanone bereits bei Kriegsbeginn verwirklicht gewesen wäre. Der P III hätte dann 1940 und 1941 der beste Kampfpanzer der am Krieg beteiligten Mächte sein können.

Für die Ausweitung der Panzerproduktion wurden lt. Mitteilung des Generalbevollmächtigten für das Kraftfahrzeugwesen vom 21. Juli 1941 zusätzliche Kapazitäten und Fertigungsstätten zur Verfügung gestellt. Darunter befanden sich u. a. ein Werk der Daimler-Benz AG, die Fahrzeugwerke Friedrich Krupp AG, Fross-Büssing in Wien, Tatra Wagenwerk in Kolin, Framo in Hainichen sowie Teile von MAN, Henschel, Hanomag, Auto-Union und NSU.

Erst 1941 wurde endgültig die Einführung der 5-cm-Kanone (KwK 39) mit 3000 mm Rohrlänge = L/60 für den Panzer III befohlen. Mit der „Panzergranate 40" entwickelte diese Waffe eine V^0 von 1180 m/sec. Die serienmäßig damit ausgerüsteten Panzer III erhielten die Bezeichnung J (Sd.Kfz. 141/1), Typenbezeichnung: „8/ZW". Ferner wurden ab Ende April 1941 alle zur Generalüberholung ins Reich zurückgebrachten Panzerkampfwagen auf diese Waffe umgerüstet. Im Gegensatz zur Munitionsausrüstung mit 99 Schuß bei der 5 cm KwK L/42, konnten jetzt nur noch 78 Schuß mitgeführt werden. Kleine technische Änderungen unterschieden die Ausführung J von ihren Vorgängern: Die Schaltung des Rückwärtsganges, der durch einen federbelasteten Hebel gesichert war, wurde bisher durch einen Knopf mit Drahtzug betätigt, während ab Ausführung J ein Handhebel dafür verwendet wurde. Ebenso wurden die Innenbackenbremsen ab dieser Ausführung durch eine Mittenzentrierung betätigt, während bisher eine unter die obere Bremsbacke greifende Exzenterscheibe verwendet wurde. Zur Übertragung der an den Lenkhebeln ausgeübten Kräfte auf Stütz- und Lenkbremse diente nunmehr ein Lenkgestänge, während die Übertragung bis Ausführung K (PzBefehlsWg) hydraulisch erfolgte. Das Gesamtgewicht betrug 21,5 t, die Gesamtlänge wurde auf 5560 mm erhöht. Am 1. 7. 1941 standen 327 Panzer III mit 3,7 cm KwK und 1174 mit 5 cm KwK der Truppe zur Verfügung. Am 1. 4. 1942 war die Zahl der 3,7-cm-Fahrzeuge auf 131 abgesunken, während an 5-cm-Fahrzeugen 1893 Stück vorhanden waren. Das monatliche Produktionssoll für Januar 1942 betrug 190 Stück, wegen Transportschwierigkeiten bei Geschützen und Panzergehäusen konnten tatsächlich nur 159 Stück ausgeliefert werden.

Ende 1941 erfolgte die Einführung der Ausführung L (Typ 9/ZW), die eine verstärkte Turmfrontpanzerung und 20 mm Zusatzplatten vor Turmblende und Fahrerfront aufwies. Durch die Verstärkung der Stirn- und Turmfrontpanzerung auf 50 und 20 = 70 mm erhöhte sich das Gewicht (Gefechtszustand) auf 22,3 t. Der MG-Munitionsvorrat wurde von 2000 auf 4950 Schuß erhöht.

Versuchsweise wurde die Waffe 0725 mit konischem Lauf im Panzerkampfwagen III eingebaut. Infolge der hohen Rohrabnutzung konnten die erfolgversprechenden Versuche nicht weitergeführt werden. Die 1942 erscheinende Ausführung M (Typ 10/ZW) hatte ein Gesamtgewicht von ca. 23 t. Der Preis dieses Fahrzeuges (ohne Waffe) betrug 96183 RM. Insgesamt wurden 1941 40, 1942 1907 und 1943 22 Stück Panzerkampfwagen III mit der 5 cm KwK L/60 hergestellt. Zur Verstärkung des seitlichen Panzerschutzes, vor allem gegen Panzerbüchsen- und HL-Treffer wurden ab 1943 die P III und Abarten mit 5 mm starken Seitenplatten, sogenannten Schürzen, ausgerüstet.

Sie wurden an Längsschienen an beiden Seiten des Fahrzeuges, hier abnehmbar, und um den Turm angebracht (H.Techn. V. Blatt 1943, Nr. 433). Die Breite der Fahrzeuge betrug dann 3410 mm (erste Vorführung am 19. 3. 1943 in Rügenwalde). Für die an der Ostfront eingesetzten Panzerabteilungen kam ab 1944 (H.Techn. V. Blatt 1944 Nr. 256) eine verbreitete Gleiskette, die sogenannte „Ostkette" zur Verwendung. Sie sollte die Geländegängigkeit der P III und Abarten in Schnee und weichem Boden vergrößern. Dabei handelte es sich lediglich um einen Notbehelf, da die Gleiskette durch einseitige Verbreiterung mit Sicherheit nur im ebenen Gelände verwendbar war. Die Verladebreite mit Ostkette betrug 3266 mm.

Um das Anbringen magnetischer Haftladungen zu verhindern, wurden Panzerfahrzeuge ab 1943 mit einem „Zimmerit"-Schutzanstrich versehen. Diese pastenförmige Masse wurde mittels Spachtel aufgetragen und mit Lötlampe erhärtet. Der Anstrich kam jedoch gegen Ende 1944 wieder in Wegfall (H. Techn. V. Blatt 1944, Nr. 733).

Das verbesserte „Fliegerbeschußgerät 42" ersetzte ab 1943 das „Fliegerbeschußgerät 41", es konnte mittels Klemmschrauben an der Kommandantenkuppel angebracht werden (verwendbar für MG 34 bzw. 42). Mit Nebelkerzen-Wurfgeräten wurden ab 1943 alle Panzerkampfwagen der Neufertigung und alle durch die Heimatinstandsetzung laufenden Fahrzeuge ausgestattet. Laut H. Techn. V. Blatt 1943, Nr. 789 wurden fernerhin die Scheinwerfer an Panzerfahrzeugen abnehmbar angebracht.

Fahrzeuge des Typs „10/ZW" erhielten ab Ende 1942 bei der Umbewaffnung die 7,5-cm-Kanone L/24 (frühere Hauptbewaffnung des P IV). Diese Bewaffnung kam bei der Abschlußausführung des Panzerkampfwagen III, der Ausführung N (Sd.Kfz. 141/2) (Typ 11/ZW), serienmäßig zum Einbau (Fahrgestell-Nr. u. a. 74961). 64 Schuß 7,5-cm-Munition wurden mitgeführt, während für die zwei MG 34 3450 Schuß zur Verfügung standen. Das Gesamtgewicht war mit 21 300 kg angegeben. 660 Stück dieser Fahrzeuge wurden noch hergestellt. Im August 1943 wurde die Panzerkampfwagen-III-Produktion offiziell eingestellt und die freiwerdende Kapazität der Fertigung von Sturmgeschützen zugeführt.

Im Jahre 1942 lieferte die Firma MIAG (Mühlenbau und Industrie AG), Amme-Werk in Braunschweig-Neupetritor, 100 Panzerkampfwagen III der Ausführung M (Typ 10/ZW) ohne Hauptbewaffnung an die Firma Waggonfabrik Wegmann AG in Kassel-Rothenditmold. Dort wurden diese Fahrzeuge zu „Flammenwerfer-Panzer" umgebaut. Als Antrieb für das Pumpaggregat der Flammenwerfer fanden DKW-Zweitaktmotore Verwendung. Bei einem Flammölvorrat von 1000 Litern waren 70 bis 80 Flammstöße von je zwei bis drei Sekunden Dauer möglich. Die Strahlweite betrug 55 bis 60 Meter. Das Flammstrahlrohr mit einer 14-mm Düse war anstelle der normalen 5-cm-Hauptbewaffnung in der Walzenblende eingebaut. Das Turm-MG wurde, genau wie das Funker-MG, beibehalten. Das Gefechtsgewicht betrug rund 23 t. Die Besatzung bestand aus drei Mann. Als Funkausrüstung standen ein FuG 5 und ein FuG 2 zur Verfügung. Unter der Bezeichnung: „Panzerkampfwagen III (Fl) (Sd.Kfz. 141/3)" kamen diese Fahrzeuge bei Panzer-Sondereinheiten zum Einsatz.

Motorenentwicklungen

Wie bei fast allen Panzerfahrzeugen der Deutschen Wehrmacht war vorgesehen den Panzer III durch verbesserte Ausführungen zu ersetzen. Eine am 25. Mai 1938 im Werk 40 (Marienfelde) der Daimler-Benz AG abgehaltene interne Besprechung ergab, daß von Daimler-Benz AG ein neuer Panzerkampfwagen der 20-t-Klasse entwickelt werden sollte, für den ein 400 PS Motor benötigt wurde. Das HWA/Wa. Prüf. 6 hatte hierfür wiederum einen Maybach Ottomotor vorgesehen. Wie ausschließlich die Versorgung der deutschen Panzerwaffe mit Maybach-Motoren war, beweist die Tatsache, daß von der Firma (einschl. Lizenznehmer) während der Kriegsjahre rund 140000 Motore verschiedener Größen mit einer Gesamtleistung von 40 Millionen PS an die Wehrmacht geliefert wurden. Daimler-Benz AG versuchte immer wieder, Dieselmotore eigener Fertigung dem HWA vorzuschlagen und entschloß sich für das „VK. 2001 (DB)“ den Dieselmotor „MB 809“ zu entwickeln. Dieses Triebwerk sollte unter den gleichen Raumverhältnissen eingebaut werden, wie der vom HWA vorgesehene Maybach HL 190 (12 Zylinder Vergasermotor mit 19 Liter Inhalt, Gewicht 1000 kg, n = 2400). Daimler-Benz AG entwickelte ab Juni 1938 im Werk 60 einen 12 Zylinder V Dieselmotor von zunächst 25,5 Liter Inhalt für 400 PS bei n = 2100. Fortwährende Änderungen an dem für den Einbau in Frage kommenden Kampfwagen erforderten entsprechende Anpassungen und Änderungen des Dieselmotor-Entwurfes.

Die bis Mitte Dezember 1938 durchgearbeiteten vier Projekte ergaben folgende Resultate:

	Datum	DB Motor MB 809	Maybach HL 190	Fahrzeug-Änderungen
1. Projekt	1. 6. 38	25,5 l, 400 PS bei n = 2100	19 l, 400 PS bei n = 2400	ZW 40
2. Projekt	24. 6. 38	21,5 l, 360 PS	16 l, 300 PS	VK. 2001, hierdurch vollständig geänderte Raum- und Einbauverhältnisse
	8. 9. 38			Quereinbau des Motors mit Winkeltrieb untersucht
3. Projekt	31. 10. 38	19,7 l, 400 PS bei n = 2400 (Stahlzylinder)	12 l, 400 PS bei n = 3300	
4. Projekt	14. 12. 38	14,8 l, 300 PS bei n = 2400	HL 116, 11,6 l 6 Zyl. 300 PS bei n = 3300	

Seitens der Daimler-Benz AG war auch geplant, den Quereinbau des Motors zu untersuchen, um dadurch an Baulänge und damit an Gewicht zugunsten der Panzerung zu sparen. (Diese Untersuchungen wurden durchgeführt, hatten aber keine Vorteile gebracht). Außerdem wurde erwogen, durch geschweißte Stahlzylinder ein niedrigeres Einheitsgewicht zu bekommen, selbst wenn diese auch bedeutend teuerer waren. Das niedrigere Gewicht würde wiederum der Panzerung zugute kommen, ferner könnten auch kleinere Wasser und Ölkühler verwendet werden.

Nach Beendigung der Konstruktionsentwicklung Anfang Juni 1940 erfolgte bereits im Februar 1941 der erste Bremslauf und am 12. März 1941 der Abnahmelauf des ersten Motors. Am 21. März 1941 traf dieser Motor in Marienfelde zum Einbau in das Versuchsfahrzeug ein. Anschließend folgten Geländeprüfungen des Fahrzeuges auf dem Werksgelände und in Kummersdorf.

Sobald man nach Beginn des Rußlandfeldzuges feststellte, daß der Gegner mit erheblich stärkeren Fahrzeugen und Antriebsleistungen auftrat, setzten Bestrebungen nach Fahrzeugen und Motoren höherer Leistung ein. Das VK. 2001 und der Dieselmotor MB 809 wurden nicht mehr weiterverfolgt.

Zur gleichen Zeit beschäftigte sich auch die Klöckner-Humboldt-Deutz AG in Köln mit dem Entwurf für einen Dieselmotor für das VK 2001. Dieses von Wa. Pruef. 6 (Ic) in Auftrag gegebene Triebwerk sollte bis Ende 1941 zur Auslieferung gelangen. Dabei handelte es sich um einen 8-Zylinder-Sternmotor, der bei n = 2500 350 PS leisten sollte. Ein Versuchsstück war im Bau, zu einer Produktion war es nicht gekommen. (Gewicht ca. 450 kg).

Sturmgeschütze

Da die technische und waffenmäßige Auslegung des Panzerkampfwagens für operative Verwendung festgelegt worden war, verlangte die Infanterie ein Panzerfahrzeug zu ihrer unmittelbaren Unterstützung. Deshalb forderte das AHA (Insp. 4) mit Schreiben 449/36 g.Kdos. vom 15. 6. 1936 das HWA auf, eine „Begleitartillerie unter Panzer für Infanterie und Panzerabwehr" zu schaffen. Als Entwicklungsfirmen für Fahrgestell und Aufbau wurde wiederum die Daimler-Benz AG in Berlin-Marienfelde eingeschaltet, während für den Geschützeinbau die Firma Friedrich Krupp in Essen verantwortlich zeichnete. Es wurde ein Panzerfahrzeug geschaffen, welches die 7,5-cm-Kanone (L/24) aufnahm. Der geforderte niedrige Aufzug des Fahrzeuges zwang zu einem Einbau der Hauptbewaffnung ohne Drehturm. Die so geschaffenen „Sturmgeschütze" erwiesen sich als äußerst wertvoll bei der unmittelbaren Infanterieunterstützung und später mit verstärkter Bewaffnung bei der Panzerabwehr. Als Fahrgestell wurde das Panzer-III-Fahrgestell bestimmt, welches ohne weiteres in der Lage war, das voraussichtliche Gesamtgewicht von 20,2 t aufzunehmen. Als Panzerung waren 10—50 mm vorgesehen. Die Besatzung bestand aus vier Mann. Eine 0-Serie von 30 Stück wurde mit Produktionsbeginn im Februar 1940 aufgelegt. Der Truppenversuch lief 1940 an und fünf „Sturmgeschütze" auf dem Fahrgestell des Panzer III, Ausführung „F“ (Typ 5 ZW) nahmen 1940 am Frankreichfeldzug teil. Der Einführungsantrag wurde im Juli 1940 gestellt und die Produktionskapazität ab September 1940 mit voraussichtlich 50 Stück pro Monat festgelegt. Die offizielle Bezeichnung lautet: „Gepanzerte Selbstfahrlafette für Sturmgeschütz 7,5-cm-Kanone“ (Sd.Kfz. 142) (Ref. D 652/41 vom 1. 4. 1943). Die Ausführung „A“ des Sturmgeschützes hatte den Maybach HL 120 TR als Antrieb, ferner war noch das Maybach-Variorex-Vorwählgetriebe mit zehn Vorwärts- und einem Rückwärtsgang eingebaut.

Zu Beginn der Produktion wurden diese Fahrzeuge ausschließlich von der Altmärkischen Kettenfabrik GmbH (Alkett) in Berlin-Spandau zusammengebaut, die Firma Mühlenbau und Industrie AG (MIAG), Amme-Werk in Braunschweig, beteiligte sich von Februar 1943 bis März 1945 an der Sturmgeschütz-III-Produktion. Auch die Daimler-Benz AG in Berlin war ab 1943 am Zusammenbau beteiligt.

Als Lieferfirmen für die Panzerungen dieser Fahrzeuge traten auf: Brandenburgische Eisenwerke in Brandenburg, Firma Harkort-Eicken in Hagen, Deutsche Edelstahlwerke AG in Hannover und die Bismarckhütte in Oberschlesien. 1940 wurden insgesamt 184 Sturmgeschütze III hergestellt. Das Monats-Produktionssoll betrug am 1. 11. 1940 30 Stück, 1940 und 1941 kamen die Ausführungen B bis E des „Sturmgeschützes III“ zum Einsatz, die jetzt den Maybach HL 120 TRM mit 265 PS Dauerleistung verwendeten. Als Wechselgetriebe kam das Sechsgang-Aphon-Getriebe mit Synchronisiereinrichtung vom Typ ZF SSG 77 zum Einbau. Lediglich geringfügige Aufbauänderungen wurden vorgenommen. Für die kurze 7,5-cm-Sturmkanone 37 wurden 44 Schuß Munition mitgeführt. Noch immer stand kein MG zur Nahverteidigung zur Verfügung. 548 Stück dieser Fahrzeuge wurden 1941 gebaut. Die seit 1941 festgesetzte Monats-Produktion von 40 Stück sollte in Verbindung mit erhöhten Fertigungszahlen für Panzer III reduziert werden.

Am 28. 9. 1941 stellte Adolf Hitler die Forderung, die Panzerung der Sturmgeschütze zu verstärken, ohne Rücksicht auf Gewichtsvergrößerung und herabgesetzte Geschwindigkeit. Ferner sollten diese Fahrzeuge eine Kanone mit langem Rohr und hoher V^0 erhalten. Ein diesbezüglicher Auftrag des Waffenamtes Nr. OKW 002205/41 g.Kdos. bestimmte wiederum die Firma Daimler-Benz AG als Entwicklungsfirma für das Fahrgestell und diesmal die Firma Rheinmetall-Borsig für Geschütz und Aufbau als verantwortlich. Bereits am 31. 3. 1941 waren diese Fahrzeuge zum ersten Male bei einer Führervorführung vorgestellt worden mit dem Hinweis, daß eine Serienproduktion nicht vor Februar 1942 einsetzen könne. Bestandsmäßig waren am 1. 7. 1941 416 und am 1. 4. 1942 623 Stück StuG. III vorhanden. Die im Frühjahr 1942 erschienene Ausführung „F“ des „7,5 cm Sturmgeschützes 40“ hatte nunmehr die 7,5-cm-Sturmkanone 40 L/43 als Hauptbewaffnung. Das Gesamtgewicht betrug 21,6 t. 44 Schuß standen als Munitionsausstattung zur Verfügung. Teilweise wurde diese Waffe auch ohne Mündungsbremse verwendet. Im Juni 1942 wurde der Bugpanzer durch Zusatzplatten auf insgesamt 80 mm Stärke gebracht. Vom 120. Sturmgeschütz ab kam die 7,5-cm-Sturmkanone 40 L/48 zum Einbau, die bis zum Auslaufen der „Sturmgeschütz-III"-Baureihe im Frühjahr 1945 beibehalten wurde. Die mit dieser Bewaffnung ausgerüsteten Fahrzeuge erhielten die offizielle Bezeichnung: „7,5 cm Sturmgeschütz 40, Ausführung G" (Sd.Kfz. 142/1). Das Gefechtsgewicht der Fahrzeuge hatte sich nunmehr auf 23,9 t erhöht. Der Preis pro Fahrzeug betrug 82500 RM. Ab 1943 erfolgte, wie bei allen anderen Fahrzeugen der Panzer-III-Baureihe der serienmäßige Anbau von seitlichen Panzerschürzen und der Einbau eines MG 34 bzw. MG 42 zur Nahverteidigung. Insgesamt wurden in den Jahren 1943 3041, 1944 4850 und 1945 123 Stück dieser Fahrzeuge hergestellt.

Die Abschlußausführung des „Sturmgeschützes 40" hatte einen zum Teil gegossenen Panzerkastenoberteil und eine gegossene „Saukopf"-Blende. Zur Verstärkung der Panzerung, ohne Erhöhung der Panzerstärke, wurden ab Ende 1943/Anfang 1944 die Bugplatten dieser Fahrzeuge verzahnt und dadurch eine bedeutend größere Beschußfestigkeit erzielt. Es war vorgesehen, den Ausstoß an Sturmgeschützen bis Juni 1943 auf 220 Stück pro Monat zu steigern. Davon sollten 24 Stück mit leichten Feldhaubitzen ausgerüstet werden. Diese bereits 1942 geschaffenen Fahrzeuge mit der Bezeichnung „10,5 cm Feldhaubitze 42" (Sd.Kfz. 142/2) waren baugleich mit dem „Sturmgeschütz 40" und hatten lediglich die 10,5 cm Sturmhaubitze 42 L/28 als Hauptbewaffnung. 36 Schuß 10,5 cm Munition konnten mitgeführt werden. Ursprünglich war diese Bewaffnung mit Mündungsbremse ausgerüstet, um eine Verwendung von Zusatzladungen zu ermöglichen. Lt. H.Techn. V. Blatt 1944, Nr. 635, fiel die Mündungsbremse für diese Waffe in der Neufertigung weg. Die 10,5 cm StuH 42 mit Mündungsbremse behielten diese, wurde diese unbrauchbar und war keine Mündungsbremse der StuH 42 als Ersatz vorhanden, so war eine Mündungsbremse leFH 18 M oder leFH 18/40 aufzuschrauben. Eine Verwendung von Zusatzladungen war danach nicht mehr möglich. Fahrzeuge der Sturmgeschütz-Baureihe kamen ohne Hauptbewaffnung als „Munitionspanzer III" zur Verwendung.

Für einen Versuch zur Beweglichmachung des schweren Infanteriegeschützes 33 wurde 1941 das Fahrgestell des Panzer III herangezogen. Laut Aktenvermerk vom 16. Juli 1941 waren 12 Stück sIG 33 B (Sfl) nach Mitteilung von WaPrüf 6 bis zum 15. September 1941 fertiggestellt. Nach fernmündlicher Rücksprache mit „Bochumer Verein" und „Alkett" wurden die bereitzustellenden Wannen und andere Panzerteile Ende Juli/Anfang August 1941 termingemäß angeliefert. Der Prototyp war am 31. 3. 1941 Adolf Hitler vorgeführt und eine Versuchsserie von 12 Stück bei Alkett in Auftrag gegeben worden. Die Fahrzeuge liefen unter der Bezeichnung „Sturm-Infanteriegeschütz 33" und hatten ein Gefechtsgewicht von 21 t. 30 Schuß Munition konnten mitgeführt werden. Während eine normale Panzer-III-Wanne Verwendung fand, betrug die Panzerstärke des Aufbaues vorne 80, seitlich 50 und hinten 15 mm. Fünf Mann Besatzung waren vorgesehen. Die Groß-Serie, die nicht vor Frühjahr 1942 zu erwarten war, lief nicht an. Das Sd.Kfz. 166 auf Panzer-IV-Fahrgestell übernahm seine Aufgabe.

Panzerbefehlswagen

Zur Führung von Panzer-Großverbänden wurden Panzerbefehlsfahrzeuge benötigt, deren Bau man seit Beginn der Panzerentwicklung große Beachtung schenkte. Bereits 1938 entstanden die ersten „Großen Panzerbefehlswagen", die in folgenden Ausführungen zur Truppe gelangten:

Sd.Kfz. 266 mit FuG 6 und FuG 2
Sd.Kfz. 267 mit FuG 6 und FuG 8
Sd.Kfz. 268 mit FuG 6 und FuG 7

Die Fahrzeuge waren äußerlich völlig baugleich. Die 1. und 2. Baureihe des Panzerbefehlswagens mit der Typenbezeichnung „3c/ZW" war durch Umbauten der Panzer III, Ausführung D, entstanden. Die offizielle Bezeichnung lautete: „Panzerbefehlswagen III, Ausführung D[1]". Ähnlich den Panzerspähwagen hatten diese Fahrzeuge eine auffallende Rahmenantenne über dem Motorraum angebracht, die erst ab 1943 durch eine übliche Antenne ersetzt wurde. Der Besatzung von fünf Mann stand lediglich ein MG 34 zur Nahverteidigung zur Verfügung, während die Hauptbewaffnung als Attrappe ausgebildet war. Die 3. Baureihe unter Verwendung des Panzer-III-Fahrgestelles, Ausführung E (4/ZW), erschien 1940 als Panzerbefehlswagen III, Ausführung E, welche später als Ausführung H des Panzerbefehlswagen III mit den üblichen Zusatzplatten vor Fahrerfront und Bug ausgerüstet war. Zu Beginn des Frankreich-Feldzuges 1940 standen 39 große Panzerbefehlswagen bei den Panzer-Divisionen. Laut Mitteilung vom 1. 11. 1940 lag ein Auftrag des Heereswaffenamtes über 145 Stück dieser Fahrzeuge vor, die von der Daimler-Benz AG in Berlin-Marienfelde zu liefern waren. Dabei war vorgesehen, im Laufe der ersten sechs Monate des Jahres 1941 je zehn Stück zu liefern, die letzten 14 Fahrzeuge dieses Auftrages wurden im Januar 1942 ausgeliefert.

Das Fehlen einer Hauptbewaffnung machte diese Fahrzeuge nur bedingt einsatzfähig. Auch war es notwenidg, reine Spezialanfertigungen zu erstellen. Die Truppe forderte daher immer dringender Panzerbefehlsfahrzeuge, welche baugleich mit den Kampffahrzeugen von den Feldeinheiten selbst erstellt werden konnten. Ein diesbezüglicher Entwicklungsauftrag erging im Januar 1941 an die Daimler-Benz AG mit der Forderung zur Neuentwicklung des Panzerbefehlswagens. Hierin wurde verlangt, daß diese Fahrzeuge mit einer 5 cm KwK L/42 bzw. L/60 in drehbarem Turm ausgerüstet waren. Unter der Bezeichnung: „4c/ZW Panzerbefehlswagen" kamen diese Fahrzeuge ab August 1941 in den Truppenversuch. Fahrgestellmäßig kam der Typ „7/ZW" zur Verwendung. Die offizielle Bezeichnung lautete: „Panzerbefehlswagen III, Ausführung K". Mit fünf Mann Besatzung (dabei war der Ladeschütze zusätzlicher Panzerfunker) hatten diese Fahrzeuge ein Gefechtsgeeicht von ca. 23 t. Der Preis der Fahrzeuge (ohne Waffe) belief sich auf 110000 RM. Die Serienproduktion lief von August 1942 bis August 1943. An kleinen und großen Panzerbefehlswagen standen zur Verfügung am 1. 7. 1941 331 und am 1. 4. 1942 273 Stück.

Um es den Beobachtern der Panzerartillerie zu ermöglichen, Panzerangriffe unmittelbar zu begleiten, entstanden ab 1940 Panzerbeobachtungswagen.

Hierfür fand von 1940 bis 1942 eine Abart des leichten Schützenpanzerwagens (Sd.Kfz. 253) Verwendung. 1943 kam der Panzerbeobachtungswagen auf dem Fahrgestell des P III zum Einsatz. Offiziell führten diese Fahrzeuge die Bezeichnung: „Panzerbeobachtungswagen III“ (Sd.Kfz. 143). Ohne Hauptbewaffnung, es war lediglich ein in Walzenblendemitte eingebautes MG 34 vorhanden. Diese Fahrzeuge standen noch bis 1944 im Einsatz und wurden mit allen den anderen Panzer-III-Fahrzeugen zuteilwerdenden Verbesserungen ausgestattet. Sie hatten vier Mann Besatzung.

Abarten

Von den verhältnismäßig wenigen Abarten des Panzerkampfwagen III sind zu erwähnen: „Bergepanzerwagen III“, von dem 1939 32, 1940 34, 1941 132, 1942 50 und 1943 14 Stück hergestellt wurden. Sie wurden durch Umbauten ehemaliger Kampfpanzer erstellt. Für Nachschubzwecke, vor allem in schwerem Gelände des Ostens, kam der sog. „Schlepper III“ zum Einsatz. Hierbei war eine hölzerne Ladepritsche auf ein P-III-Fahrgestell aufgesetzt. Diese Fahrzeuge waren größtenteils mit „Ostketten“ ausgerüstet.

Generaloberst Guderian erwähnt in seinem Buch „Erinnerungen eines Soldaten“, daß am 20. Oktober 1943 auf dem Truppenübungsplatz Arys u.a. das Eisenmodell des Panzer III als Eisenbahnschienenfahrzeug vorgeführt wurde. Es sollte zur Zugsicherung in Partisanengebieten verwendet werden.

Ebenfalls bekannt wurde der „Minenräumpanzer III“. An einer umgebauten Panzer-III-Wanne war ein Laufwerk angebracht worden, welches unter Verwendung von P-III-Fahrgestellteilen durch Verlängerung der Schwingarme eine beträchtliche Bodenfreiheit erhielt. Nähere Einzelheiten darüber liegen nicht vor.

Die Tatsache, daß von 1935 bis 1945 insgesamt 15350 „ZW“-Fahrgestelle hergestellt wurden, spricht für die Zuverlässigkeit dieses Fahrzeuges. Der Panzer III selbst war für seine Zeit ein fortschrittliches Kampffahrzeug, welches sich an allen Fronten im Rahmen der gegebenen Möglichkeiten vollauf bewährte.

Fahrzeuge der P-III-Baureihe wurden, teilweise aus politischen Gründen, in geringen Stückzahlen an neutrale Länder geliefert. So erhielt z. B. die Türkei 1942 eine Anzahl von Panzerkampfwagen III der Ausführung J. Beutefahrzeuge dieser Typen wurden in geringem Umfang vor allem von der Roten Armee weiterverwendet, die u. a. ein umbewaffnetes „Sturmgeschütz“ mit der Bezeichnung „SU 761“ einsetzte. Die „Free Polish Forces“ verwendeten zur Ausbildung teilweise in Afrika erbeutete Panzer III und IV. Ungarische Truppen wurden wie andere Balkanstaaten in geringem Umfang mit deutschem Panzermaterial ausgerüstet.

Weiterentwicklung

Die Panzerkampfwagen III und IV waren in ihrer technischen und taktischen Grundauslegung kaum verschieden und wurden sich nach den laufend durchgeführten Umbewaffnungen in ihren Kampfleistungen immer ähnlicher. Daraus ergab sich sehr bald der Gedanke, anstelle der beiden

Fahrzeuge, nur noch einen Kampfpanzer zu schaffen. Laut einer Vortragsnotiz vom 6. 9. 1941 versprach man sich von einer Vereinheitlichung des Panzer III und IV (nun Panzerkampfwagen III/IV) folgende Vorteile:

1. Entlastung der Konstruktionsbüros.
2. Entlastung der Erprobung.
3. Entlastung hinsichtlich der Fertigung von Versuchsserien.
4. Völlige Baugleichheit in allen Teilen (mit Ausnahme der Bewaffnung), damit erhöhter Ausstoß, vereinfachter Nachschub sowie vereinfachte und vereinheitlichte Ausbildung.
5. Umsteuerbarkeit in der Fertigung, d. h. bei Bedarf konnten verhältnismäßig kurzfristig Panzer III statt Panzer IV gefertigt werden und umgekehrt, damit auch größere Beweglichkeit in der Organisation.
6. Wesentlich gesteigerte Munitionsausstattung beim Panzer III (ca. 40 Prozent mehr als bisher, obwohl die zukünftige Patrone größer wurde als die bis jetzt verwendete).
7. Möglichkeit, im Zuge der Entwicklung in den Turm eine noch stärkere panzerbrechende Waffe einzubauen, als die jetzt in der Entwicklung liegende 5 cm L/60 sein würde, z. B. die Waffe 0725 mit konischem Lauf.
8. Hydraulische Schwenkbarkeit des Turmes auch beim Panzer III, dadurch geringere Belastung der Besatzung und größere Richtgeschwindigkeit.

Als äußeres Kennzeichen der Panzerkampfwagen III n.A. und IV n.A. galten große Laufräder in Schachtelanordnung wie bei den Halbketten-Zugmaschinen (ZgKw).

Panzerungsmäßig wurden beide Typen wie folgt ausgelegt:

	Front	Seite	Heck
Panzer III n.A.	50	50	50 mm
Panzer IV n.A.	50	40	40 mm

Um das Höchstgewicht von 23,5 t bei beiden Panzern halten zu können, erhielt der Panzer III n.A. eine lichte Wannenbreite von nur 1,65 m gegenüber 1,8 m beim Panzer IV n.A. Als erstrebenswertes Ziel war die völlige Vereinheitlichung auf nur einen Typ angestrebt. Als Unterschied blieben nur noch die durch die Bestückung erforderlichen Abweichungen. Diese weitgehende Vereinheitlichung war aber nur zu erreichen, wenn bei Verwendung der Wanne (1,8 m breit) des Panzer IV in der Seitenpanzerung des Panzer III n.A., zur Erhaltung des Gewichts von 23,5 t, etwas nachgegeben wurde. Dies in dem Sinne, daß diejenigen Flächen der Wannenseiten, die durch das Laufwerk abgedeckt waren, sowie das Heck an Stelle der ursprünglich vorgesehenen 50 mm nur noch 40 mm stark gepanzert wurden.

Ein Brief des Chef H Rüst. u. BdE, Stab Rüstung 11a, Nr. 2944/41 g vom 14. 9. 1941 stellte daraufhin fest, daß

a) die Vereinheitlichung auf einen Typ des Panzer III/IV zweckmäßig und durchzuführen sei (Abweichung nur durch Bewaffnung),
b) die Verringerung der Panzerung derjenigen Flächen der Wannenseite, die an sich schon durch das Laufwerk abgedeckt sind, trotzdem unterbleiben sollte. Denn es sei nicht berechtigt, jede Überschreitung des Gewichts von 23,5 t zu Lasten der Panzerung so ängstlich zu vermeiden. Durch den

Führerbefehl, unter allen Umständen einen Vorpanzer zum stärkeren Schutze der Stirnseiten anzubringen, würde das bisherige Höchstgewicht überschritten werden müssen. Das Gewicht von 23,5 t könne also sowieso nicht eingehalten werden.

Prototypen des „Panzer III/IV" mit Schachtellaufwerk und Aufbau und Turm des Panzer III mit der 5 cm L/42 wurden tatsächlich gebaut. Das ständige Ansteigen der Kaliber der Panzerabwehrwaffen zwang zu stärkeren Panzerungen aller Kampfwagen ab 1942. Dazu war jedoch der Vorgesehene Panzer III/IV nicht geeignet.

Im Herbst 1944 wurde die Idee, dieses Fahrzeug zu schaffen, endgültig fallen gelassen.

Der Panzerkampfwagen IV und seine Abarten*)

Entwicklung

Bei einer Amtschefbesprechung im Heereswaffenamt am 11. Januar 1934 wurden die noch ungeklärten Fragen, hinsichtlich der Panzerausrüstung für das zu erwartende 63 Divisionen starke Heer, weitgehend geklärt. Auf der Tagesordnung stand u. a. die Frage der Bestückung des „Großtraktors" und die Festlegung der Gewichtsgrenze des „Mittleren Traktors". Für den zur Ausstattung der mittleren Kompanien der vorgesehenen Panzerabteilungen bestimmten „Mittleren Traktor" wurden daraufhin bereits 1934 die ersten Entwicklungsaufträge vergeben. Dieses Fahrzeug sollte mit einer Kanone schweren Kalibers, einem Turm- und einem Bug-MG ausgerüstet werden. Es sollte dadurch in der Lage sein, den leichteren Panzern Rückhalt m Kampf zu geben und Ziele zu beschießen, für die die kleinere panzerbrechende Waffe des Fahrzeuges „ZW" nicht ausreichte. Als Kaliber für diesen mittleren Panzer wurde die 7,5 cm Kanone bestimmt. Das Gesamtgewicht wurde wie bereits beim Panzer III mit 24 t festgelegt, wie sich überhaupt beide Fahrzeuge in technisch- und taktischer Gestaltung sehr ähnlich waren. Die Besatzung bestand aus fünf Mann. An den 1934 einsetzenden Entwicklungsarbeiten beteiligte sich vor allem die Firma Rheinmetall-Borsig AG., welche bereits gegen Ende 1934 ein Holzmodell des VK 2001 (Rh) fertiggestellt hatte. Die ersten Prototypen dieser Firma wurden 1934 und 1935 gebaut und in Kummersdorf eingehenden Untersuchungen unterzogen. Das Laufwerk dieser Fahrzeuge bestand aus doppelt aufgehängten 8 kleinen Laufrollen und 3 Stützrollen. Die an langen Hebelarmen aufgehängten Laufrollen wurden ebenfalls bei den von dieser Firma zur gleichen Zeit hergestellten „Neubaufahrzeugen" verwendet. Die Leitradanbringung wurde mehrmals geändert. Die Antriebsräder lagen vorne. Die technischen Anhaltswerte für diesen Typ, der wie alle anderen Prototypen der Panzer-IV-Baureihe die Tarnbezeichnung „Bataillonsführerwagen/BW" trug, (alle Tarnbezeichnungen für Panzer und Artillerie entfielen 1935) besagten, daß das Fahrzeug für ein Gesamtgewicht von 18 t ausgelegt war. Die vorgesehene Motorleistung von 320 PS ermöglichte eine Höchstgeschwindigkeit von

*) von W. J. Spielberger. Aus „Feldgrau" 1962/63

30 km/h. Mit Außenmaßen von 5600×2900×2650 mm und einer Panzerstärke von 5-14,5 mm war eine Steigfähigkeit von 30° möglich. Gräben von 2,2 m Breite konnten überschritten werden. Für die Hauptbewaffnung wurden 140 Schuß und für die beiden MG 3000 Schuß mitgeführt. Der aus dem Jahre 1935 stammende Entwicklungsvorschlag der Maschinenfabrik Augsburg-Nürnberg AG (VK. 2002, MAN) sah bereits ein von E. Kniepkamp beeinflußtes Schachtellaufwerk vor. Der Gesamtaufzug dieses Entwurfs lag etwas höher als der zur gleichen Zeit eingereichte Vorschlag der Firma Friedrich Krupp AG in Essen. Dieser Krupp-Vorschlag (VK. 2001 K) sah zwar auf Veranlassung des Heereswaffenamtes ursprünglich ebenfalls ein Schachtellaufwerk vor, welches jedoch gegen den Widerstand dieser Behörde nicht in die Produktion übernommen wurde. Turm und Wanne mit Panzerkastenoberteil zeigten schon eine gewisse Ähnlichkeit mit dem späteren Produktionsmodell. Die Abteilung Heerlein der Firma Krupp übernahm mit diesem Turmentwurf praktisch die Verantwortung für alle weiteren Entwürfe und behielt diese Aufgabe, mit wenigen Ausnahmen (Panther), bis Kriegsende. Unter Auswertung der von der Firma Krupp beim Entwurf des Panzer II gewonnenen Erfahrungen wurden Prototypen erstellt und 1935/36 eingehend untersucht. Auf Grund dieser Ergebnisse wurde die Firma Friedrich Krupp AG Essen als endgültige Entwicklungs- und Produktionsfirma für das gesamte Fahrzeug bestimmt.

Serie

Das 1936 erscheinende erste Produktionsmodell des „Panzerkampfwagen IV (7,5 cm)“ mit der Typenbezeichnung „1/BW“ ging als „Ausf. A“ in Magdeburg bei der Krupp-Gruson Werke AG in Produktion. (Vskfz. 622) Fahrgestell-Nr. der Ausf. A bis D 80000—80750. Das Laufwerk, welches bereits zu dieser Zeit in seiner endgültigen Form festlag und bis Kriegsende nicht mehr geändert wurde, bestand aus paarweise an längsliegenden Viertelfedern in Doppelanordnung aufgehängten Laufrollen der Größen 470×75—660 und aus vier Stützrollen. Es wurde vervollständigt durch vorne liegende Kettenantriebsräder und durch hinten liegende Spannräder. Als Triebwerk kam wie schon bei Panzer III der 12 Zylinder Maybach HL 108 TR mit 250 PS Leistung zum Einbau. Die grundsätzlich verschiedene Gestaltung des Motorraumes zwang zu einer unterschiedlichen Lüfteranordnung. Während sich beim Panzer III hinter jedem, an beiden Seiten des Motors befindlichen Wasserkühlern, ein Lüfter befand, waren beim Panzer IV beide Lüfter an der rechten Fahrzeugseite im Motorraum angebracht. Beim Panzer III wurde die Luft durch seitliche Öffnungen am Heckpanzer angesaugt und durch hintere Öffnungen am Heckpanzer herausgedrückt. Beim Panzer IV jedoch wurde die an der rechten Seite des Heckpanzers eingesaugte Luft nach Durchströmung der Kühler an der linken Heckpanzerseite wieder abgeführt. Bei beiden Fahrzeugen war die Kühlanlage so bemessen, daß für ausreichende Kühlung bis zu Temperaturen von +30 C gesorgt war. Der Lüfterantrieb erfolgte von der Kurbelwelle des Motors über Riemenscheiben und Doppelkeilriemen auf eine Gelenkwelle. Ein Fünfgang ZF SFG 75 Allklauengetriebe ermöglichte eine Höchstgeschwindigkeit von

32 km/h. Der Kraftfluß war ähnlich dem Panzer III und zwar über eine trockene Dreischeibenkupplung über ein 5 bzw. 6 Gang Aphongetriebe zu den Antriebsrädern. Die Lenkung war als Kupplungslenkung (Wilson, Ausf. Krupp) ausgelegt. Der Besatzung von fünf Mann stand im Drehturm eine 7,5 cm KwK mit einer Rohrlänge von 1766,5 mm = L/23,5 und ein MG 34 zur Verfügung, während ein zweites MG 34, in einer Kugelblende eingebaut, dem Funker zur Verfügung stand. Der Turmantrieb erfolgte elektrisch mittels einer zweiten Lichtmaschine, welche durch einen Nebenmotor angetrieben wurde. Als Zusatzaggregat fand ein DKW Zweizylinder Zweitaktmotor vom Typ „P/6" Verwendung, welcher auf 2800 U/min. begrenzt, bei 585 ccm Inhalt ca. 15 PS leistete. Die Munitionsausstattung betrug 122 Schuß 7,5 cm und 3000 Schuß MG-Munition. Die Wannenpanzerung betrug 14,5 mm rundum, während der Turm rundum 20 mm gepanzert war. Das Gefechtsgewicht betrug 17,3 t. Die Fahrzeuge waren äußerlich vorallem durch den vorspringenden Fahrererker erkennbar. 35 Stück wurden 1936 und 1937 gebaut und fanden hauptsächlich für Ausbildungszwecke Verwendung. Sie liefen noch jahrelang als Fahrschulwannen bei den Panzerfahrschulen.

Die 1937 erscheinende zweite Baureihe des „Panzerkampfwagen IV" lief als „Ausf. B" unter der Typenbezeichnung „2/BW" bis 1938 in Serie. Äußerlich unverändert, wurde die Frontpanzerung nunmehr auf 30 mm verstärkt. Das Gefechtsgewicht erhöhte sich dadurch auf 17,7 t. Der verstärkte Maybach HL 120 TR-Motor wurde zusammen mit dem ZF Sechsganggetriebe SSG 76 zum ersten Male verwendet. Die Gesamtproduktion betrug 42 Stück. Zusammen mit der ebenfalls im Jahre 1938 erschienenen „Ausf. C" (Typ 3/BW) des Panzerkampfwagen IV stellten diese Fahrzeuge die Ausrüstung der mittleren Kompanien der Panzerabteilungen im Feldzug gegen Polen. Noch nach Jahren traten die, dann durch zusätzlich angebrachte Panzerplatten verstärkte, Panzerkampfwagen an allen Fronten auf. Es ist hier zu erwähnen, daß die während des Krieges zur Generalüberholung in die Heimat gebrachten Fahrzeuge jeweils auf den neuesten technischen Stand gebracht wurden. Es war durchaus möglich, zusätzlich Panzerung, verbesserte Motore, verstärkte Türme usw. bei diesen Fahrzeugen anzubringen. Eine genaue Typenbezeichnung wurde dadurch beträchtlich erschwert.

Die bereits kurz erwähnte „Ausf. C" des Panzerkampfwagen IV hatte wie „Ausf. B" eine glattdurchgehende Fahrerfront erhalten. Das Funker-MG war bei dieser Ausführung durch einen Sehschlitz ersetzt. Das Gesamtgewicht erhöhte sich bei 30 mm Front- und 14,5 mm Seitenpanzerung auf rd. 20 t. Die Hauptbewaffnung war wie bei den Vorgängermodellen an einer innenliegenden Walzenblende angebracht. 140 Stück dieser Ausführung wurden hergestellt.

Nachdem ab 1938 die Hauptausstattung der Panzerregimenter mit „Panzer IV" abgeschlossen war, wurde die Produktion dieser Fahrzeuge beachtlich gedrosselt. So wurden 1939 ingesamt nur 45 Panzer IV hergestellt. Die 1938/39 gebaute „Ausf. D" mit der Typenbezeichnung „4/BW" hatte wiederum ein Bug-MG erhalten, außerdem war die Walzenblende nunmehr nach außen verlegt. Nach endgültiger Erprobung der Fahrzeuge in Polen erschien am 27. Sept. 1939 im Heeresverordnungsblatt 1939 Nr. 685 die Verfügung, daß „Der Panzerkampfwagen IV (7,5 cm) (Sd.Kfz. 161) aufgrund der bei der Truppe erfolgten Erprobung für einführungs- und beschaffungsreif erklärt wird."

Infolge geringer Leistungsfähigkeit der panzerbauenden Industrie in Deutschland, aber auch wegen Hortens von neuen Panzerkampfwagen durch das OKH., machte die dringende Umbewaffnung der Panzerregimenter auf Panzer III und IV nur geringe Fortschritte. So wurden tatsächlich vom 1. Sept. 1939 bis 31. März 1940 nur 46 Panzer III und 12 Panzer IV den Panzerdivisionen neu zugeführt. An der Herstellung von Panzerung und Turm für den Panzer IV beschäftigten sich neben der Friedrich Krupp AG in Essen auch die Eisen- und Hüttenwerke in Bochum.

Verstärkung

Die Fronterfahrungen in Polen erfuhren ihren Niederschlag in der 1939 erscheinenden „Ausf. E" (Typ 5/BW) (Ref. D 653/1 vom 1. 11. 1942). Die bislang unzureichende Panzerstärke wurde erhöht und zwar wurden zusätzlich Platten an Bug und Seite der Wanne angebracht. Dadurch erhöhte sich die Frontpanzerung auf 60 mm, während die Seitenpanzerung nunmehr 40 mm betrug. Heck- und Turmpanzerung blieben unverändert. Das Gesamtgewicht hatte sich auf 22 t erhöht. Zu Beginn des Frankreichfeldzuges im Mai 1940 standen 278 Stück Panzer IV den angreifenden Panzerdivisionen zur Verfügung. Die Gesamtproduktion während des Jahres 1940 betrug nur 280 Panzer IV. Eine Mitteilung vom 1. 11. 1940 besagt, daß das monatliche Produktionssoll für Panzer IV auf 30 Stück festgelegt war.

Bei den 1940 für das Unternehmen „Seelöwe" zusammengezogenen Panzerabteilungen „A", „B", „C" und „D" wurden die zugeteilten Panzer IV, ähnlich wie bereits bei Panzer III beschrieben, zu „Tauchpanzern" umgebaut. Auf diese Art und Weise wurden 210 Panzer III und IV für dieses Unternehmen vorbereitet und bildeten zusammen mit 52 schwimmfähigen Panzer II die Ausstattung für eine Panzerdivision. Die der 18. Panzerdivision später zugeteilten Tauchpanzer durchquerten am 22. 6. 1941 zu Beginn des Rußlandfeldzuges morgens 4.45 Uhr in Tauchfahrt den Bug.

Es war vorgesehen, für die am 18. Juli 1941 vorgeschlagenen 36 Panzerdivisionen u. a. 2160 Panzer IV zu beschaffen. In Wirklichkeit wurden im Jahre 1941 insgesamt nur 480 Panzer IV hergestellt. Der Gesamtbestand an Panzer IV betrug am 1. 7. 1941 531 Stück und war durch einsatzbedingte Abgänge bis zum 1. 4. 1942 auf nur 552 Stück angestiegen. In diesem Zusammenhang ist eine Aktennotiz über eine Besprechung mit Hitler auf dem Berghof vom 26. 5. 1941 von Interesse. Damals beschäftigte man sich mit der Umbewaffnung der Panzer IV und sah u. a. vor, die kurze 7,5 cm KwK L/24 durch die 5 cm Pak 38 zu ersetzen. Das Originaldokument (WaA Nr. 524/41 gKdos Wa J Rue (WuG) Chef 31. 5. 1941) besagt u. a.:

> „... Genau so muß es beim Panzerkampfwagen sein. In der Masse können wir zunächst noch die Wagen mit 5 cm KwK mit Erfolg ein-

setzen. Wir müssen aber sofort die „Spitze" schaffen, die mit etwa 20 Stück je Panzerdivision zu denken ist. Es kommt also darauf an, Fahrzeuge zu schaffen, die

a) größere Durchschlagsleistung gegen Feindpanzer haben,
b) selbst stärker als bisher gepanzert sind,
c) die Geschwindigkeit von 40 km/h nicht unterschreiten.

Hierzu ist notwendig:

Jede mögliche Steigerung der Durchschlagsleistung in dem jetzigen Programm auszunutzen. Zum Beispiel durch den Einbau der Pak 38 in den Panzerkampfwagen IV. (Dir. Hacker gibt an, daß bei Entscheidung über die Krupp-Lösung bis zum August 1941 im Nibelungenwerk bis zum Frühjahr 1942 etwa 80 Panzerkampfwagen IV mit Pak geliefert werden könnten. Nibelungenwerk bereite diesen Einbau bereits vor).

Zusatz:

Die Firma Krupp hat Auftrag, einen Panzerkampfwagen IV mit Pak 38 (statt 7,5 cm KwK) zum 15. 11. 1941 vorzustellen. WaA wird mit Firma Krupp in Verbindung treten, um ein Vorziehen der Arbeit zu erreichen. Das erste Geschütz 5 cm KwK L/42 n. A. kommt am 1. 8. 1941 zum Beschuß.

Die für die 5 cm KwK vorgesehene Verwendung der „Flaschenkartusche", sollte wenn sie etwas bringt und die befürchteten Schwierigkeiten im Klemmen der Kartusche überwunden sind, auf dieses Geschütz nicht beschränkt bleiben, sondern auch für die Pak 38 untersucht werden . . ."

Die Fronterfahrungen in Rußland machten diesen Plan jedoch gegenstandslos, da sich auch die 5 cm Pak gegen die stärkeren russischen Fahrzeuge als fast wirkungslos erwiesen hatte.

Zu Beginn des Rußlandfeldzuges erhielten die Panzer II, III und IV zusätzlich Einachsanhänger mit je 2 zweihundert Liter Benzin-Fässer. Teilweise wurden weitere 20 Liter Kraftstoffbehälter auf dem Turmdach mitgeführt. Außerdem war die doppelte Munitionsausstattung in den Panzern verstaut worden. Damit waren die Verbände während der ersten Kampftage in Rußland weitgehend unabhängig von ihren Versorgungseinheiten. Die im Jahre 1941 erscheinende Ausf. F (Typ 6/BW) des Panzerkampfwagen IV hatte eine auf 50 mm verstärkte Bugpanzerung erhalten. Die am 7. 7. 1941 herausgegebene Verfügung, die Kampfwagen der Neuproduktion zusätzlich zu verstärken, wirkte sich auch beim Panzer IV in vor Bug und Fahrerfront zusätzlich angebrachten Panzerplatten von 30 mm Stärke aus.

Das erhöhte Gesamtgewicht von nunmehr 22,3 t erforderte eine Verbreiterung der Ketten von 380 auf 400 mm (Kettentyp Kgs 61/400/120). Ebenfalls neu wurden die Leiträder, die nunmehr aus geschweißten Rohren bestanden. Auch die Antriebsräder waren im Laufe der Entwicklung mehrmals geändert worden. Der Drehturm wurde von Krupp umkonstruiert und für die Aufnahme der langen 7,5 cm KwK vorbereitet. Die Panzerstärke wurde erhöht, die Turmeinstiegluken als Doppelklappen ausgebildet und die

Kommandantenkuppel soweit nach vorne geschoben, daß sie nicht mehr in die Turmrückwand einschnitt. Diese Änderung wurde gleichzeitig am Panzer-III-Turm durchgeführt. Produktionsmäßig wurden immer noch verhältnismäßig kleine Serien gefertigt. Ein von GFM. Keitel unterzeichnetes Schreiben an den OB. d. H. vom 14. 11. 1941, unter dem Einfluß der aus Rußland kommenden Berichte, besagt: „. . . der Führer hält es angesichts unserer aufs schärfste angespannten und begrenzten Fertigungsmöglichkeiten für notwendig, das „Kampfwagen-Programm hinsichtlich der verschiedenen Arten zu beschränken und die zukünftigen Typen festzulegen. Hierbei sollen laufende Entwicklungen, deren Fertigung in diesem Kriege sowieso ausscheiden müssen, auch zur Entlastung der Konstruktionsbüros der Firmen und dem Waffenamt ausgeschieden, freizumachende Ingenieure der Produktion zur Verfügung gestellt werden. Der Führer fordert eine solche Vereinfachung und Begrenzung des Programmes, um die Massenfertigung zu erleichtern (Typisierung bzw. Normung von Motor, Getriebe, Laufrollen, Ketten usw.).

Der Führer hat etwa folgende vier Grundtypen im Auge:
- schneller (Aufklärungs-) Panzer
- mittlerer Panzer (Basis bisheriger Typ IV)
- schwerer Panzer (Porsche und Henschel)
- schwerster Panzer.

Der Führer wünscht persönlich diese Entscheidung zu treffen und hierzu den Oberst Fichtner mit Prof. Porsche nach der bevorstehenden Frontreise im FHQ zu sprechen . . .“. Um bewaffnungsmäßig einigermaßen wieder das Gleichgewicht herzustellen, erging am 18. 11. 1941 unter Nr. 917/41 gKdos Wa.Prüf 4 der Auftrag des Waffenamtes an die Firma Friedrich Krupp AG, in Zusammenarbeit mit der Rheinmetall-Borsig AG eine Nachfolgewaffe für die kurze 7,5 cm Kanone des Panzer IV zu schaffen. Gefordert wurde die Entwicklung einer KwK 44 (später KwK 40) mit einer Rohrlänge von 3218 mm = L/43. Die V° mit Panzergranate 40 hatte sich gegenüber der kurzen KwK von 450 auf 990 m/sek. erhöht. Die Schußweite stieg von 6500 auf 8100 m. Massenausstoß war ab März 1942 vorgesehen. Die erste Ausführung dieser Waffe hatte eine einfach wirkende, kugolförmige Mündungsbremse, sie wurde erstmals in Panzerkampfwagen IV der Ausführung F eingebaut. Das Gefechtsgewicht erhöhte sich wiederum und zwar auf 23,6 t. Als Munitionsausrüstung wurden 87 Schuß mitgeführt. Der Fahrzeugpreis (ohne Waffe) belief sich auf RM 103462,—. Zur besseren Unterscheidung wurden die mit langer Kanone bewaffneten Fahrzeuge als Ausf. F 2 bezeichnet (7/BW), während die Fahrzeuge mit kurzer Hauptbewaffnung als Panzerkampfwagen IV Ausf. F 1 geführt wurden. Die Baureihe „F“ lief bis 1942. Produktionsmäßig waren lt. Mitteilung vom 24. 1. 1942 die Panzer IV während des Jahres 1941 mit nur 40 Einheiten/Monat an der Gesamtfertigung beteiligt. Im Januar 1942 wurde jedoch das auf 57 Einheiten festgelegte Produktionssoll mit 59 tatsächlich hergestellten Panzer-IV-Fahrzeugen übertroffen, ab diesem Zeitpunkt lief der Panzer IV in Groß-Serie. Eine am 15. 12. 1942 herausgegebene Vorschrift beschreibt den Schieß-Scheinwerfer für Panzerkampfwagen III und IV, der hauptsächlich bei Panzer-

Nachtkämpfen verwendet wurde. Die von 1941 bis 1943 in Afrika zum Einsatz kommenden Panzerkampfwagen der Typen I, II, III, IV und VI wurden bereits in der Heimat mit geänderten Lüfterübersetzungen ausgerüstet. Zusätzlich wurden auch Filzbalgfilter außerhalb des Motorraumes, bzw. am Aufbau als Vorfilter angebracht. Derartig umgebaute Fahrzeuge erhielten die Bezeichnung „Panzerkampfwagen IV (Tp)". Versuche dieser Art wurden auch in Rußland durchgeführt. Laut Guderian trug man sich im März 1942 mit dem Gedanken einer Expedition gegen Malta. Für diesen Zweck forderte man 12 Panzer IV mit 80 mm Stirnpanzerung.

Die 1942 zur Auslieferung gelangende „Ausf. G" (Typ 8/BW) (Sd.Kfz. 161/1) (Fahrgestell Nr. u. a. 83072) hatte jedoch noch immer eine 50 mm Stirnpanzerung. Gegenüber der Ausf. F wurde die Schott-Seitenpanzerung von 20+20 mm auf 30 mm Platten verringert, die Dachpanzerung jedoch von 10 auf 15 mm erhöht. Die 7,5 cm KwK 40 L/43 hatte nunmehr eine doppeltwirkende Mündungsbremse erhalten. Der Bug der Fahrzeuge wurde teilweise mit 30 mm Platten verstärkt. Der „Querabschalter", der bei bisherigen Panzer III und IV durch Warnlampen im Fahrerraum anzeigte, daß die Kanone das Lichtraumprofil des Fahrzeuges überragte, entfiel ab dieser Ausführung. Die Wintererfahrungen in Rußland fanden ihren Niederschlag im Einbau eines sog. „Kühlwasser-Austauschers". Diese Vorrichtung ermöglichte es, heißes Kühlwasser von einem Fahrzeug zum anderen zu pumpen, um Kaltstartschwierigkeiten zu vermeiden.

Von den 1942 hergestellten 964 Pz.Kpfw. IV stellte Krupp 400 Stück her, das Nibelungenwerk der Steyr-Daimler-Puch AG. in St. Valentin (Niederösterreich) 165 Stück, der Rest kam aus Prag und von Vomag. Die Panzerwannen-, Panzerkastenoberteile- und Panzerturmproduktion ging ebenfalls von Krupp auf die Firmen Gebr. Böhler & Co. in Kapfenberg und Eisenwerke Oberdonau in Linz über. Krupp (Essen) hatte bis dahin eine Ausstoßkapazität von 25 Panzer-IV-Wannen, Kasten und Türme per Woche.

Eine Gegenüberstellung des Rohstoffbedarfes der Panzer III und IV ergibt folgenden Vergleich: (Rohstoffbedarf in kg — ohne Waffen, Optik, Funk).

Panzerkampfwagen III		**Panzerkampfwagen IV**
39000,00	Eisen (Fe)	39000,00
1,40	Zinn (Sn)	1,20
60,10	Kupfer (Cu)	195,10
90,40	Aluminium (Al)	238,00
71,70	Blei (Pb)	63,30
49,10	Zink (Zn)	66,40
—	Magnesium (Mg)	0,15
125,00	Kautschuk	116,30

Von obigem Eisenbedarf waren 20211 kg unlegierte und 18752 kg legierte Bleche, davon wieder 15841 kg Grob- und Mittelbleche und 852 kg Feinbleche.

Im Juni 1942 erging der Befehl, die Frontpanzerung des Panzer IV auf 80 mm zu verstärken. Ab August 1942 stand die auf eine Rohrlänge von

L/48 verlängerte, endgültige Ausführung der 7,5 cm KwK 40 zum Einbau zur Verfügung. Alle durch die Heimatinstandsetzung laufenden Panzer-IV-Ausführungen wurden auf diese Waffe umgerüstet. Im Januar 1943 wurde sogar eine schräge Bugpanzerung von 100 mm befohlen, eine Durchführung dieses Befehls schien jedoch kaum möglich, da durch die Buglastigkeit des Fahrzeuges die Geländegängigkeit in Frage gestellt wurde.

Für die Winteroperationen in Rußland wurden ab 1943 „schwere Anhängeschlitten für Gleis-Kettenfahrzeuge" geschaffen. Sie dienten nach russischem Vorbild dem Personal- und Lastentransport.

Am 19. 3. 1943 erfolgte die erste Vorstellung des Panzer IV mit zusätzlicher Schürzenpanzerung. Die zu dieser Zeit anlaufende „Ausf. H" des Panzerkampfwagen IV (Typ 9/BW) (Sd.Kfz. 161/2) war serienmäßig mit dieser 5 mm Schürzenpanzerung ausgerüstet. Sie hatte 85 mm Stirnpanzerung und die lange KwK. Fahrgestellmäßig fast unverändert, kam nunmehr das ZF SSG 77 Getriebe des Panzer III zum Einbau. Von seinem Vorgänger, dem SSG 76 Getriebe kaum verschieden, handelte es sich hierbei um ein Sechsgang-Getriebe mit Handschaltung. Es hatte eine Gleichlaufeinrichtung für alle Gänge, mit Ausnahme des ersten und Rückwärtsganges. Die Vorwärtsgänge waren dauernd im Eingriff und durch Verwendung schrägverzahnter Räder geräuscharm.

Auch diese Fahrzeuge erhielten teilweise ein an der Kommandantenkuppel angebrachtes Fliegerabwehr-MG, sowie den „Zimmerit"-Schutzbezug.

Fahrzeuge der „H"-Baureihe liefen mit zusätzlichen Funkgeräten auch als „Panzerbefehlswagen IV". Die Fahrzeuge waren in ihrer Kampfkraft den Kampfpanzern gleichwertig, lediglich der Ladeschütze betätigte sich gleichzeitig als zweiter Panzerfunker. Die Anschlüsse für zusätzliche Antennen waren bereits in der Produktion vorgesehen worden, die Umbauten auf Befehlsfahrzeuge konnten unter Umständen sogar von der Truppe durchgeführt werden.

Fahrzeuge der „H"-Baureihe erschienen ohne Turmsehschlitze für Richt- und Ladeschütze, sie waren durch den Anbau der zusätzlichen Turm-Schürzenpanzerung (8 mm Stärke) sowieso gegenstandslos geworden. Auch war die Öffnung der Kommandantenkuppel nicht mehr zweiteilig abgeschlossen, sondern nur noch durch eine runde Klappe.

1944 wurde mit einem Fahrzeug der „H"-Baureihe ein interessanter Versuch unternommen. Die Zahnradfabrik Augsburg baute einen Panzer IV mit hydrostatischem Antrieb. Hierbei handelte es sich nicht um ein Flüssigkeitsgetriebe, in Wirklichkeit hatte das Fahrzeug überhaupt kein Getriebe. Der „Thoma"-Antrieb war so ausgelegt, daß der Hauptmotor (Maybach HL 120 TRM) direkt mit zwei Hochleistungs-Ölpumpen verbunden war. Diese Ölpumpen versorgten zwei Ölmotore. Ein Taumelscheibenantrieb trieb über Übersetzungsgetriebe die hinten liegenden Antriebsräder an. Die Antriebsräder hatten einen Durchmesser von ca. 550 mm, während die vorne liegenden Leiträder einen Durchmesser von ca. 780 mm hatten. Gleichzeitig mit dem hydrostatischen Antrieb erfolgte auch der Turmantrieb und die Betätigung der Hauptbewaffnung hydraulisch. Fahrversuchsergebnisse liegen nicht mehr vor, das Fahrzeug wurde nach Kriegsende nach Amerika gebracht und dort eingehenden Untersuchungen unterzogen (Vickers Inc. Detroit, Michigan). Diese Firma beschäftigte sich zu dieser Zeit mit einem ähnlichen Entwurf für ein US-Panzerfahrzeug. Ein Untersuchungsbericht dieser Firma vom 12. 4. 1946 beschreibt den Thoma-Antrieb wie folgt:

> Das Antriebsaggregat besteht aus zwei Taumelscheiben-Ölpumpen, welche zu einer Einheit zusammengefaßt sind und durch einen 12-Zylinder-Maybach-HL-120-Motor angetrieben werden. Öl wird von den Pumpen zu zwei separaten Ölmotoren gedrückt, welche die Kettenantriebsräder treiben. Die Ölmotore sind an den Vorgelegegehäusen angeflanscht. Motor und Antriebsaggregate sind im Heck des Fahrzeuges untergebracht und das Fahrzeug wird durch hinten liegende Antriebsräder bewegt. Das Volumen der Pumpen wird durch den Fahrer kontrolliert, der dadurch die Drehmomente den verschiedenen Belastungszuständen anpaßte, die durch das Lenken und Anhalten des Fahrzeuges hervorgerufen wurden. Genau so wurde durch Umlenkung des Ölflusses Vorwärts- und Rückwärtsbewegung des Fahrzeuges erreicht. Drucköl zur Betätigung der Pumpe und der Motore und für die Hochdruckleitungen wurde durch eine Zahnradpumpe gefördert, welche mittels Direktantrieb mit dem Fahrzeugmotor verbunden war.

Die Versuche wurden wegen nicht vorhandener Ersatzteileversorgung abgebrochen. Das Fahrzeug selbst steht noch heute im Panzermuseum der US Army in Aberdeen, Maryland. Am 9. 3. 1943 hielt Generaloberst H. Guderian einen Vortrag im Führerhauptquartier und umriß darin seine Gedanken über den Fortbestand der deutschen Panzerwaffe. Dabei wurde herausgestellt, daß zu jenem Zeitpunkt die Ausstattung mit Panzern ausschließlich auf dem Panzer IV beruhte. Der Weiterbau dieses Fahrzeuges sollte daher durch das Jahr 1944/45 mit Hochdruck fortgesetzt werden. Dieser Vorschlag wurde im April 1943 als Befehl an die Industrie weitergegeben. Private Machtkämpfe innerhalb der Führung versuchten immer wieder diese Befehle zu umgehen und die Produktion des Panzer IV auf Sturmgeschütze umzustellen. Dies im Rahmen einer sich immer mehr herausstellenden Tendenz, den offensiven Charakter der Panzerwaffe der defensiven Kriegsführung der letzten Kriegsjahre anzupassen. Das Heer. Techn. V. Blatt 1944, Nr. 256 spricht von der Einführung einer „Ostkette“ für den Panzer IV, wodurch sich die Verladebreite auf 3206 mm erhöhte. Im März 1944 erschien die Abschlußausführung des Panzer IV. Das Heer. Techn. V. Blatt 1944 Nr. 184 vom 3. 3. 1944 besagt, daß bei dieser „Ausf. J“ das elektrische Turmschwenkwerk in Fortfall kam. Dafür wurde ein zusätzlicher Kraftstoffbehälter für 200 Liter im Motorraum eingebaut. Der Kraftstoffvorrat betrug damit ca. 680 Liter. Gleichzeitig mußte die Seitenrichtmaschine mit einer zweiten Untersetzung versehen werden, um das Schwenken des Turmes auch bei Schräglage des Fahrzeuges zu ermöglichen. Die seitlich angebrachten Panzerschürzen bestanden bei dieser Ausführung teilweise aus einem starken Drahtgeflecht. Als Hersteller der 7,5 cm KwK 40 L/48 zeichnete die Firma Rheinmetall-Borsig AG in Unterlüß verantwortlich. Die Fahrzeuge wurden praktisch bis Kriegsende 1945 hergestellt. Im November 1944 beschäftigte sich die Firma Friedrich Krupp AG in Essen mit der Umbewaffnung aller im Truppengebrauch befindlichen Fahrzeuge. So wurde versucht, einen „Panther"-Turm mit der langen 7,5 cm KwK 42 L/70 auf dem Panzer IV Fahrgestell unterzubringen. Ein Holzmodell der langen Kanone wurde tatsächlich im normalen Panzer-IV-Turm eingebaut, eine Vergrößerung des Turmes wurde notwendig. Dies wiederum ließ sich wegen Überlastung des Fahrgestelles nicht durchführen.

Laufwerke

An dieser Stelle ist ein Hinweis auf die Laufwerksentwicklung der deutschen Panzerfahrzeuge der Entwicklungszeit angebracht. Während die ersten Versuchs- und Produktionsfahrzeuge fast ausschließlich mit Schrauben- und Blattfederung versehen waren, erschienen schon 1936, unmittelbar nach Übernahme von Wa. Prüf. 6 durch E. Kniepkamp, die ersten Entwürfe mit Drehstabfederung. Diese wurde bevorzugt, da sie weniger beschußempfindlich war und auch eine Blockierung des Laufwerkes durch Eis, Schnee und Schlamm weitgehendst ausschloß. Die Verbesserung der Laufeigenschaft wurde damals nicht einmal zu sehr betont. Trotz dieser offensichtlichen Vorteile, die auch durch die nun größere Radausschlagmöglichkeit betont wurde, bestanden die Krupp-Ingenieure auf ihrem durch Blattfedern gefederten Laufwerk des Panzer IV und lagen dadurch in fortwährendem Gegensatz zum HWA. Der Wunsch jedoch, für alle Vollkettenfahrzeuge Laufräder mit größerem Durchmesser zu schaffen, ergab auch bei Krupp verschiedene Entwicklungen, die beim Panzer IV Schachtellaufwerke und breitere Ketten vorsahen. Schon 1934 erging der Auftrag des Waffenamtes an verschiedene führende deutsche Reifenhersteller, Radbandagen und Gleiskettenpolster für Panzerkampfwagen und Zgkw. aus 100% Buna herzustellen. 1938 war diese Maßnahme durchgeführt und während des Krieges waren zusätzlich verschiedene Firmen in besetzten Gebieten in dieses Programm eingeschaltet. Der Mangel an Gummi und der hohe Bedarf an schnell verschleißenden Lauf- und Stützrollen zwangen ab 1944 zu einer Umkonstruktion der Laufräder verschiedener Panzertypen. So wurden zu dieser Zeit Laufrollen ohne Gummibandagen, aber mit zwischen den stählernen äußeren Reifen und der Nabe der Laufrolle eingelegten und eingepreßten Gummiringe, geschaffen. Diese Laufrollen mit Gummi-Einlagen beanspruchten fast nur die Hälfte des Gummis, außerdem wurde die mechanische Verletzbarkeit des Gummis stark reduziert. Diese frei vom russischen „KW I" übernommene Konstruktion sparte Gummi und verlängerte die Lebensdauer der Laufrollen. Eine etwas höhere Kettenabnutzung wurde festgestellt. Beschwerden über erhöhten Geräuschspiegel wurden nicht erhoben. Versuche in Kummersdorf ergaben, daß sich der Rollwiderstand um ca. 10% erhöht hatte. Diese gummigefederten Laufrollen wurden am Panzer IV bei einigen, fahrgestellmäßig überlasteten Ausführungen eingeführt und zwar auch nicht immer am gesamten Laufwerk, sondern meistens nur an den am stärksten beanspruchten Stellen. Als Hersteller der Laufrollen für Panzer III und IV trat u. a. auch die Volkswagenwerk-GmbH in Wolfsburg auf, die von 1941 bis 1944 ca. 6000 Laufrollen pro Monat herstellte. Die Abschlußausführung des Panzer IV hatte in den letzten Kriegsmonaten eine weitere Laufwerksvereinfachung erfahren und zwar wurden anstelle der bisherigen vier Stützrollen pro Seite nur noch drei Rollen pro Seite verwendet (Laufrollengröße 470×90-359/Stützrollen 250×65-135). Die Gesamtproduktion von Panzer IV betrug im Jahre 1944 3366 und 1945 343 Stück. Insgesamt wurden ca. 9000 Panzer IV gefertigt.

Während des Krieges und in den Nachkriegsjahren gelangten Panzer IV in größerer Stückzahl in den Truppengebrauch verschiedener Staaten. Spanien erhielt eine Anzahl dieser Fahrzeuge, Bulgarien hatte noch 1944 u. a. 88 Panzer IV und 50 Sturmgeschütze III für seine Armee geliefert bekommen. Diese Fahrzeuge gingen beim Umsturz am 8. 9. 1944 verloren und kamen dadurch in die Hände der nun unter russischer Fahne kämpfenden bulgarischen Truppen. Sie wurden u. a. in Ungarn gegen deutsche Einheiten eingesetzt. Beutefahrzeuge wurden vor allem bei den auf russischer Seite kämpfenden Einheiten des „Nationalkommitees Freies Deutschland" verwendet. Sie fanden auch bei anderen Staaten, hauptsächlich zu Ausbildungszwecken, Verwendung. Die syrische Armee hatte noch lange nach Kriegsende Panzer IV der Ausführungen H und J im Truppengebrauch. Im Jahre 1960 kehrte ein bis dahin im Panzermuseum der britischen Armee ausgestellter Panzer IV der Ausführung G als Geschenk für die Bundeswehr nach Deutschland zurück.

Es war naheliegend, das bewährte und in größerer Anzahl zur Verfügung stehende Fahrgestell des Panzer IV auch für andere Zwecke zu verwenden. Tatsächlich war es mit seinen zahlreichen Abarten das am meisten verwendete Panzerfahrgestell des deutschen Heeres.

Jagdpanzer IV

Anläßlich einer Besprechung bei Hitler auf dem Berghof am 26. 5. 1941 war beschlossen worden, neben einer 12,8 cm Selbstfahrlafette auch eine solche für 10,5 cm zu fordern. Beide Fahrzeuge sollten neben Bunkerbekämpfung auch zur Abwehr der aus England und USA erwarteten schweren Kampfwagen eingesetzt werden. Die auf dem Panzer-IV-Fahrgestell aufgebaute „10,5 cm K 18 auf Panzer-Selbstfahrlafette IVa" war zu diesem Zeitpunkt bereits mit 2 Stück an die Truppe ausgeliefert. Bezüglich des Bedarfes hatte man bereits Verbindung mit AHA aufgenommen, unter Berücksichtigung der Tatsache, daß anläßlich einer Führervorführung am 31. 3. 1941 festgestellt worden war, daß mit einem Anlauf der Serienproduktion nicht vor Frühjahr 1942 gerechnet werden könnte. Die mit fünf Mann besetzten Fahrzeuge waren zu Beginn des Rußlandfeldzuges bei der Truppe. Zu einer Serienproduktion ist es nicht gekommen. Nach Auslaufen der Kampfpanzerproduktion bei Krupp-Gruson entstanden dort die den „Sturmgeschützen III" in Aufbau und Bewaffnung ähnlichen „Sturmgeschütze IV (L/48) (7,5 cm StuK 40)". Montage und Fahrgestellbau erfolgte in Magdeburg, während die Wannen von den Firmen Böhler, Kapfenberg; Eisenwerke Oberdonau, Linz; Krupp AG, Essen und EHW, Bochum geliefert wurden. Der Panzeraufbau wurde von den Brandenburgischen

Eisenwerken in Brandenburg/Havel hergestellt. Mit einer Stirnpanzerung von 80 mm und seitlichen Panzerblechen von 30 mm betrug das Gefechtsgewicht 23 t. Der Besatzung von vier Mann standen für die Hauptbewaffnung 63 Schuß zur Verfügung. Die 7,5 cm StuK 40 L/48 wurde von den Firmen Wimag, Berlin und Skoda, Pilsen gebaut. Die Fahrzeuge standen ab Oktober 1943 mit den Sturmgeschützen III bei den Sturmgeschützbrigaden der Artillerie und sollten lt. Guderian auch als Übergangsausrüstung für die Panzerregimenter verwendet werden. Sie wurden Anfangs 1944 durch den „Panzerjäger IV" abgelöst. Dieses Fahrzeug war von der Vomag Betriebs AG in Plauen/Vogtland bereits am 14. 5. 1943 anläßlich einer Führervorführung als Holzmodell mit nur 1700 mm Höhe vorgeführt worden. Das erste Produktionsfahrzeug lief am 20. 10. 1943, die Serienproduktion unmittelbar darauf bei Vomag an. Die Panzerungen wurden durch die Witkowiter Bergbau- und Eisenhütten Gewerkschaft hergestellt. Als Produzenten der Hauptbewaffnung (7,5 cm Pak 39 L/48) traten die Firmen Rheinmetall-Borsig in Unterlüß und Seitz-Werke in Kreuznach auf. Die ab Januar 1944 in Einsatz gelangenden Fahrzeuge hatten die Bezeichnung „Jagdpanzer IV Ausführung F" (Sd. Kfz. 162) (Ref. D 653/39 vom 15. 9. 1944). Gegenüber dem Holzmodell hatten diese Fahrzeuge eine neue Bugausbildung mit 60 mm starken, verzahnten Platten. Zusätzliche Schürzenpanzerung war wie bei den meisten Fahrzeugen jener Zeit vorgesehen. Das Gefechtsgewicht mit vier Mann Besatzung und 79 Schuß Munition für die Hauptbewaffnung betrug 24 t. Fahrgestellmäßig kam der Typ „10/BW" zur Verwendung. Die Feuerhöhe betrug 1400 mm, die Gesamthöhe 1860 mm. Insgesamt wurden 1944 von den mit 7,5 cm L/48 und L/70 ausgerüsteten Jagdpanzern auf Panzer-IV-Fahrgestell 1530 Stück hergestellt.

Die später noch erwähnten Selbstfahrlafetten auf dem verkürzten Fahrgestell des Panzer IV (Geschützwagen IVb) sollten ebenfalls der Panzerabwehr zur Verfügung gestellt werden. Mit neuem Aufbau versehen, liefen diese Fahrzeuge als „Panzerjäger IVb (E 39) für 7,5 cm Pak 39 L/40". Die Panzerstärken betrugen 80 mm vorne und 30 bzw. 20 mm seitlich und hinten.

Die Vomag AG beschäftigte sich seit einiger Zeit mit dem Einbau einer stärkeren Bewaffnung im Panzerjäger IV und stellte im Mai 1944 einen Prototyp mit der langen 7,5 cm StuK 42 L/70 zum ersten Male vor. Ursprünglich war diese Absicht bereits im September 1942, damals unter dem Eindruck der schweren Kämpfe in und um Stalingrad, erwogen worden. Vorgeschlagen war damals eine Verstärkung der „Sturmgeschütze", welche 100 mm Frontpanzerung und die lange 7,5 cm Kanone erhalten sollten. Diese in ihren Leistungen der „Panther"-Kanone gleichkommende Waffe hatte bei dieser Verwendung keine Mündungsbremse. Der Prototyp mit etwas zu hohem Aufzug wurde nochmals überarbeitet und ging nach einer weiteren Zwischenlösung, welche ebenfalls die unveränderte Panzer-IV-Wanne verwendete, als „Panzer IV/70" (Sd.Kfz. 162/1) in begrenzte Serienfertigung. Die 25,8 t schweren Fahrzeuge mit vier Mann Besatzung gelangten ab August 1944 in den Truppengebrauch und waren wegen ihrer beträchtlich erhöhten Feuerkraft jedem Feindpanzer gewachsen. Diese im

„Landsermund“ als „Guderian-Enten“ bezeichneten Fahrzeuge waren wegen der starken Stirnpanzerung (80 mm) und der langen Bewaffnung äußerst kopflastig und in schwierigem Gelände schlecht zu lenken. Die Hersteller für Fahrgestell und Panzerung blieben gegenüber dem Jagdpanzer IV unverändert. Die Montage erfolgte wiederum in Plauen. Die Sturmkanone 42 L/70 wurde bei den Firmen Gustloff-Werke in Weimar und Skoda-Werke in Pilsen gebaut. Die Fahrzeuge standen in geringer Stückzahl bis Kriegsende bei den Panzerjägerabteilungen der Infanterie- und Panzerdivisionen. Hier ist zu erwähnen, daß Guderian 1943 vom Wert dieses „Sturmgeschützes L/70“ nicht überzeugt war. Er bat um eine nochmalige Überprüfung der Notwendigkeit der Konstruktion dieses Fahrzeuges und gegebenenfalls um die Aufgabe dieses Vorhabens. Für ihn war das leichte Sturmgeschütz mit der 7,5 cm L/48 für alle Aufgaben ausreichend. Den Schlußpunkt der Entwicklung der Panzerjägerfahrzeuge bildete ein ein Vorschlag der Friedrich Krupp AG, eine 8,8 cm Pak 43/3 (L/71) auf dem Panzer-IV-Fahrgestell unterzubringen. Diese Waffe war bereits 1942, wenn auch unter geringem Panzerschutz auf dem Fahrgestell des Panzer III/IV untergebracht worden. Bei der Krupp-Lösung vom 17. 11. 1944 dürfte jedoch durch erhöhte Panzerung die Tragfähigkeit des Fahrgestelles weit überschritten gewesen sein. Der „Panzerjäger IV mit 8,8 cm Pak 43/3 (L/71)“ blieb ein Projekt.

Außerdem entstand im Rahmen der Jagdpanzerentwicklung 1944 ein Holzmodell, welches zum ersten Male den Einbau von rückstoßfreien 7,5 cm Panzerwurfkanonen vorsah. Verschiedene Ausführungen dieses Fahrzeuges waren erwogen. Sie alle hatten eine bzw. zwei dieser Waffen, zusammen mit einem Deutgewehr, in einem hinten offenen Drehturm untergebracht.

Selbstfahrlafetten

Ab 1942 trat der Gedanke zur Schaffung einer „Artillerie der Panzer“ immer mehr in den Vordergrund. Die ersten diesbezüglichen Versuche der Firma Krupp, sahen die Verwendung der „leichten Feldhaubitze 18/1“ als gepanzerte Selbstfahrlafette vor. Fahrgestellmäßig wurde auf Panzer-IV-Fahrgestellteile zurückgegriffen und dabei die Anzahl der Doppellaufrollen pro Seite von 4 auf 3 reduziert. Der Durchmesser der Laufrollen wurde vergrößert. Drei Stützrollen waren vorhanden. Das Fahrzeug lief unter der Bezeichnung „le FH 18/1 (Sf) auf Gw IVb“ (Sd.Kfz. 165/1). Es wurden hiervon angeblich 8 Stück gefertigt, welche später in die bereits vorher erwähnten Panzerjägerfahrzeuge umgebaut werden sollten. Abweichend von der Panzer-IV-Baureihe waren diese Versuchsfahrzeuge mit dem Maybach 6-Zylinder-Reihenmotor HL 66 P ausgerüstet. Dieses Triebwerk mit 180 PS Leistung sollte in der Serie durch den HL 90 Sechszylinder-Vergasermotor von 320 PS Leistung abgelöst werden. Die unter leichtem Panzerschutz (20 und 14,5 mm) im Turm untergebrachte Hauptbewaffnung hatte ein Seitenrichtfeld von 70°, während die Höhe von —10° bis +40° verstellbar war. Die Wannenpanzerung betrug vorne 20 mm und seitlich 15 mm. Mit fünf Mann Besatzung und 60 Schuß Munitionsvorrat betrug das Gefechtsgewicht 17 t. Die Schußweite der 10,5 cm le FH 18 betrug

10,5 km, die Feuergeschwindigkeit 6 Schuß per Minute. Die Schaffung eines Spezialfahrgestelles für die Panzerartillerie war 1942 nicht mehr zu vertreten, daher wurde beschlossen für diesen Zweck ausschließlich veraltete Panzerfahrgestelle zu verwenden. Die leichte Feldhaubitze wurde daher serienmäßig ausschließlich auf dem Fahrgestell des Panzer II (Wespe) untergebracht. Die Sd.Kfz. 165/1 standen ab November 1942 im Truppenversuch. Eine Serienproduktion wurde nicht aufgenommen.

Auf die „Heuschrecke"-Entwicklung wurde bereits im „Panzer II"-Artikel hingewiesen. Auch mit Fahrgestellen der Panzer-IV-Baureihe fanden Versuche dieser Art statt. Die Fahrgestelle wurden ohne Erhöhung der Kettenauflagelänge hinten etwas verlängert, so daß nunmehr anstelle der üblichen 99 Glieder pro Gleiskette, 107 verwendet werden mußten. Wiederum war beabsichtigt, ein gepanzertes Mehrzweckefahrzeug zu schaffen, welches allen Anforderungen der Panzerartillerie genügen sollte. Rechts und links über der Kettenabdeckung wurden hochklappbare Laufkranschienen angebracht. Mittels Flaschenzugs konnte der Turm mit Waffe angehoben und nach hinten gezogen werden. Er wurde dann auf eine, ebenfalls am Fahrzeug mitgeführte, einfache Bettung hinter dem Fahrzeug abgelastet. Die Waffe (10.5 cm le FH 18/1) war in dieser Lage mit 360° Seitenrichtfeld voll einsatzfähig, während das Fahrzeug nunmehr als Munitionsschlepper (mit leichtem Aufbau), als Abschleppfahrzeug (die hochklappbaren Laufschienen und der Flaschenzug konnten hierzu verwendet werden) oder für andere Versorgungsaufgaben verwendet werden konnte. Die Waffe konnte selbstverständlich mit 360° Seitenrichtfeld auch vom Fahrzeug aus eingesetzt werden. Die 17,3 t schweren Fahrzeuge führten die Bezeichnung: „Gw IVb für 10,5 cm le FH 18/1" (Heuschrecke IVb). Fünf Mann Besatzung waren vorgesehen. Die Panzerung war leicht und betrug 20 mm rundum für die Wanne und 14,5 mm für den Turm. Auch diese Entwicklung wurde nicht weiterverfolgt.

In einem Schreiben vom 9. 6. 1941 (Nr. 548/41 gKdos) war die Frage erhoben, inwieweit es möglich wäre, eine Waffe mit hoher Splitterwirkung vom Kaliber 15 cm (sIG) unter starkem Panzerschutz an den Feind zu bringen. Lösungen wurden bereits seit 1940 mit sIG Selbstfahrlafetten auf Panzer I, II und III Fahrgestellen versucht. Der „Sturmpanzer IV Brummbär" (Sd.Kfz. 166) stellte dann endgültig den Abschluß dieser Entwicklung dar. Eine 15 cm Sturmhaubitze 43 (L/12) war unter starkem Panzerschutz (Wanne vorne 100 mm, Aufbau vorne 50+50 mm) auf dem Panzer-IV-„Typ 9/BW"-Fahrgestell aufgesetzt worden. Mit fünf Mann Besatzung und 38 Schuß 15 cm Munition wurde das Gefechtsgewicht auf 28,2 t angehoben. Als Entwicklungsfirma für den Aufbau war die Alkett GmbH in Spandau verantwortlich. Die von den Nibelungenwerken hergestellten Fahrgestelle wurden bei den Deutschen Eisenwerken in Duisburg mit den durch die Firma Bismarckhütte gelieferten Aufbauten versehen. Die Wannen wurden von den Firmen Eisenwerk Oberdonau, Linz und Gebr. Böhler, Kapfenberg an die Nibelungenwerke geliefert. Die an die Truppe ausgelieferten Fahrzeuge hatten teilweise unterschiedliche Fahrerfrontausbildung. Die Feuerhöhe betrug 1820 mm. Laut Guderian wurden 40 bis 60 Stück dieser Fahrzeuge gebaut, sie standen seit April 1943 als brauchbare Unterstützungsfahrzeuge bei den Panzergrenadier- und Panzerdivisionen.

Waffenträger

Die „Waffenträger"-Entwicklung ab 1942 sah folgerichtig auch die Verwendung von Panzer-IV-Fahrgestellteilen vor. So entstanden zu dieser Zeit zwei Entwürfe eines „mittleren Waffenträgers", der für die Aufnahme der 15 cm sFH 18 (L/29,5) oder der 12,8 cm K 81 (L/55) bestimmt war. Nach vorhandenen Unterlagen war es bei diesen zeichnerisch erfaßten Entwürfen geblieben.

Im Oktober 1942 erwog Hitler, den 30,5 cm Mörser M 16 auf das Fahrgestell des Panzer IV aufzusetzen und die Waffe mit verkürztem Rohr und Minengranaten auszustatten. Angeblich war vorgesehen, diesen Mörser zweilastig auf Panzer IV Fahrgestellen unterzubringen. Guderian schreibt dazu: „. . . So interessant alle diese Konstruktionen sein mochten, im Ergebnis zehrten sie allesamt an der Fertigung unseres damals einzigen, brauchbaren Kampfpanzers, eben des Panzer IV, dessen Produktion zum ersten Male in diesem Monat die wahrlich bescheidene Zahl von 100 Stück erreichte. . ."

Panzerflak und Flakpanzer

Die zunehmende Luftüberlegenheit der Alliierten auf allen Kriegsschauplätzen zwang zu einer Umorganisation der vorhandenen Abwehrmittel. Die bisher äußerst unzureichende Flugabwehr der Panzertruppe, stützte sich hauptsächlich auf die auf Zugmaschinen verschiedener Größe aufgebauten 2 cm und 3,7 cm Flak. Ebenso wenig konnte die in nur geringen Stückzahlen vorhandenen, auf dem 38 (t) aufgebaute 2 cm Flak ausreichenden Schutz vermitteln. Immer wieder verlangte Guderian feuerkräftige Flakpanzer für die Panzerverbände. Im September 1943 genehmigte Hitler endlich den bereits am 14. Mai 1943 vorgeführten Flakpanzer IV mit 3,7 cm Doppelflak. Ein behelfsmäßig hergestellter 2 cm Flakvierling fand hingegen noch immer nicht seine Zustimmung. Trotzdem wurde der Böhmisch-Mährischen Maschinenfabrik AG in Prag der Auftrag über 150 Stück dieser Fahrzeuge erteilt. Die Auslieferung begann noch 1943. Diese als „Flakpanzer IV" (Möbelwagen) bezeichneten Fahrzeuge konnten entweder mit dem 2 cm Flakvierling 38 oder der 3,7 cm Flak 43 bestückt werden. Auf einer unveränderten Panzer-IV-Wanne war die Waffe aufgesetzt und durch abklappbare Panzerwände von 10 mm Stärke geschützt. Da diese Wände jedoch im Einsatz nach allen vier Seiten abgeklappt werden mußten, war die Bedienung im Einsatz schutzlos. Dies und der verhältnismäßig hohe Aufzug der Fahrzeuge (3100 mm) machte ihre Verwendung problematisch. Dennoch stellten sie den ersten brauchbaren Versuch dar, der Truppe den so nötigen Luftschutz zu vermitteln. Bei diesen und allen noch zu beschreibenden Flakpanzern auf Panzer-IV-Fahrgestell war die Motorleistung durch Erhöhung der Drehzahl von n = 2600 auf n = 2800 auf 272 PS angehoben worden. (Motortyp Maybach HL 120 TR 112). Der „Flakpanzer IV (2 cm Flakvierling) auf Fahrgestell Panzerkampfwagen IV" hatte mit fünf Mann Besatzung ein Gefechtsgewicht von 25 t. Bei gleichem Gewicht hatte der „Flakpanzer IV (3,7 cm) auf Fahrgestell Panzerkampfwagen IV (Möbelwagen)" sieben Mann Besatzung und eine Munitionsausstattung von 416 Schuß. Beide Fahrzeuge hatten 360° Seitenrichtbereich. Sie standen bis 1944 bei den Flakzügen der Panzerregimenter. Der unzureichende Besatzungsschutz zwang sehr bald zu einer Umgestaltung des Aufbaus. Im Dezember 1943 erschienen bereits die ersten „Flakpanzer IV, (2 cm) mit Panzer-Fahrgestell Panzer IV/3 (Wirbelwind)". Sie hatten einen auf dem unveränderten Panzer-IV-Fahrgestell aufgesetzten, voll gepanzerten (16 mm rundum) Drehturm, welcher die Besatzung nun ausreichend schützte. Diese von der Firma Ostbau in Sagan/Schlesien gebauten Fahrzeuge hatten bei fünf Mann Besatzung ein Gefechtsgewicht von 22 t. An Munitionsausstattung standen für den Flakvierling 3200 Schuß und für das Funker-MG 1350 Schuß zur Verfügung. Der Gesamtaufzug war auf 2760 mm reduziert, ergab jedoch vorallem wegen des oben offenen Turmes für den Erdeinsatz nur eine beschränkte Verwendungsmöglichkeit. Ab März 1944 erschien auch der als „leichter Flakpanzer mit 3,7 cm Flak 43 auf Panzerkampfwagen IV Ausführung J" (Ref. D 653/46 vom 20. 11. 1944) bezeichnete Flakpanzer „Ostwind" der Firma Deutsche Eisenwerke, Stahlwerke Duisburg. Ähnlich wie beim „Wirbelwind" war nun die Besatzung im stark geschützten (25 mm rundum) Drehturm untergebracht. Das Gefechtsgewicht belief sich mit sieben Mann Besatzung und 416 Schuß Munitionsvorrat auf 25 t. Angeblich wurden 40 Stück gebaut. Diese auch zum Erdzielbeschuß verwendbaren Fahrzeuge standen bis Kriegsende bei den Flaksicherungszügen der Panzerdivisionen. Nach wie vor stellten diese oben offenen, verhältnismäßig hohen Fahrzeuge nur eine Zwischenlösung dar. Als Abschluß der Entwicklung galt der von der Firma Daimler-Benz AG in Marienfelde entwickelte „leichte Flakpanzer IV (3 cm) (Kugelblitz)". Zwei 3 cm Maschinenkanonen 103/38 der Rheinmetall-Borsig AG waren in einem kugelförmigen, voll gepanzerten, geschlossenem Drehturm untergebracht. Bei einer Feuerfolge von 15 Schuß/sek. und einer Schwenkgeschwindigkeit von seitlich 25 Sekunden für 360° und höhenmäßig 20 Sekunden von -7^0 bis $+80^0$ hatten diese Fahrzeuge eine außergewöhnliche Feuerkraft. Die Fahrzeuge hatten fünf Mann Besatzung und einen Munitionsvorrat von 1200 Schuß. Obwohl im Heer. V. Blatt 1944 Nr. 761 die Einführung dieses Fahrzeuges angekündigt wurde, kam es lediglich zum Bau von 5 Prototypen, welche 1945 fertiggestellt, zum Truppenversuch an die Westfront gehen sollten. Die bei den Deutschen Eisenwerken in Mülheim/Ruhr vorgesehene Serienproduktion lief wegen der Kriegsereignisse nicht mehr an. Diese Fahrzeuge sollten zusammen mit den ebenfalls noch in der Entwicklung stehenden Typen „Zerstörer 45" der Firma Ostbau mit dem 3 cm Vierling 103/38 und dem bereits erwähnten Flakpanzer der Firma Alkett mit dem 3,7 cm Flakzwilling 43 ausreichenden Flakschutz für die Panzerverbände gegen Tief- und Tiefstflieger geben. Noch in der Entwicklung stand bei der Firma Ostbau der Flakpanzer IV „Ostwind II", der mit dem 3,7 cm Flakzwilling 44 ausgerüstet werden sollte. Eine ausreichende Versorgung der Panzerverbände mit diesen so lebenswichtigen Fahrzeugen war nie gegeben.

Abarten

Von den sonstigen Spezialpanzern auf Panzer-IV-Fahrgestell sind die den Panzer-Pionier-Bataillonen zugedachten „Panzerkampfwagen IV (Brückenleger)“ und „Panzerkampfwagen IV (Infanterie-Sturm-Steg)“ erwähnenswert. Obwohl das HM 1941 Nr. 117 besagt, daß der vorgesehene Brückenlegerzug künftig in Fortfall käme, weil entsprechende Fahrzeuge nicht vorhanden wären und auch in nächster Zeit nicht beschafft werden könnten, wurden Prototypen von Brückenlegerpanzern auf Panzer-II- und IV-Fahrgestellen tatsächlich gebaut. Da eine zufriedenstellende Lösung nicht gefunden werden konnte, bestand die Panzer-Pionier-Kompanie lt. K.St.N. 716 vom 6. 3. 1940 Behelf, aus nur noch vier Zügen. Davon waren zwei Züge mit dem Panzerkampfwagen I ausgerüstet. Vereinzelte Exemplare des „Panzerkampfwagen IV (Inf. St. Steg)“ kamen in Frankreich und Rußland zum Einsatz und waren hauptsächlich zum Nehmen starkbefestigter Hindernisse gedacht.

Panzer IV der Ausführung F wurden 1941 nach Aufstellung von Schwerst-Artillerie-Verbänden (Belagerungsartillerie) mit dem „Gerät 040“ (Karlgerät) von der Firma Krupp als Munitionspanzer umgebaut. Sie liefen unter der Bezeichnung „Panzerkampfwagen IV Ausführung F — Munitionsträger für Karlgerät“. Diese mit Spezialaufbauten versehenen Fahrzeuge konnten drei der je 2200 kg wiegenden 600 mm Granaten mitführen und diese mittels eines aufgebauten elektrischen 3-t-Kranes direkt auf die Selbstfahrlafetten überladen. Sonst noch als Abarten der Panzer-IV-Baureihe erwähnenswert sind die „Panzer-Beobachtungswagen IV“ und „Berge-Panzerwagen IV“, welche in nur geringen Stückzahlen zur Truppe gelangten. Der „Panzerbefehlswagen IV“ Ausführung H wurde bereits unter Panzerkampfwagen IV, Ausführung H beschrieben.

Zum Abschleppen, auch unbemannter Panzerkampfwagen der Typen Panzer I bis IV forderte die AHA/Ag K am 11. 4. 1941 von der Firma Georg Kirsten in Sebnitz/Sa. ein Abschleppgerät (Abschleppstangen für Panzerkampfwagen. Es sollte dadurch sichergestellt werden, daß fahrunfähige Panzerkampfwagen durch s. Zgkw. oder Pz.Kpfw. ohne weiteres abgeschleppt werden konnten. Gleichzeitig erging im Mai/Juni 1940 ein Auftrag von Wa. Prüf 6 an die Firmen Daimler-Benz und E.F.G. zur Schaffung eines Vorsatzgerätes zum Transport der Panzerkampfwagen III und IV. Beide Geräte kamen 1941 zur Auslieferung.

Den Werkstattkompanien standen zur Unterbringung von 6—8 instandzusetzenden Kraftfahrzeugen, einschließlich Panzerkampfwagen, sog. „Große Werkstattzelte“ zur Verfügung. Diese Zelte wurden bereits am 19. 5. 1938 bei der Firma Salzmann & Co. in Kassel in Auftrag gegeben und leisteten später, vor allem bei schlechtem Wetter, bei der Panzerinstandsetzung wertvolle Dienste.

Geschützwagen III/IV

Abschließend sind im Rahmen der Panzer-IV-Baureihe noch die „Geschützwagen III/IV“ zu erwähnen, für deren Entwicklung die Firma Alkett verantwortlich zeichnete. Die Firma Deutsche Eisenwerke war für den

Bau des Fahrgestelles und den Zusammenbau verantwortlich. Bei diesem Fahrgestell wurde das Triebwerk (Maybach HL 120 TRM) nach vorne verlegt und direkt hinter dem Getriebe eingebaut. Dadurch konnte der nun hinten liegende Kampfraum übersichtlicher gestaltet werden. Das unveränderte Fahrgestell des Panzer IV wurde verwendet. Die mit „Ostkette“ ausgerüsteten „GW III/IV“ hatten eine Verladebreite von 3260 mm. Die Beweglichmachung der langen 8,8 cm Pak (43/1 L/71) war damals ein Hauptanliegen der Truppe. Diese für die Panzerabwehr so wichtigen Waffen waren im Mot-Zug zu schwer und unbeweglich und vor allem durch die Geländeverhältnisse im Osten in ihrem Einsatz sehr beschränkt. Wegen der ungenügenden Fahrgestelltragfähigkeit des Panzer-IV-Fahrgestelles konnte ein nur geringer Panzerschutz ermöglicht werden. Dennoch stellten diese „8,8 cm Pak 43/1 (L/71) auf Fahrgestell Panzerkampfwagen III/IV (Sf)“ (Ref. D 653/42 vom 15. 10. 1943) einen wertvollen Beitrag zur Panzerabwehr an allen Fronten. Sie standen seit November 1942 (Auftragserteilung Februar 1942) bei den schweren Heeres-Panzerjäger-Abteilungen. Als Suggestivnamen führten sie ursprünglich die Bezeichnung „Hornisse“, die durch Führerbefehl vom 27. 2. 1944 in „Nashorn“ umgewandelt wurde.

Die Sd.Kfz.-Nr. war 164. Mit oben offenem Kampfraum, fünf Mann Besatzung und 40 Schuß Munitionsausrüstung betrug das Gefechtsgewicht 24 t. Der Aufzug war mit 2650 mm verhältnismäßig hoch, die Feuerhöhe betrug 2260 mm. Aus Mangel an Panzerstahl kamen für die Wanne (30 mm vorne, 20 mm seitlich) unvergütete Bleche zur Verwendung. Die von der Witkowitzer Bergbau- und Eisenhütten-Gesellschaft gelieferte Aufbau-Panzerung hatte eine Stärke von rundum 10 mm. Das Fahrgestell wurde vom Werk Duisburg geliefert, während der Zusammenbau im Werk Teplitz-Schönau der Deutschen Eisenwerke erfolgte. Insgesamt wurden bis 1944 473 Fahrzeuge dieser Art gebaut, sie hatten zum Teil unterschiedliche Fahrerfrontausbildung. Zur Panzerabwehr gut geeignet, stellte sie jedoch aufgrund ihrer unzureichenden Panzerung nur eine Übergangslösung dar. Sie wurden ab 1944 durch den „Jagdpanther“ ersetzt.

Die Ausrüstung der Panzerartillerie ging nur schleppend vorwärts. Verschiedene Zwischenlösungen zur Unterbringung der 10,5 cm le FH führten schließlich zur Umstellung der gesamten Panzer-II-Produktion auf Selbstfahrlafetten für dieses Geschütz. Trotzdem erfolgten noch 1942 Versuche, diese Waffe auf dem „Geschützwagen III/IV“ unterzubringen. Prototypen mit der Bezeichnung „le Pz.Haub. 18/40/2 auf Fahrgestell Panzerkampfwagen III/IV (Sf)“ wurden tatsächlich gebaut. Mit fünf Mann Besatzung und 80 Schuß Munitionsvorrat war ein Gefechtsgewicht von 25 t erreicht. Die Wannenpanzerung betrug 20 mm rundum, während die Panzerstärke des von der Firma Deutsche Röhrenwerke in Mülheim/Ruhr hergestellten Aufbaus 10 mm betrug. Bau des Fahrgestelles und Montage erfolgte in Duisburg. Da diese Fahrgestelle nicht einmal in ausreichendem Maße für die 15 cm sFH bereitgestellt werden konnten, wurde diese Ausführung nicht weiter verfolgt.

Die Entwicklung einer schweren Panzerhaubitze fand schließlich mit der von der Firma Alkett entworfenen „15 cm Panzer-Haubitze 18/1 auf Fahrgestell Panzerkampfwagen III/IV (Sf)" (Sd.Kfz. 165) ihren Abschluß. Der ursprüngliche Suggestivname „Hummel" entfiel lt. Führerbefehl vom 27. 2. 1944. Prototypen dieses Fahrzeuges hatten eine Mündungsbremse welche lt. Heer. Techn. V. Blatt 1944 Nr. 411 in der Produktion entfiel. Eine Verwendung der 8. Ladung war dann nicht mehr möglich. Die seit 1943 bei den Panzer-Artillerie-Abteilungen der Panzerdivisionen stehenden Fahrzeuge hatten bei sechs Mann Besatzung und 18 Schuß mitgeführtem Munitionsvorrat ein Gefechtsgewicht von ca. 23,5 t. Die Feuerhöhe betrug 2300 mm. 666 Stück wurden bei den Deutschen Eisenwerken in Duisburg montiert, die Panzerung wurde von den Firmen Stahlindustrie GmbH (Deutsche Röhrenwerke) in Mülheim/Ruhr und den Deutschen Edelstahlwerken in Hannover beigestellt. DEW produzierte im Dezember 1942 12 Stück und von Januar bis März 1943 100 Aufbauten für dieses Fahrzeug. Die Panzerstärke betrug wiederum für die Wanne 20 mm rundum und für den Aufbau 10 mm. Auch hier war die Bugausbildung teilweise verschieden.

Fahrzeuge gleicher Bauart wurden als „Munitionsträger Hummel" oder Gw. III/IV (Mun.)" den Panzerartillerie-Einheiten zugeteilt. Baugleich den schweren Panzerhaubitzen, waren sie lediglich ohne Bewaffnung. Die vordere Abdeckplatte war abschraubbar, so daß im Bedarfsfalle die Fahrzeuge auch bewaffnet werden konnten. Sie fanden hauptsächlich als Munitionsträger, teilweise auch beim Nachschub anderer Versorgungsgüter, Verwendung. 150 Stück dieser Fahrzeuge wurden gebaut. Dieselben Munitionsfahrzeuge wurden auch mit anderer Inneneinrichtung als „Munitionsfahrzeug für leichte Panzerhaubitze" vorgesehen und sollten ab Oktober 1944 mit 6 Stück pro Monat in Produktion gehen.

Einheitsfahrgestell III/IV

Das „Vorläufige Richtwertprogramm IV" vom 14. Juli 1944 sah noch eine vielseitige Verwendung für das Fahrgestell des Panzer III/IV vor. Es war beabsichtigt nach vorgenommenen Änderungen dieses Laufwerk als „Einheitsfahrgestell" einzuführen. Die Deutsche Edelstahl AG. stellte im September 1944 einen Aufbau für den „leichten Panzerjäger III/IV" her und lieferte ihn an die MIAG in Braunschweig. Zu einem Zusammenbau ist es jedoch nicht gekommen, da zu diesem Zeitpunkt das Projekt vom Heereswaffenamt bereits wieder aufgegeben worden war. Im obigen Programm erscheint dieses Fahrzeug unter „7,5 cm Sturmgeschütz III/IV L/70", wobei die Firmen Alkett und MIAG im November 1944, die Krupp-Gruson im Januar, die Nibelungenwerke im Februar und die Vomag im März 1945 mit dem Großserienbau beginnen sollten. Dabei war ab Mai 1945 das Produktionssoll auf 800 Einheiten/Monat festgesetzt. Von Alkett war vorgesehen, dasselbe Fahrgestell nach Auslauf der „10,5 cm Sturmhaubitze 42" ab April 1945 als Grundlage für die „10,5 cm Sturmhaubitze III/IV" zu verwenden. Auch davon sollten monatlich 125 Einheiten hergestellt werden. Der Firma Stahlindustrie GmbH blieb es vorbehalten, die Versorgung des Heeres mit Artillerie-Selbstfahrlafetten auf diesem Fahrgestell sicherzustellen. Vorgesehen waren eine „schwere Panzerhaubitze" mit einem zugehörigen „Munitionsfahrzeug für schwere Panzerhaubitze". Das Produktionssoll betrug ab Mai 1945 25 bzw. 4 Fahrzeuge. Zusätzlich war eine „leichte Panzerhaubitze" und ein „Munitionsfahrzeug für leichte Panzerhaubitze" geplant. Hier lagen die Fertigungszahlen bei 45, bzw. 6 Einheiten pro Monat. Daneben sah das Programm ab Januar 1945 einen „Sturmpanzer III/IV "vor, von dem 20 Stück/Monat gebaut werden sollten. Den Abschluß bildete der „Flakpanzer III/IV Kugelblitz", der ab März 1945 mit 30 Einheiten/Monat in Fertigung genommen werden sollte.

Zusammenfassend darf festgestellt werden, daß der Panzer IV bis Kriegsende das Rückgrat der deutschen Panzerwaffe bildete. Wäre der Vorschlag des Generalstabes, Anfangs 1943 die Einstellung des Baues aller Panzerkampfwagen, mit Ausnahme des „Tiger" und des damals noch nicht serienreifen „Panther" anzuordnen, durchgeführt worden, wäre das deutsche Heer mit Einstellung des Baues des Panzer IV bis auf weiteres auf die Monatsproduktion von 25 „Tiger" beschränkt gewesen.

Trotz seiner offensichtlichen Schwächen in Formgebung und Panzerstärke und infolge der durch Rohstoffknappheit bedingten technischen Mängel, war der Panzer IV mit das zuverlässigste deutsche Panzerfahrzeug, welches vor allem ab 1943 durch verbesserte Bewaffnung fast allen gegnerischen Kampfwagen gleichwertig war.

Die Panzerkampfwagen V und VI, alter Art (Nb.Fz.)

Mit dem Panzer IV war die Reihe der noch im Frieden entwickelten Produktionsfahrzeuge abgeschlossen. Er war damit das schwerste, im Truppengebrauch stehende deutsche Panzerfahrzeug. Zwar waren zu Beginn der Entwicklung in den Jahren 1934—35 auch schwerere Typen in Erwägung gezogen worden, so entstanden damals bei der Fa. Rheinmetall Prototypen der sog. „Neubaufahrzeuge", welche auch als „Panzerkampfwagen V" geführt wurden. Der damaligen Entwicklungstendenz folgend, wurden diese Fahrzeuge in Anlehnung an ähnliche Typen Englands, Frankreichs und Rußlands als mehrtürmige Kampffahrzeuge ausgelegt. Das Laufwerk war direkt vom „BW" Prototyp VK 2001 (Rh) übernommen und lediglich um ein Laufrollenpaar verlängert. Allerdings lagen die Antriebsräder hinten. Angeblich wurden nur 6 Stück dieser Fahrzeuge gebaut. Verschiedene Ansichten gehen dahin, daß diese Fahrzeuge als Propagandamittel gedacht waren und lediglich mit Weichstahlpanzerung von 14,5 mm Stärke versehen waren. Das Gesamtgewicht lag zwischen 24—26 t. Sie waren jedoch nachgewiesenerweise zu Beginn des Norwegen-Feldzuges 1940 im Einsatz. Im Hauptdrehturm war die 7,5 cm KwK L/24 mit einer koaxialen 3,7 cm KwK untergebracht, während auf dem Fahrzeugbug, neben dem Fahrererker ein dem Panzer I ähnlicher Drehturm mit zwei MG 13 angebracht war. Unmittelbar hinter dem Hauptturm an der linken Fahrzeugseite war ein weiterer solcher Drehturm untergebracht. Die Besatzung bestand aus sieben Mann (Kommandant, Fahrer, Richtschütze für Hauptturm, Ladeschütze, Funker, zur Bedienung der Nebentürme waren zwei weitere Schützen nötig). Der Antrieb erfolgte durch einen hinten eingebauten

Maybach 360-PS-Zwölfzylinder-Vergasermotor. Die Fahrzeuge entsprachen in keiner Weise den taktisch/technischen Vorstellungen des HWA und sind lediglich als Versuchsobjekte zu behandeln.

Der Panzerkampfwagen V „Panther“ und seine Abarten*)

Entwicklung

Obwohl verschiedene Projekte schwererer Fahrzeuge bei mehreren Firmen zum Teil zeichnerisch erfaßt, bzw. sogar als Prototypen gebaut wurden, war man sich seitens der Heeresleitung keinesfalls über die Notwendigkeit der Entwicklung von schweren Panzern im klaren. Tatsache ist, daß man sich erst nach Auftreten der russischen T 34, dann allerdings mit Nachdruck, mit der Produktion schwererer Fahrzeuge befaßte.

Allerdings beschäftigte man sich schon seit 1935 mit der Schaffung von „600-PS-Maschinen für Großtraktor“. Am 28. 10. 1935 fand eine technische Besprechung im HWA statt, an der u. a. auch leitende Herren der Daimler-Benz AG teilnahmen. Seitens dieser Firma wurde u. a. der Flugzeugmotor „M 71“ (später DB 600) für die Verwendung im Kampfwagen vorgeschlagen. Mit einer Dauerleistung von 550 PS und einer Spitzenleistung von 600 PS bei n = 2200, sollte dieses Triebwerk auf stehende Zylinder umgebaut werden. Im Laufe der Entwicklung war Benzin-Einspritzung und auch Umstellung auf Dieselbetrieb vorgesehen. Das für Panzer in Erwägung gezogene Triebwerk hatte bei Benzinbetrieb die Bezeichnung „MB 503“ und bei Dieselbetrieb die Bezeichnung „MB 507“. Am 3. Juni 1937 erteilte HWA/Wa Prüf 6 mit Schreiben 6/1c 63104/37 folgenden Auftrag bei Daimler-Benz AG:

a) 2 Stück 700/800 PS 12 Zylindermotoren MB 503 (Richtpreis RM 40000.—)	RM 80000.—
b) Kostenanteil für Modelle und Gesenke	RM 50000.—
c) Kostenanteil für technische Erprobung im Werk	RM 20000.—
d) Anfertigung einer Einbauattrappe	RM 3600.—

Die Lieferung der Motore wurde für Frühjahr 1938 abnahmebereit auf dem Prüfstand in Aussicht gestellt. Die ursprünglich beabsichtigte Verwendung dieser Probemotore hatte sich im Laufe der Zeit wiederholt gegenüber anderen vordringlicheren Aufgaben (Rheinmetall-Borsig/Gerät 040/041) geändert. Schließlich wurden zwei Stück zu Dieselmotoren MB 507 umgebaut und für den Panzerkampfwagen VK. 3001 (DB) (Werk Marienfelde) vorgesehen.

Aufträge für 30-t-Fahrzeuge (als Ersatz für Panzer IV) waren bereits teilweise anfangs 1937 erteilt worden. Sie ergingen an die Firmen Henschel & Sohn GmbH, Daimler-Benz AG, Maschinenfabrik Augsburg-Nürnberg AG und Dr. Ing. F. Porsche KG.

Entsprechend den Weisungen des Ob. d. H. war für diese Fahrzeuge ursprünglich die 7,5 cm KwK L/24 und später eine 10,5 cm KwK L/28 zum Einbau vorgesehen. Grundsätzlich konnten diese Entwicklungen also nur

*) von W. J. Spielberger. Aus „Feldgrau“ 1962/63

fahrgestellmäßig der Entwicklung von Schwerfahrzeugen dienlich sein. Der von der Firma Henschel zu Beginn 1937 in Entwicklung genommene Typ „Durchbruchswagen/DW 1" hatte bei 30 t Gesamtgewicht ein dem Panzer IV ähnliches Aussehen. Fahrgestellmäßig wurden grundsätzliche Änderungen erprobt. Während alle früheren deutschen Panzerentwürfe Laufrollen mit verhältnismäßig kleinem Durchmesser vorsahen, wurde nun erstmals eine geschachtelte Anordnung von Laufrädern größeren Durchmessers erprobt. Diese größeren Räder ergaben einen geringeren Rollwiderstand und bessere Laufzeiten der Radbandagen. Aufgrund guter Erfahrungen mit Laufwerken dieser Art bei der Zugmaschinenentwicklung versprach man sich zu Recht auch bei Panzerkampfwagen schwererer Ausführung zufriedenstellende Ergebnisse.

Ein Nachfolgetyp des „DW 1" genannt „DW 2" wurde anläßlich einer Besprechung mit In 6 am 2. April 1937 gefordert. Das Fahrzeug galt als Weiterentwicklung des „Panzerkampfwagen VI verstärkt". Der Auftrag dazu war am 9. 9. 1938 erteilt worden. Mit 50 mm Panzerung war das Gesamtgewicht auf 32 t angehoben. Der Maybach HL 116 Sechszylinder-Motor von 300 PS Leistung ermöglichte eine V^{max} von 25 km/h. Einer Besatzung von fünf Mann standen wiederum nur die kurze 7,5 cm KwK und 2 MG 34 zur Verfügung. Die 0-Serie von 8 Stück kam ab Anfang 1940 zur Auslieferung. Der Turmentwurf stammte von der Friedrich Krupp AG, welche den ersten Turm im gleichen Jahr ablieferte.

VK. 3001

Der Entwurf VK. 3001 (H) stellte eine logische Weiterentwicklung dieser Fahrzeuge dar. Vier Prototypen wurden noch gebaut, wovon zwei im März und der Rest im Oktober 1941 fertiggestellt wurden. Die Fahrzeuge hatten mittelgroße, an Drehstäben aufgehängte geschachtelte Laufräder. Drei Stützrollen waren vorhanden. Das hier verwendete Henschel Drei-Radien-Lenkgetriebe vom Typ L 320 wurde später in vereinfachter Bauweise beim Fahrzeug „Tiger" wieder verwendet. Die Betätigung der Lenkung erfolgte hydraulisch. Getriebemäßig kam ein Maybach Olvar-Getriebe vom Typ 40 12 16 zum Einbau. Dieses Getriebe war ursprünglich für einen Motor von 400 PS Leistung entwickelt worden, daher die Bezeichnung 40 12 16 (40 = 400 PS / 12 = Md 120 mkg / 16 = i 16). Es hatte acht Vorwärts- und einen Rückwärtsgang.

Die zwei im März 1941 fertiggestellten VK. 3001 (H) wurden zu Selbstfahrlafetten umgebaut. Die Forderung nach einer „Selbstfahrlafette 12,8 cm" zur „Bekämpfung von Bunkern und zur Abwehr stark gepanzerter Kampfwagen, wie sie von England und Amerika zu erwarten sind" griff auf diese Versuchsfahrgestelle zurück. Diese mußten zur Aufnahme der starken Bewaffnung rückwärts etwas verlängert werden. Der oben offene Kampfraum war nur leicht gepanzert. 15 Schuß Munition (getrennt) konnten mitgeführt werden. Der Umbau erfolgte durch die Rheinmetall-Borsig. Nur zwei Stück wurden hergestellt, das erste Fahrzeug kam im August 1941 zur Auslieferung. Sie wurden 1942 in Rußland eingesetzt.

Die VK. 3001 Entwürfe der Firmen Daimler-Benz AG und MAN folgten bekannten Richtlinien, lediglich wurde beim Daimler-Benz Fahrzeug der Einbau des vorher erwähnten Dieselmotors „MB 507" tatsächlich durchgeführt (12 Zylinder V-Form, Bohrung/Hub = 158/180 mm, ca. 43 ltr., Leistung 650 PS). Ein Vergasermotor gleicher Größe mit Benzineinspritzung vom Typ „MB 503" kam nicht mehr zum Einbau.

Prof. Dr. Porsche war Ende 1939. beauftragt worden, einen schweren Panzerkampfwagen der Größenordnung 25/30 t zu entwickeln, für den mindestens eine 7,5 cm KwK L/24, möglichst aber eine 10,5 cm KwK vorzusehen war. Die Firma Porsche stellte sich die Lösung dieser Aufgabe wie folgt vor:

> Porsche Typ „100" (intern Leopard). — Zwei nebeneinanderliegende Motore vom Typ „101" (10 Zylinder „V-Form" Vergasermotor, luftgekühlt. 320 PS Leistung), waren mit je einem elektrischen Dynamo gekuppelt. Der hinten liegende Kettenantrieb erfolgte für jede Kette getrennt durch einen über Planetengetriebe gekoppelten Elektromotor. Die Geschwindigkeitsregelung und Lenkung erfolgte voll elektrisch in Verbindung mit einem „Nita" Spezialgetriebe mit Strömungswandler der Firma Voith in Heidenheim. Die Aufhängung der Laufrollen erfolgte mittels Kniehebelgelenken mit Federstäben.

Zwei Prototypen wurden ab 1940 von den Nibelungenwerken in St. Valentin montiert und eingehend erprobt.

Wie ein roter Faden zieht sich bei der Betrachtung der Panzerfahrzeuge des 2. Weltkrieges der Hinweis auf den russischen T 34. Deutscherseits mußte nicht nur die Hauptbewaffnung aller Kampfpanzer, sondern auch die gesamte Panzerabwehr diesem Fahrzeug angeglichen werden. Letztlich wurde die Neukonstruktion des Fahrzeuges „Panther" maßgeblich von diesem Fahrzeug beeinflußt. Dieses Fahrzeug stellte ohne Zweifel das fortschrittlichste Panzerfahrzeug seiner Zeit dar und verband in idealer Weise Feuerkraft, Panzerung und Beweglichkeit. Es war in diesen entscheidenden Punkten allen Panzerfahrzeugen deutscher Fertigung überlegen. Seine wenigen Nachteile lagen in den damals nocht nicht ganz ausgereiften Antriebsaggregaten und an der Tatsache, daß die Besatzung von nur vier Mann in ihrer Aufgabenteilung nicht immer allen Aufgaben gerecht werden konnte.

Bei etwas mehr Voraussicht verantwortlicher deutscher Stellen hätte die Überraschung nicht so groß sein brauchen. Vor allem wären dann der Truppe unnötige Verluste erspart geblieben. Die Vermutung, daß die Russen 1941 über ein bedeutend besseres Kampffahrzeug verfügten, wurde durch einen Umstand unterstrichen, der in Guderians „Erinnerungen eines Soldaten" Erwähnung findet. Hier heißt es u. a.: „ . . . Ein eigenartiger Umstand machte mich allerdings in bezug auf das Panzergerät stutzig: Noch im Frühjahr 1941 hatte Hitler einer russischen Offizierskommission ausdrücklich gestattet, unsere Panzerschulen und Panzerfabriken zu besichtigen und hatte befohlen, den Russen alles zu zeigen. Hierbei wollten die Russen beim Betrachten unseres Panzer IV nicht glauben, daß dieser unseren schwersten Typ darstellte. Sie erklärten immer wieder, wir verheimlichten ihnen unsere neuesten Konstruktionen, deren Vorführung ihnen Hitler zugesagt habe. Die Zudringlichkeit der Kommission war so groß, daß unsere Fabrikanten und Waffenamtsoffiziere schließlich sagten: ‚Die Russen scheinen selbst bereits schwerere und bessere Typen zu besitzen als wir'. Der Ende Juli 1941 vor unserer Front auftretende Panzer T 34 offenbarte uns die russische Neukonstruktion . . .". Sämtliche Neuentwicklungen wurden angehalten. Von den an der Planung für das VK. 3001 beteiligten Firmen verlegten sich Henschel und Porsche sofort auf die Entwicklung eines 45 t Fahrzeuges, welches in der Lage sein sollte, die 8,8 cm KwK aufzunehmen. Dadurch sollte ermöglicht werden, einen Vorsprung bezüglich Bewaffnung sicherzustellen.

VK. 3002

Die Firmen Daimler-Benz AG und MAN erhielten am 25. November 1941 einen Auftrag der AHA/Ag K/In 6 über die Entwicklung eines Panzerfahrzeuges (VK. 3002) mit 60 mm Front- und 40 mm Seitenpanzerung und schrägen Wänden. Als V^{max} waren 55 km/h festgelegt, während die Dauergeschwindigkeit 40 km/h betragen sollte. Die Gewichtsgrenze war auf 35 t festgesetzt. Die Maschinenfabrik Augsburg-Nürnberg AG hatte die Konstruktionszeichnungen für ihr VK. 3002 (MAN) bis zum April 1942 fertiggestellt und Wa Prüf 6 übermittelt. Der erste Weichstahl Prototyp stand bereits im September 1942 für Versuche zur Verfügung und wurde in Nürnberg eingehend erprobt. Der unmittelbar darauf fertiggestellte 2. Prototyp ging nach Kummersdorf. Aufgrund der Entwürfe und der ersten Erprobungsergebnisse wurde die MAN als ausschließliche Entwicklungsfirma bestimmt. Im Gegensatz zum Entwurf der MAN wies der unter der Bezeichnung VK. 3002 (DB) laufende Entwurf der Daimler-Benz AG folgende geänderte Grundkonzeption auf:

1. Dieselmotor
2. Heckantrieb
3. Blattfedern anstelle von Drehstabfedern.

Vorteilhaft war die Tatsache, daß durch den Einbau des Dieselmotors MB 507 die Brandgefahr erheblich verringert worden war, während durch ein höheres Drehmoment und einem günstigeren Verlauf der Drehmomentkurve im unteren Drehzahlbereich mehr Durchzugkraft zur Verfügung stand. Durch den Einbau der Maschinenanlage im Heck des Fahrzeuges und auf kleinstem Raum ergab sich für den Waffeneinbau ein unbehinderter Kampfraum, der die Wahl einer beliebigen Waffe freiließ. Die außenliegenden Blattfedern waren leicht zugänglich und erlaubten eine größere Höhe des Innenraumes bzw. einen reduzierten Aufzug des Fahrzeuges. Um die Probleme des Heckantriebes studieren zu können, wurde vor Beginn der Konstruktion beim vorher gebauten VK. 2001 (DB) mit Über lagerungs-Lenkgetriebe durch Umsetzen des Kegelrades die Drehrichtung des Kettenantriebsrades reversiert. Die hydraulische Betätigung der Lenkung ergab sogar die Möglichkeit einer Fernbetätigung und die untersuchte Verlegung des Fahrersitzes in den Drehturm. Das Gesamtgewicht des Fahrzeuges betrug 34 t bei einer V^{max} von 54 km/h. Die Zahnräder des Maybach-Olvar-8-Gang-Getriebes waren ständig im Eingriff und wurden durch öldruckbetätigte Lamellen-Kupplungen geschaltet. Die Kupplung war eine hydraulisch betätigte Mehrscheibenkupplung. Dieselbe Betätigung war für die Kupplungslenkung vorgesehen. Beim Radius 0 wurde die innere Kette völlig abgebremst und das Fahrzeug um die Kette gedreht. Die Laufrollen (Lauf- und Stützrollen waren vorgesehen), waren in Anlehnung an den russischen T 34 und in Anbetracht der seinerzeit herrschenden Materialknappheit ohne Gummibandagen ausgerüstet. Je zwei Laufrollen waren durch eine Blattfeder abgestützt. Lediglich Prototypen dieser Fahrzeuge wurden tatsächlich gebaut und mit dem DB „MB 507" Dieselmotor erprobt. Der bereits an die Daimler-Benz AG vergebene Auftrag über 200 Stück VK. 3002 (DB) wurde zurückgezogen.

Am 18. Juli 1941 hatte die Rheinmetall-Borsig AG in Düsseldorf den Auftrag erhalten, eine Kampfwagenkanone mit einer Durchschlagsleistung von 140 mm Panzerung auf 1000 m Entfernung zu entwickeln. Gleichzeitig wurde diese Firma mit dem Entwurf für den Panzerturm des VK. 3002 beauftragt, unter Verwendung dieser Hauptbewaffnung. Anfangs 1942 war ein Versuchsrohr L/60 beschossen, dessen Leistung an der Grenze der Forderung lag. Daraufhin wurde eine Länge von L/70 gewählt und eine voraussichtliche Lieferung für Juni 1942 in Aussicht gestellt. Neben dem VK. 3002 sollte diese Bewaffnung auch im VK. 4501 (Henschel) und im VK. 3602 verwendet werden. Die erste Ausführung der Waffe hatte eine kugelförmige, einfachwirkende Mündungsbremse, die später durch eine doppelt wirkende Bremse abgelöst wurde.

Panzerkampfwagen V

Die während der Entwicklung inoffiziell als Fahrzeug „Panther" bezeichnete VK. 3002 (MAN) hatte eine ausgezeichnete Formgebung, war jedoch für ein mittleres Fahrzeug (Ersatz für den Panzerkampfwagen IV) zu schwer und zu hoch. Wie üblich wurde auch hier durch laufend befohlene Änderungen das ursprüngliche Gewicht von 35 t auf schließlich 43 t angehoben. Nachdem 20 Fahrzeuge mit der eingangs verlangten Frontpanzerung von 60 mm gebaut waren, wurde eine Verstärkung der Stirnpanzerung auf 80 mm befohlen. Dabei wurde der ursprünglich vorgesehene Motor vom Typ Maybach HL 210 als nicht mehr ausreichend erachtet und durch das verstärkte Baumuster HL 230 P 30 abgelöst. Dabei handelte es sich grundsätzlich um das gleiche Triebwerk, lediglich war der Hubraum durch Vergrößerung der Bohrung von 21 auf 23 Liter vergrößert worden. Er wurde in alle Produktionsfahrzeuge eingebaut und bis Kriegsende verwendet. Dieses Triebwerk war ein kurz gebauter 12 Zylinder „V-Form"-Vergasermotor, der bei n = 3000 ca. 700 PS leistete. Er war im Betrieb auf n = 2500 begrenzt. Maybach verwendete hierbei eine in 8 Rollenlagern geführte sog. Scheibenkurbelwelle, die zusammen mit einer Tunnelbauweise des Motorgehäuses den beschränkten Platzverhältnissen des „Panther"-Motorraumes Rechnung trug. Zusammen mit verschiedenen Lizenznehmern

(u. a. Daimler-Benz AG und Auto-Union, Werk Wanderer Siegmar), stellte die Maybach Motoren GmbH 1944 monatlich rund 1000 Stück dieser 700-PS-Triebwerke her.

Da die grundsätzliche Aufteilung des Fahrzeuges in technischer und taktischer Hinsicht den Panzern III und IV folgte, mußten lediglich aufgrund des erhöhten Gesamtgewichtes und der anders gestalteten Wannenform neuentwickelte Einzelaggregate verwendet werden. Als Getriebe kam ein Allklauen Handschaltgetriebe der Zahnradfabrik Friedrichshafen vom Baumuster AK 7-200 zum Einbau. Bei diesem, auch von den Firmen Steyr-Daimler-Puch AG., Wanderer und Lanz gebauten Getriebe, handelte es sich um ein Siebenganggetriebe mit Gleichlaufeinrichtung. Es war für eine Motorleistung von 800 PS bei n = 3000 und ein Drehmoment von bis zu 175 mkg ausgelegt. Das Gewicht des Getriebes mit Kupplung und Kegelrad betrug 750 kg. Eine F & S trockene Dreischeiben-Kupplung vom Typ LAG 3/70 H trennte den Kraftfluß. Lenkgetriebe und Lenkbremsen waren von MAN neu entwickelt und als Einradien-Lenkgetriebe ausgebildet worden. Die vorne liegenden Antriebsräder wurden beim Lenken durch Argus Scheibenbremsen beeinflußt. Ihre Betätigung erfolgte hydraulisch. Zum Lenken mit Lenkbremse konnte jede Kette abgebremst werden, nachdem vorher die Stützbremse gelöst und die Lenkkupplung ausgekuppelt war. Bei gelöster Stützbremse konnte ferner je ein Mittenvollrad über eine Lenkkupplung und ein Stirnradpaar vom Lenkkegeltrieb aus, entgegen dem Hauptantriebsdrehsinn, angetrieben werden. Dadurch wurde die betreffende Kette verzögert und das Fahrzeug fuhr in jedem Gang einen Bogen mit bestimmtem Radius. Daher die Bezeichnung „Einradien-Lenkgetriebe“.

Diese Lenkung hatte den geringsten Kraftverbrauch und wurde im Normalfall verwendet. Die Drehstabfederung der Laufräder erfolgte durch quer zur Fahrtrichtung liegende Doppeldrehstäbe (je Schwingarm zwei Drehstäbe in Haarnadelform). Aufgrund dieser Anordnung hatte das Fahrzeug „Panther“ mit die besten Laufeigenschaften aller deutschen Panzerfahrzeuge. Nachteilig war lediglich der große Raumbedarf dieser Federanordnung. Die Laufräder (Typ 860/100 D) waren geschachtelt angeordnet (Schachtellaufwerk) und als Scheibenräder mit Vollgummibereifung ausgebildet. Vorne liegende Antriebsräder und hinten angebrachte Leiträder (gleichzeitig Spannräder) vervollständigten zusammen mit zwei hydraulischen Stoßdämpfern und einer Stützrolle pro Seite das Laufwerk. Die aus 86 Gliedern bestehende ungeschmierte Gleiskette, für das ursprüngliche 35-t-Fahrzeug auf 660 mm Breite festgelegt, wurde auch für das schwerere Produktionsfahrzeug nicht mehr verbreitert. Der in den Baubestimmungen festgelegte Bodendruck von 0,65 kg/cm^2 erhöhte sich dadurch auf rund 0,88 kg/cm^2.

Zur Erhöhung der Griffigkeit auf vereisten Flächen wurden für alle Panzerkampfwagen Gleitschutzstollen (Mittelstollen) ausgegeben, die zusätzlich zwischen den Kettengliedern angebracht wurden.

Hinsichtlich des Aufbaus entfiel nun die Trennung des Panzerkastenoberteils von der Wanne. Fahrgestell, Wanne und Oberteil bildeten eine Einheit. Zur Erhöhung der Beschußfestigkeit waren die Panzerplatten verzahnt.

Neben der 7,5 cm KwK 42 L/70, welche von der Rheinmetall-Borsig AG in Unterlüß gebaut wurde, standen der Besatzung von fünf Mann 2 MG 34 zur Verfügung. 79 Schuß für die KwK wurden mitgeführt, während der Kraftstoffvorrat von 720 Ltr. in 5 Behältern untergebracht war. Die Feuerhöhe betrug 2260 mm. Der Antrieb für den fast 8 t schweren Drehturm erfolgte über eine, zwischen den beiden Gelenkwellen liegende, Antriebswelle. Diese Welle war in einem Gehäuse gelagert und betätigte den Turmantrieb und die beiden Öldruckpumpen für die Lenkbetätigung.

Grundsätzlich war in den Baubestimmungen neben einer Watfähigkeit von 1900 mm eine Tauchfähigkeit bis zu 4 m Tiefe gefordert worden. Eingehende Untersuchungen führten lediglich zu einer provisorischen Vorrichtung. Die Produktionsfahrzeuge waren niemals 100%ig damit ausgerüstet.

Während bei den Panzern III, IV und VI das Gepäck der Besatzung in einem Blechbehälter an der hinteren Turmwand aufbewahrt wurde, befanden sich beim Panther diese Behälter rechts und links an der hinteren Wannenplatte.

Im November 1942 lief bei der Maschinenfabrik Augsburg-Nürnberg AG, Werk Nürnberg die Produktion des Fahrzeuges „Panther“ an. Offiziell wurden diese Fahrzeuge als „Panzerkampfwagen V — Panther“, Ausführung D (Sd.Kfz. 171) (Ref. D 655/1a vom 21. 7. 1944) an die Truppe ausgeliefert. Bei der ersten Produktionsausführung war die Funker-MG-Blende noch als Klappe ausgebildet. Auch hatten die Fahrzeuge teilweise noch die erste Ausführung des Drehturmes, bei dem die Panzerführerkuppel in die linke Turmseitenwand einschnitt. Das Gefechtsgewicht betrug 43 t.

Wie wichtig die Versorgung der Truppe mit diesen Fahrzeugen war, wird augenscheinlich durch die sofort aufgestellten Produktionsprogramme, welche festlegten, daß ab Mai 1943 ein Produktionssoll von 250 Einheiten pro Monat erreicht werden sollte. Ein im September 1942 aufgestelltes neues Produktionsprogramm sah einschließlich Frühjahr 1944 einen monatlichen Ausstoß von 600 „Panthern“ vor. Es war offentlich, daß zusätzlich Nachbaufirmen in das Produktionsprogramm eingeschaltet werden mußten. Die an die Truppe ausgegebenen ersten Produktionsfahrzeuge zeigten jedoch sehr rasch die Unzulänglichkeiten dieser überhasteten Konstruktion. Immer wieder warnten Vertreter der Industrie und der Truppe vor einem überstürzten Einsatz dieser neuen Fahrzeuge. Es ergaben sich nicht nur die üblichen „Kinderkrankheiten“ eines neuen Entwurfes, sondern auch tiefgehende Probleme, welche sich erst nach eingehenden Versuchen und grundsätzlichen Änderungen beseitigen ließen. Auch war die Truppe noch keineswegs mit den Fahrzeugen vertraut. Die Gewichtserhöhung gegenüber den ursprünglichen Forderungen machte sich vorallem bei Getrieben und Vorgelegen bemerkbar, wie auch die erhöhte Leistung des verstärkten Triebwerkes diese Antriebsaggregate bis zur Grenze beanspruchte. Hierin und im Laufwerk lagen die offensichtlichen Schwächen dieses sonst so gelungenen Fahrzeuges. Guderian wies anläßlich eines Vortrages in FHQ im März 1943 mit Nachdruck auf die Tatsache hin, daß mit einer Frontverwendungsfähigkeit der „Panther" unter keinen Umständen vor Juli/August 1943 gerechnet werden konnte. Die bei der Truppe in Erlangen und Grafenwöhr gemachten Erfahrungen konnten diese Bedenken nur bestätigen.

Trotz dieser Einwände wurde befohlen, die mit diesem Gerät ausgerüsteten Panzerabteilungen am Unternehmen „Zitadelle" zu beteiligen. Als Ingenieuroffizier nahm der Verfasser an diesem Unternehmen teil. Alle trüben Voraussagungen erfüllten sich. Ein Großteil der Fahrzeuge, bei Orel ausgeladen und im Mot-Marsch nach Bjelgorod gebracht, blieb unterwegs liegen. Motorbrände infolge unzureichender Kühlung, Vorgelege- und Laufwerkschäden machten die hervorragende Bewaffnung gegenstandslos, da die Fahrzeuge immer wieder wegen technischer Ausfälle aus dem Gefecht gezogen werden mußten, bzw. nicht einmal in den Einsatzraum gelangten. Die Ausfälle machten die erste Produktionsausführung des „Panther" fast ohne Ausnahme für den Einsatz unverwendbar. Die Geräteverluste waren kaum noch zu ersetzen. Noch 1944 bestätigt ein offizielles Schreiben des OKH dieses Schwachstellen und sagt u. a.: „. . . Die konstruktive Schwäche der Seitenvorgelege an Panzer IV und V führt laufend zu so hohen Ausfällen, daß der Bedarf trotz größter Anstrengung der Industrie ohne Eingriff in die Serie nicht gedeckt werden kann . . .".

Produktionsmäßig wurde ab Februar 1943 die Maschinenfabrik Niedersachsen-Hannover in die „Panther" Fertigung eingeschaltet. Das Werk Kassel-Mittelfeld der Henschel & Sohn GmbH produzierte von März bis November 1943 200 Einheiten des Fahrzeuges „Panther". Ab Mitte 1943 wurde auch bei der Daimler-Benz AG in Berlin-Marienfelde der „Panther" in Großserie hergestellt. An der Fertigung von Panzerung und Türmen beteiligten sich folgende Firmen: Dortmund-Hörder Hüttenverein, Dortmund; Eisenwerke Oberdonau, Linz; Ruhrstahl, Hattingen; Böhler, Kapfenberg; Bismarckhütte Oberschlesien; Harkort-Eicken, Hagen.

Zahlreiche andere Zulieferer waren am „Panther"-Bauprogramm beteiligt. Die Herstellung erfolgte in der Dringlichkeitsstufe „SS".

1943 erschien die zweite Produktionsausführung des „Panther", welche bis 1944 gebaut wurde. Die Fahrzeuge liefen unter der Bezeichnung „Panzerkampfwagen V — Panther", Ausführung A (Sd.Kfz. 171) (Ref. D 655/5 vom 1. 4. 1944) und waren äußerlich erkennbar an der von Daimler-Benz entwickelten Funker-MG-Blende. Auch beim „Panther" wurde nunmehr eine 5 mm starke Schürzenpanzerung eingeführt. Die Fahrzeuge erhielten den üblichen „Zimmerit"-Schutzanstrich und teilweise auch das an der Kommandantenkuppel angebrachte „Fliegerbeschußgerät." Die Kommandantenkuppel war bereits bei der früheren Ausführung günstiger gestaltet worden, wie auch der gesamte Drehturm herstellungsmäßig vereinfacht worden war. 1943 wurden 1768 Fahrzeuge dieses Typs hergestellt. Ein Führerbefehl vom 27. 2. 1944 bestimmte nunmehr als Suggestivnamen die Bezeichnung „Panther", während die Bezeichnung Panzer V entfiel.

Die im Jahre 1944 erscheinende Ausführung G des Panzerkampfwagen „Panther" (Sd.Kfz. 171) (Ref. D 655/60 vom 1. 11. 1944) hatte eine geänderte Panzerwanne erhalten. Während bei den bisherigen Ausführungen die Verlängerungen der Wannenseitenplatten in Motorraumhöhe zum Schutze der Benzintanks im 90° Winkel zur Kettenauflage standen, wurde nunmehr die Seitenpanzerplatte in ihrer Schrägung glatt durchgeführt. Daraus ergaben sich beachtliche Einsparungen in der Fertigung. Die Fahrersehklappe entfiel ab dieser Ausführung. Die Sicht des Fahrers wurde durch drehbare Winkelspiegel sichergestellt. Teilweise hatten Fahrzeuge dieser Ausführung bereits die neuen Stahllaufräder der Firma Deutsche Eisenwerke und die Laufradanordnung des „Tiger II", ebenso kamen neue Leiträder zum Einbau. Der Munitionsvorrat für die Hauptbewaffnung betrug nun 82 Schuß. Der Fahrzeugpreis (ohne Waffe und Funk) belief sich auf RM 117100,—. Diese Ausführung stand bis Kriegsende in Produktion. 1944 wurden davon 3740 Stück hergestellt. Das bisher seitlich angebrachte Rohrreinigungsgerät wurde bei Fahrzeugen der letzten Produktionsserien hinten quer über den Motorraum untergebracht. Fahrgestell-Nr. der Ausführung G liefen ab 120 301.

Eine seltene und ursprünglich nicht vorgesehene Abart des Fahrzeuges „Panther" kam während der Ardennen-Offensive 1944 zum Einsatz. Man hatte einigen Fahrzeugen mit Hilfe von Blechmaskierungen das Aussehen von amerikanischen Jagdpanzern (Carriage, Motor, 90 mm Gun, M 36) gegeben und diese zusammen mit anderen erbeuteten US Panzerfahrzeugen deutschen Spezialeinheiten zugeteilt. Diese mit deutschen Besatzungen, aber mit amerikanischen Abzeichen eingesetzten Fahrzeugen, sollten zu Beginn der Kampfhandlungen Verwirrungen bei den Alliierten schaffen, was teilweise sogar mit Nachdruck gelang.

Die bereits bei anderen Fahrzeugen erwähnte, von der Firma Krupp untersuchte Umbewaffnung aller deutschen Panzerfahrzeuge, war auch beim „Panther" vorgesehen. Die Zeichnung Nr. Hln-E 142 vom 17. November 1944 sah den Einbau der 8,8 cm KwK 43 L/71 (ohne Mündungsbremse) im alten Pantherturm vor. Es blieb bei diesen zeichnerisch erfaßten Unterlagen. Während der höchste Ausstoß im August 1944 mit 155 „Panther" erreicht wurde, sank diese Zahl aufgrund von Feindeinwirkung und Rohstoffknappheit auf 25 Einheiten pro Monat in den letzten Kriegsmonaten ab. (Produktionszahlen der MAN). Im Jahre 1945 wurden von der Maschinenfabrik Niedersachsen-Hannover noch 161 Fahrzeuge montiert.

Nach Überbrückung der anfänglichen Schwierigkeiten war das Fahrzeug „Panther" bis zuletzt der, leider oft unerreichbare, Traumwagen der deutschen Panzertruppe.

Panther II

Im Februar 1943 forderte Wa Prüf 6/III eine enge Zusammenarbeit der Firmen MAN und Henschel, um eine weitgehende Angleichung zwischen den Fahrzeugen „Tiger" und „Panther" zu erzielen. Einzelne Baugruppen sollten zur Erleichterung der Ersatzteileversorgung für beide Fahrzeuge verwendbar gemacht werden. Die verbesserten Fahrzeuge sollten die Bezeichnung „Tiger II" bzw. „Panther II" erhalten. Während der „Tiger II"

Ende 1943 tatsächlich in Produktion ging, kam es beim „Panther II“ nur zum Bau einiger Prototypen. Diese als Ausführung F geführten Fahrzeuge wiesen einige beachtliche Änderungen auf. Obwohl die Hauptänderung beim Turmentwurf und in der Hauptbewaffnung lag, ergaben sich außerdem folgende Verbesserungen:

a) Das bereits beim „Jagdpanther“ eingeführte, verstärkte Getriebe der Zahnradfabrik Friedrichshafen vom Typ AK 7-400 sollte auch für den Kampfwagen „Panther“ übernommen werden.

b) Die Laufrollen sollten, der allgemeinen Entwicklung folgend, durch gummigefederte Stahlräder der Firma Deutsche Eisenwerke ersetzt werden. (Bereits teilweise bei Fahrzeugen der Ausführung G durchgeführt).

c) Obwohl die Übernahme des Lenkgetriebes L 801 und des Seitenvorgeleges vom „Tiger II“ bereits beschlossen war, beschäftigte sich die MAN mit verschiedenen anderen Lenkgetriebe-Entwürfen. So sollten anstelle der normalen Reibungskupplungen elektro-magnetische Kupplungs- und Bremsteile zur Anwendung kommen. Auch hydraulische Antriebsaggregate wurden erwogen. Diese Arbeiten waren jedoch bei Kriegsende noch nicht abgeschlossen.

d) Die Erhöhung des Leistungsgewichtes durch Einbau verstärkter Motore trat ab 1944 immer mehr in den Vordergrund. Vor allem luftgekühlten Dieselmotoren sollte hierbei der Vorrang gegeben werden.

e) Der eingangs erwähnte Turmentwurf der Rheinmetall-Borsig AG in Düsseldorf, und Daimler-Benz AG in Marienfelde, der sich stark an den Turm des „Tiger II“ anlehnte. Für die Entwicklung dieses Turmes wurden von Wa Prüf 6 Pz II folgende Forderungen gestellt:

   1. Abstellen des Eindringens von Geschossen unter die halbrunde Kugelblende des bisherigen Pantherturmes;
   2. Vergrößerung der Panzerstärken ohne Gewichtserhöhung;
   3. Verkleinerung der frontalen Auftreff-Fläche des Turmes ohne Beeinträchtigung der Innenmaße;
   4. Einbau eines horizontalen, stereoskopischen Entfernungsmessers;
   5. Einbau eines koaxialen MG 42;
   6. Verringerung der Gesamtkosten des Fahrzeuges.

Zur Ausführung dieser Forderungen waren folgende Änderungen notwendig:

A. Die Entwicklung einer neuen KwK 44/1, bei welcher die Rohrvorholer unter dem Geschützrohr lagen. Dadurch war es möglich, die halbrunde Walzenblende durch eine „Saukopf“-Blende zu ersetzen, ferner erübrigte sich dadurch die komplizierte, geschweißte Geschützwiege. Die benötigte Preßluft wurde durch einen zusätzlichen Zylinder erzeugt, der im Rohrvorholer eingebaut, den Rohrrücklauf von rund 420 mm ausnützte. Der Druckluftkompressor für die Rohr-Ausblas-Vorrichtung wurde von 12 auf 18 Tonnen Druck verstärkt. Durch die neue Kugelblende wurden die Bedingungen zu Absatz I erfüllt.

B. Die neue Kugelblende ermöglichte eine beträchtliche Verkleinerung des Panzerturm-Frontteiles und damit auch der Auftreff-Fläche. Bisher bestand die Walzenblende aus einem Panzerstahl-Gußstück, das teuere Bearbeitung erforderte. Die neue Frontplatte konnte fast ohne besondere Bearbeitung aus Walzstahl hergestellt werden. Durch die Verkleinerung der Frontplatte und die Auswahl der neuen Blende wurde das Turmgewicht derart verkleinert, daß die Panzerung verstärkt werden konnte, ohne das Gesamtgewicht des früheren Turmes zu überschreiten. Folgende Verstärkungen waren möglich geworden:

Turm:	alt	neu
Front, Platte	80 mm	120 mm
Seite, Platte	45 mm	60 mm
Heck, Platte	45 mm	60 mm
Decke, Platte	12 mm	30 mm

Die Konstruktionszeichnungen sahen jedoch eine leichtere Panzerung vor, da die deutsche Stahlindustrie infolge der fortgeschrittenen Kriegslage nicht mehr genügend Walzstahl herzustellen vermochte.

Folgende Turmeinbauten waren u. a. vorgesehen:

a) Nahverteidigungswaffe — rechts hinten im Turmdach;
b) Kommandantenkuppel — links im Turmdach;
c) Entfernungsmesser — vorne, unterhalb der Dachabdeckung.

Hingegen fiel der Winkelspiegel für den Ladeschützen weg.

Infolge der neuartigen Turmkonstruktion war es möglich, die Produktionszeit (ohne Turmeinbauten) um rund 30 bis 40 v. H. zu kürzen. Trotz der fast 30 v. H. schwereren Panzerung wurde das Originalgewicht des Turmes von etwa 8000 kg nicht überschritten. Es war gelungen, die vordere Auftreff-Fläche beträchtlich zu verkleinern ohne den Innenraum zu reduzieren. Der Innendurchmesser des Turmes blieb mit 1650 mm unverändert. Schon bei der Planung des Turmes war der Einbau einer 8,8 cm Kampfwagenkanone in Verbindung mit einer stabilisierten Schußplattform vorgesehen worden.

Offizielle Dokumente aus dem Jahre 1944 sprechen von einem „Panzerkampfwagen V 7,5 cm KwK L/100“. Offensichtlich sah man eine Verlängerung der 7,5 cm KwK 42 L/70 auf L/100 vor, deren Leistungsfähigkeit dann an der absoluten Grenze liegen mußte. Metallurgisch und herstellungsmäßig waren hier alle Möglichkeiten ausgeschöpft.

Weitere Änderungen am Fahrzeug „Panther II“ ergaben sich aus einer Verstärkung der Panzerwannendeckplatte von 12 auf 25 mm. Die Kugelblende des Funker-MG wurde zur Aufnahme des MG 42 vorbereitet. Die Ausführung F des Fahrzeuges „Panther“ ging aufgrund der Kriegsereignisse nicht mehr in Produktion.

Zu erwähnen ist hier noch ein Vorschlag des Rüstungsministeriums, neben dem geplanten Gefechtsaufklärungsfahrzeug „Leopard“ auch den „Panther“ als Aufklärungsfahrzeug zu bauen. Der neue Turm dazu war ursprünglich von Daimler-Benz für den Achtrad-Spähwagen „ARK“ entwickelt worden und sollte für die Gefechtsaufklärungsfahrzeuge „Leopard“ und „Panther“ mit etwas verstärkter Panzerung vorgesehen werden. Der

Auftrag für eine passende Hauptbewaffnung erfolgte im Januar 1942 an die Firmen Friedrich Krupp AG und Rheinmetall-Borsig AG. Die Forderung: Rohr der 5 cm KwK 39 L/60, aber schmalere Bauart für engen Turm. Die voraussichtliche Lieferung war für Oktober/November 1942 zugesagt. Das Projekt, diesen Turm auf das Fahrgestell des „Panther" aufzusetzen, wurde vernünftigerweise wieder fallen gelassen.

In der Panzertruppenschule I Fallingbostel fanden ab 1943 bis zum Ende des Krieges Versuche mit sog. „Infrarotscheinwerfern für Panzerkampfwagen" statt. Diese Geräte bestanden aus einem am Panzerturm angebrachten Scheinwerfer von ca. 30 cm Durchmesser und einer Bildwandelröhre mit Braun'scher Röhre von etwa 20 cm Durchmesser. Diese Röhre war vor der Kommandantenkuppel angebracht. Der Panzerführer mußte Scheinwerfer und Bildwandler auf erkannte Ziele einrichten. Dann sah er das erfaßte Ziel in Dunkelheit hell erleuchtet zur Bekämpfung vor sich. Das offiziell als „Uhu" bzw. „Biwa" bezeichnete Gerät wurde vor allem auf Panzerkampfwagen „Panther" aufgebaut und nach vielen Verbesserungen bei Stuhlweissenburg 1945 mit Erfolg versuchsweise eingesetzt. Die endgültige Einführung dieses „Panzernachtzielgerätes" wurde durch das Kriegsende unterbunden.

Der Kampfraumbeheizung wurde seit Beginn der Panzerentwicklung große Bedeutung beigemessen. Gegen Mitte April 1944 wurde von Wa Prüf 6/III eine Gasschutzanlage (Bauart Dräger) für alle Panzerfahrzeuge gefordert. Dabei sollte der Kampfraum unter leichtem Überdruck stehen. Am Motor selbst war ein Kühlwasser-Heizgerät vorgesehen, welches den Kaltstart erleichtern sollte. Die niedrigen Wintertemperaturen, besonders in Rußland, forderten vor allem bei Großmotoren besondere Anlaßaggregate. Diese Kurbelwellen-Benzinanlasser waren meistens als Aufsteckaggregate ausgebildet und wurden durch eine Öffnung in der Heckplatte mit der Kurbelwelle verbunden. Die Firma Bosch hatte sich hauptsächlich an der Entwicklung und am Bau dieser Geräte beteiligt. Durch die Firma F. Porsche KG wurde 1944/45 ein Anwerfgetriebe mit der Typenbezeichnung „198" entwickelt, welches in Verbindung mit dem leichten Personenkraftwagen K 1 Typ 82 (Volkswagen) verwendet werden konnte. Hierbei standen der anzulassende Panzer und der VW Heck an Heck und wurden durch mit Rutschkupplungen versehene Andrehwellen verbunden. Es standen zwei Geschwindigkeitsstufen zur Verfügung. Die Andrehwellen waren für „Panther" und „Tiger" geeignet. 1944 wurden Versuche unternommen, Panzerkampfwagen durch Starkstromkabel gegen Nahbekämpfung zu schützen. Beim „Panther" waren zwei rundumlaufende Kabel vorgesehen. Auch hierbei blieb es bei Versuchen.

Fast 6000 Panther wurden bis Kriegsende gebaut. Die wenigen Beutefahrzeuge wurden vor allem von der französischen Armee aufgebraucht.

Jagdpanther

Die bisher zur Beweglichmachung der langen 8,8 cm Pak zur Verfügung stehenden Fahrgestelle konnten den Anforderungen der Truppe nicht immer genügen. Während das Fahrgestell des Panzer III/IV als Träger zu schwach war und lediglich einen oben offenen Kampfraum mit geringem Panzerschutz zuließ, war der Panzerjäger auf dem Fahrgestell des Porsche Tigers zu kompliziert und zu schwer. Diese Feststellungen führten schließlich zur Schaffung des Panzerjägers „Panther", dem sog. „Jagdpanther". Am 20. Oktober 1943 wurde das Modell dieses von der Firma Mühlenbau und Industrie AG (MIAG) in Braunschweig entwickelten Fahrzeuges anläßlich einer Führervorführung in Arys vorgestellt. Auf dem unveränderten Fahrgestell des Kampfwagen „Panther" war ein geschlossener, ballistisch gut geformter Aufbau ohne Drehturm gesetzt worden, der die 8,8 cm Pak 43/3 L/71 aufnahm. Das Seitenrichtfeld betrug 11°, während eine Höhenabweichung von —8° bis +14° möglich war. Die Aufbaupanzerung betrug vorne 80 mm, seitlich 50 mm und rückwärts 40 mm. Das Gefechtsgewicht mit 5 Mann Besatzung und 60 Schuß Munitionsvorrat war mit 46 t angegeben. Die offizielle Bezeichnung lautete: „8,8 cm Pak 43/3 auf Panzerjäger Panther" (Sd.Kfz. 173). Der Führerbefehl vom 27. 2. 1944 bestimmte für den schweren Panzerjäger auf Fahrgestell „Panther" die Suggestivbezeichnung „Jagdpanther".

Die Firma MIAG verwendete bei diesen Fahrzeugen das verstärkte ZF AK 7-400 Getriebe, welches später auch beim Kampfpanzer „Panther" eingebaut werden sollte. Die Serienproduktion begann bei der MIAG im Februar 1944 und lief bis April 1945. Im Dezember 1944 nahm auch die Maschinenfabrik Niedersachsen-Hannover den Zusammenbau dieser Fahrzeuge auf.

Insgesamt wurden 382 „Jagdpanther" gebaut. Die Panzerung wurde vom Brandenburgischen Eisenwerk Kirchmöser in Brandenburg/Havel geliefert, während die Hauptbewaffnung vom Dortmund-Hörder Hüttenverein, Werk Lippstadt hergestellt wurde. Diese brauchbaren Fahrzeuge standen bis Kriegsende bei einigen Heeres-Panzerjägerabteilungen.

Wie üblich befaßte sich die Friedrich Krupp AG auch bei diesem Fahrzeug mit dem Einbau einer stärkeren Hauptbewaffnung. So entstand ein nur zeichnerisch erfaßter „Panzerjäger Panther" mit der 12,8 cm Pak 80 L/55. Der Entwurf Nr. Hln-E 143 trägt das Datum 17. 11. 1944.

Selbstfahrlafetten und Waffenträger

Daß die Selbstfahrlafetten- und Waffenträgerentwicklung der Artillerie auch auf das Fahrgestell des „Panther" zurückgreifen wollte, liegt auf der Hand. Mit Bauelementen des Fahrgestelles „Panther" wurden ab 1942 verschiedene Fahrzeuge geplant. So erging im Frühjahr 1942 ein Auftrag des WaA an die Firma Rheinmetall-Borsig in Düsseldorf über die Schaffung einer 12,8 cm Kanone als gepanzerte Selbstfahrlafette. Die Gerätebezeichnung lautete: „Gerät 5-1213 (12,8 cm K 43 [Sfl] Rh.B.)". Das Gewicht des Fahrzeuges in Fahrstellung betrug ca. 38 t, während die abgelastete Waffe 6,2 t wog. Ein Fahrzeug war im Auftrag, mit voraussichtlicher Lieferung im Sommer 1943. Die 12,8 cm L/47 hatte keine Mündungsbremse. Gleichzeitig erhielt die Friedrich Krupp in Essen einen Auftrag über ein ähnliches Gerät mit der Bezeichnung: „Gerät 5-1211 (12,8 cm K 43 [Sfl] Kp.I)".

Ein weiterer Auftrag an die Firma Krupp forderte eine 15 cm sFH L/30 als schwere Artillerie der Panzer. Der Auftrag für das Gerät 5-1528 (sFH 43 [Sfl] Kp.I)" erfolgte im Frühjahr 1942 über ein Versuchsstück mit voraussichtlicher Lieferung im Sommer 1943. Das Gewicht in Fahrstellung sollte 38 t, das abgesetzte Gewicht 10 t betragen. Wiederum erging ein ähnlicher Auftrag an die Rheinmetall-Borsig, die den Auftrag „Gerät 5-1530 (sFH 43 [Sfl] Rh. B.)" ebenfalls bis Sommer 1943 als Prototyp erstellen sollte. Hierbei betrug das Gewicht in Fahrstellung 40 t, während das abgelastete Gewicht 8,2 t betrug. Eine 15 cm L/32,5 ohne Mündungsbremse war vorgesehen. Die Entwicklungen der Firma Krupp führten den Sammelnamen „Grille", während die Rheinmetall-Borsig die Bezeichnung „Skorpion" verwendete. In Größenklassen eingeteilt, war der Typ „10" in der Lage, entweder die 10,5 cm leFH 43 oder die 10 cm Kanone aufzunehmen. Der Typ „15" beförderte die 15 cm sFH 43 bzw. die 12,8 cm K 43. Für den Typ „17/21" war das „Tiger"-Fahrgestell vorgesehen. Holzmodelle der betreffenden Fahrzeuge wurden von beiden Firmen erstellt.

Die Daimler-Benz AG in Verbindung mit Rheinmetall-Borsig schuf 1943/44 ein Holzmodell und später einen Weichstahl-Prototyp für ein Waffenträgerfahrzeug, bei dem das „Panther"-Fahrgestell um ein Laufrollenpaar verkürzt worden war. Die Entwicklung war von Wa Prüf 4 gefordert worden, um ein Fahrzeug zu schaffen, welches als Artilleriezugmaschine und als Selbstfahrlafette verwendet werden konnte. Das aufgelastete Geschütz konnte mittels eines am Fahrzeug fest angebrachten Kranes abgenommen werden und vom Boden aus eingesetzt werden. Das Fahrzeug selbst konnte dann als Munitionsschlepper oder als Abschleppfahrzeug Verwendung finden. Die Panzerplattenstärke betrug 20 und 30 mm.

Da jedoch nicht einmal eine ausreichende Versorgung der Truppe mit Kampfpanzern dieses Typs gewährleistet werden konnte, blieb es bei obigen Entwürfen.

Auch die Entwicklung von Flakpanzern griff auf das Originalfahrgestell des Fahrzeuges „Panther" zurück. Es existierte das Holzmodell eines „Flakpanzers Panther", bei dem eine 8,8 cm Flak 41 in einem stark gepanzerten, oben offenen Drehturm untergebracht war. Neben dieser nicht mehr abgeschlossenen Entwicklung befaßte sich die Rheinmetall-Borsig mit dem ebenfalls auf dem Pantherfahrgestell aufgebauten Flakpanzer „Coelian". Hierbei war vorgesehen, den 3,7 cm Flakzwilling 341 mit einer Kadenz von 2 × 500 Schuß und einer V° von 1000 m/sek unter Panzerschutz mit 360° Traverse unterzubringen. Diese so notwendigen Entwicklungen wurden durch das Kriegsende unterbrochen.

Abarten

Einer bereits begonnenen Entwicklung folgend, wurden sämtliche Ausführungen der „Panther" Baureihen auch als Panzerbefehlswagen geliefert. Hierbei ergab sich der Unterschied lediglich beim Turm des Fahrzeuges. Der Ladeschütze war gleichzeitig 2. Funker und hatte einen Sender und Empfänger direkt neben sich an der rechten Turmwand angeordnet. Die

2. Antenne war am rückwärtigen Teil der Turmdecke angebracht. Der Munitionsvorrat wurde auf 64 Schuß verringert. Zwei Ausführungen des „Panzerbefehlswagen Panther" wurden an die Truppe ausgegeben: Das Sd.Kfz. 267 mit Fu. 5 und Fu. 8, während das Sd.Kfz. 268 mit einem Fu. 5 und einem Fu. 7 ausgerüstet war. Die Hauptbewaffnung blieb voll einsatzfähig. Einige Fahrzeuge der Ausführung D wurden zu „Panzerbeobachtungswagen Panther" umgebaut. Hierbei war die Hauptbewaffnung nur als Attrappe ausgebildet, die Fahrzeuge dienten als Beobachtungsfahrzeuge für Führungsstäbe und Panzerartillerie.

Von den noch zu erwähnenden Abarten wurde vor allem der „Bergepanzer Panther", der sog. „Bergepanther" bekannt. Nach Aufstellung der ersten „Tiger"- und „Panther"-Abteilungen stellte sich sehr rasch der Mangel an geeigneten Abschleppfahrzeugen für diese Schwerfahrzeuge heraus. Die bis dahin verwendeten Zugkraftwagen 18 t konnten lediglich in Zweier- bzw. Dreierschlepp diese Fahrzeuge bewegen. Zahlreiche Kampfpanzer blieben deshalb liegen und mußten aufgegeben werden. Die Firma Demag in Berlin-Falkensee schuf daher 1944 auf Veranlassung des WaA ein Spezial-Bergefahrzeug auf der Basis des „Panther".

Es kam dabei das Laufwerk und die unveränderte Wanne des Kampfpanzers zur Verwendung. In den turmlosen Kampfraum wurde eine starke Seilwinde eingebaut, welche umlenkbar nach vorne und hinten eingesetzt werden konnte. Die Hauptzugrichtung war jedoch nach rückwärts, da am Heck des Fahrzeuges ein sehr stabil ausgeführter Abstützsporn die Standfestigkeit des Wagens beträchtlich erhöhte. Dieser Sporn wurde ebenfalls von der Fahrzeugwinde, die vom Hauptmotor angetrieben wurde, betätigt. Der Kampfraum selbst war nach außen durch einen pritschenartigen Aufbau abgeschirmt und nach oben durch eine Zeltplane abgedeckt. Zugstangen und andere Abschleppgeräte vervollständigten die Ausrüstung. Der Besatzung von fünf Mann stand eine 2 cm KwK zur Nahverteidigung zur Verfügung. Die Bezeichnung lautete: „Bergepanzerwagen Panther" (Bergepanther) Ausf. A (Sd.Kfz. 179). Hersteller der Panzerung war die Firma Ruhrstahl in Hattingen. Die Fahrzeuge erhielten das verstärkte ZF Getriebe und hatten einen auf 1075 Liter vergrößerten Kraftstoffvorrat. 297 Stück dieser Geräte wurden gebaut. Einige dieser Fahrgestelle kamen ohne Sporn und Winde als „Munitionspanzer Panther" zum Einsatz. Es handelte sich hauptsächlich um Umbauten der Truppe.

Zu erwähnen sind noch die Versuche einen „Minenräumpanzer Panther" und einen „Räumschaufelpanzer Panther" zu schaffen. Wiederum blieb es bei den Entwürfen.

Das am 14. Juli 1944 aufgestellte „Richtwert-Programm IV" legt die Vorstellungen des OKH bezüglich Ausrüstung der Truppe mit gepanzerten Fahrzeugen bis Ende 1945 fest. Beachtlich ist daran die Tatsache, daß nur noch zwei Fahrzeuge mit 360° Traverse (Panther und Tiger II) in diesem Programm berücksichtigt wurden. Für beide Kampfpanzer war eine stabilisierte Aufhängung der Hauptbewaffnung vorgesehen worden. Versuche mit damit ausgerüsteten „Panthern" zeigten bei Schußversuchen eine Trefferverbesserung von 2 zu 1. Zusammen mit den laufenden Versuchen mit Infrarot-Panzernachtzielgeräten wären aus diesen Entwicklungen entscheidende Änderungen in der Taktik des Panzerkampfes zu erwarten gewesen.

Die Tatsache, daß bei gleichem Aufwand an Arbeitsstunden 2 „Panther" anstelle eines „Tigers" gefertigt werden konnten, verlegte den Produktionsschwerpunkt eindeutig auf den „Panther". Ein Monatsausstoß von 400 Einheiten war ab Beginn 1945 vorgesehen. Zusätzlich sah dieses Programm noch die Produktion von monatlich 150 „Jagdpanthern" vor. Trotz all dieser Anstrengungen waren die Geräteverluste an allen Fronten so überwältigend, daß es der panzerbauenden Industrie in Deutschland unmöglich geworden war, eine ausreichende Versorgung der Truppe zu gewährleisten. Man ist sich in Fachkreisen darüber einig, daß der „Panther" der erfolgreichste Panzerentwurf der deutschen Panzerentwicklung war. Gleich gut für Offensive und Defensive verwendbar, hätte er mit den noch vorgesehenen Verbesserungen allen gegnerischen Panzerfahrzeugen überlegen sein müssen. Wie sehr er, zusammen mit dem russischen T 34, den modernen Panzerbau beeinflußte, ergibt sich aus der Tatsache, daß die ab 1944/45 entwickelten Kampfpanzer aller Nationen unverkennbare Konstruktionsmerkmale beider Fahrzeuge aufweisen. Der Panzerkampfwagen „Panther" war mit Abstand das beste Panzerfahrzeug der deutschen Panzertruppe.

Die Tigertypen E und B*)

VK 4501 — Tiger I oder E

Aufgabenstellung Ende Juni 1941. Besprechung bei Oberst Fichtner. 12 Monate bis zum 1. Versuchs-Fahrzeug. Benutzung der Baugruppen von VK 3601, neue Wanne. Forderung der Tauchfähigkeit erstmalig erhoben.

Wanne: Neu mit seitl. Ausbauten, einmal wegen des großen Turmkreises, zum anderen wegen der seitl. Ausbauten für die Kühlanlage, Seitenwände senkrecht, oben 80, unten 60 mm. Verbindung des Ausbaubodens mit Schrauben und Schweißung und einem Winkel aus Pz.-Stahl. Verzahnung wurde von Oberbaurat Rau abgelehnt. Die „Stoifung" mit flachem Pultdach und nur 10° geneigter Formplatte, ferner die Alkett-Schiebe-Blende für 80 mm Wandstärke wurden von SW-6501 und VK 3601 übernommen. — Eine heb- und senkbare Pz.-Schürze sollte bei Fahrt in ebenem Gelände die Gleisketten gegen Beschuß schützen. Eine Hochdruckanlage mit hydraulischen Zylindern, Zahnstangen, Zahnsegmenten, Hebeln und Wellen war dazu erforderlich. Bei der ersten Vorführung im HQ, 20. April 1942, wurde sie sogleich verworfen. Sie hätte auch gegen Beschuß schräg von der Seite keine genügende Festigkeit gehabt.

Gleisketten: 130 mm Teilung, 725 mm Breite, ursprünglich rechts und links. Später wegen Ersatz-Schwierigkeiten nur **eine** Ausführung, wobei die Fahrwiderstände auf den beiden Seiten ungleich sind. — Es stellte sich etwa 4—4 ½ Monate nach Beginn der Arbeiten heraus, daß das Gesamtgewicht

*) von E. Aders. Aus „Kampftruppen" 6/1960

des Fahrzeuges für die Belastungsfähigkeit des Gummireifens zu groß ist. 55 t statt 40—45 t, Einführung eines zusätzlichen Reifens je Laufrad, Verbreiterung der Kette auf 725 mm, statt, wie vorgesehen, 520 mm. Vorschlag H & S: 2 Ketten nebeneinander. Entschluß HWA: Geländekette und Verladekette. Abnahme der äußeren Räder.

Motor: HL 210, 600—650 PS zunächst, später, ab Nr. 251, HL 230 P 45 650—700 PS. Siehe unter Kühl- und Lüfteranlage.

Kühlung: Unterbringung der Kühler erstmalig (nach einem von MAN stammenden Vorschlag) in seitlichen Räumen der Wanne, oben neben dem Motorraum. Die Kühler werden bei Tauchfahrt geflutet, die Lüfter stillgesetzt. Sie stehen in der Mitte der Räume quer zur Längsachse des Fahrzeugs. Die Luft tritt durch Gitter aus (Pz.) Stahlguß vorne ein, durchströmt die Kühler und wird durch insgesamt 4 schräg nach hinten und oben blasende Windräder durch Gitter mit S-Stäben aus Pz.-Stahlguß ausgeworfen. Die mit den Kühlern paarweise zusammengebauten Lüftergehäuse enthalten Leitschaufeln für die strömende Luft. Die hinteren Ausström-Gitter sollten bei hoher Außentemperatur hochgestellt werden und waren dazu in Scharnieren gelagert. Es erwies sich, daß das unnötig war. Auf die Hebe-Vorrichtung mittels Drucköl könnte verzichtet werden.

Lüfteranlage: Für die Wasserkühlung sind 2 Antriebs-Drehzahlen im Motor HL 210 vorgesehen. Gelenkwellen zwischen Motor und Getriebekasten an der Wannen-Rückwand mit Stirnrädern und Kegelrädern. Seitl. Gelenkwellen zu den Antriebswellen in dem Lüftergehäuse, die zu jeder Seite je 2 Lüfterräder mit Kegelrädern treiben. Um die Lüfter vorübergehend bis zum Warm-Zustand beim Anlassen ausschalten zu können und um bei plötzlichen Drehzahl-Überschreitungen Schäden auszuschließen, wurden zuerst elektro-magnetische, später mechanisch betätigte, Scheibenkupplungen angeordnet. Sie bewährten sich in der zuletzt genannten Form bei 250 Fahrzeugen.

Da ab 251. Fahrzeug der Motor HL 230 P 45 verwendet werden mußte, war H & S auch gezwungen, die schräge Anwendung von 2 Gelenkwellen für den Lüfterantrieb mit Reibungs-Kupplung zu übernehmen. Das nötigte zur Einführung von 2 Winkeltrieben zu beiden Seiten des Motors, damit die eigentliche Lüfteranlage unverändert bleiben konnte. Statt 13 waren dann insgesamt 19 Zahnräder erforderlich. Die räumliche Unterbringung der neuen Getriebe war außerordentlich schwierig. Anstände ergaben sich noch infolge der Erhitzung durch die heißen Auspuffrohrummantelungen, das Öl schäumte über und es mußten weitere Einfüllrohre verwendet werden. Wider Erwarten erwies sich die Kühl- und Lüfteranlage unter den bisher vorgekommenen klimatischen Verhältnissen als ausreichend.

Der Motorraum ist erstmalig ganz geschlossen und wird nur von der Verbrennungsluft des Motors durchströmt. Sie trat zuerst nur durch eine beschußsichere Hutze von oben ein, dann wurde, weil die heiße Luft im Motorraum stagnierte und zu Bränden Veranlassung gab, noch ein Querschlitz am vorderen Ende des Motorraumes in der Decke angebracht. Die Decke ist luft- und wasserdicht abgeschlossen. Da eine unzulässige Erhitzung durch die glühenden Auspuff-Sammelrohre vorhergesehen wurde, wurden diese ummantelt (zuerst Al.-Guß, später Stahlblech) und durch einen Luftstrom gekühlt. Prüf 6/III hielt den Unterdruck in den Lüftergehäusen für ausreichend zur Bewegung der Luft. H & S brachte einen Schleuderlüfter an der Schwungradseite des Motors an, der die Luft über der Ummantelung des Schaltgetriebes ansaugt und in die Mäntel der Auspuffsammelrohre bläst. Von dort geht sie durch biegsame Schläuche in einen Kasten an der Rückwand des Fahrzeuges und seitlich zu den Lüftergehäusen der Kühlanlage.

Die Luftfilter (ölbenetzt) sind auf dem Motor untergebracht. Die Verwendung der Fahrzeuge in Afrika und Südrußland führte für längere Zeit zur zusätzlichen Anordnung von vorgeschalteten Trockenfiltern (System Feifel), die an den Ecken der hinteren Wannenwand einen Platz fanden und durch lange biegsame Schläuche an den zusätzlichen Luftschlitz angeschlossen wurden. Die Anordnung wurde erst Anfang 1944 wieder aufgegeben.

Die Auspuffanlage umfaßte 2 Schalldämpfer aus Blech mit Einbauten. Die Auspuffrohre traten durch die Fahrzeug-Rückwand wasserdicht aus zu den stehenden Schalldämpfern. Große und starke Bügel aus Pz.-Stahlguß schützen die Austrittsöffnung in der Rückwand. — Da die Erfahrung lehrte, daß die glühenden Auspuffschalldämpfer und die austretende Flamme sichtbar sind (namentlich in einer Schnee-Landschaft) wurden die Schalldämpfer ummantelt und über den oberen Austrittsöffnungen Abdeckplatten in geeignetem Abstand angebracht (kleine runde Dächer).

Tauchanlage: Verlangt wurde tauchen auf 4 ½ m Wassertiefe. Turm- und Wannendach müssen dicht gemacht werden. Alle Luft-Eintritts-Öffnungen und Einstiegluken wurden mittels Gummidichtungen verschlossen, auch die große Abdeckplatte über dem Motor-Raum. Am Heck wurde im Dach ein dreiteiliges Rohr untergebracht, das mit Gewinde zu einem etwa 3 m hohen Kamin für die Verbrennungsluft zusammengesetzt und aufgestellt werden konnte. Die Auspuffgase wurden durch eine gelenkige Abschlußklappe ins Wasser ausgeblasen. Ausschaltung der (durch 13 Zahnräder und Wellen angetriebenen) Lüfter mittels Lamellen-Kupplungen, die zugleich als Drehmoment begrenzende Rutsch-Kupplungen dienten. Mehrere Klappen in den Rohrleitungen für die von den Auspuff-Sammelrohren kommende Heißluft mußten vor der Tauchfahrt geschlossen und Umschaltungen der Luftwege vorgenommen werde. Eine Lenz-Pumpe mußte in Betrieb gesetzt werden, um eindringendes Wasser hinaus zu schaffen. Besondere Sorgfalt galt der Gasdichtigkeit der Schottwand vor dem Motorraum, damit nicht (nach Erfahrungen bei Pz.-Kpfw. III - ZW 38) Kohlenoxydgase die Mannschaft gefährden konnten. Mühevolle, und mehrere Monate betriebene, Versuche, in einem eigens dazu erbauten Betonbecken führten dahin, daß bis zu 2 ½ Stunden bei laufendem Motor getaucht werden konnte. Versuche in freien Gewässern bestätigten die Erfahrung.

Der Turmantrieb, als Baukörper wiederum in den Haupt-Wellenstrang eingeschaltet, wie schon bei DW 1 und DW 2, bei SW (VK 6501), VK 3001 u. 3601, wurde mit einer Kegelkupplung versehen, einem Lenzpumpenantrieb (senkrechte Welle) und einer Hochdruck-Ölpumpe (siehe unter

Wanne und Kühlung). Diese waren, wie vor allem der Turmantrieb selber, ein- und ausschaltbar. Eine Ölpumpe für Spritzschmierung aller Zahnräder läuft dauernd mit. Der Antrieb der im Gehäuse arbeitenden Zahnräder erfolgt aber durch eine besondere Gelenkwelle vom Schaltgetriebe aus, während der festgelagerte Teil des Wellenstranges unabhängig davon ist.

Schaltgetriebe: Maybach-Motorenbau, Olvar 401216 mit Öldruckschaltung, Vorwählung der Gänge. Angestrebt wurden äußerst kurze Schaltzeiten, Unabhängigkeit vom Geschick und der Übung der Fahrer. (1 Schnellgang, 7), 8 Stufen, Gesamtuntersetzung 1 : 16. Überhol-Klauenschaltung, öldruckbetätigte Hauptreibungs-Kupplung.

Lenkgetriebe L 600 C, Konstr. H & S. Zuerst mit 3 Radien, dann konnte (und mußte allerdings, wegen einer Schwachstelle im Schaltgetriebe) auf kleinsten Radius verzichtet werden. Wie schon bei L 320 C des VK 3001 werden die verschiedenen Radien durch Lamellenkupplungen und Öldruck eingeschaltet. Auf Rasten oder dergleichen zur Kenntlichmachung der jeweils eingeschalteten Stufe wurde verzichtet. Steuerung des Öldruckes bei mehreren 100 Fahrzeugen durch H & S-Rohr-Schieber, dann (wegen der gemeinsamen Verwendung auch bei anderen Fahrzeugen) durch Lenkapparat der Südd. Argus-Werke. (Für den Fall, daß Öldruck ausbleibt, kann auch mit Knüppel-Lenkung, unter Benutzung der Fahrbremsen gefahren werden.) Bei Ausschaltung des Antriebes kann auf der Stelle gedreht werden.

Seitenwellen: Wie bei DW 1, DW 2, VK 3001; Zahnradkupplungen mit geringer Beweglichkeit.

Kettenantrieb: Wie bei den Fahrzeugen VK 3001. Untersetzung 1 : 10,75.

Bremsen: Scheiben-Bremsen mit Belag aus Buna mit Stahlspänen darin. Servo-Wirkung. Die Bremsen sollten ursprünglich durch Öldruck betätigt werden. Diese Anordnung ergab bedeutende Schwierigkeiten und mußte zugunsten einer mechanischen Betätigung verlassen werden. Seitdem sind die Bremsen allmählich zu befriedigender Wirkungsweise gebracht worden.

Gleisketten-Tragrollen: Kommen ganz in Wegfall, wären auch nicht mehr möglich wegen der seitlichen Ausbauten!

Laufrad-Kurbel: Aus einem Schmiedestück, von VK 3001 unverändert übernommen. Beanspruchung sehr hoch (bis zu 50 kg/qmm). Daher wurden zuerst die Stoßdämpfer-Kurbeln, dann auch alle übrigen aus dem noch verfügbaren besseren Stahl hergestellt.

Stabfedern: Voller Querschnitt, kerbverzahnte Köpfe mit verschiedenen Durchmessern zum Zweck der Einstellung der Kurbeln auf gleiche Höhe. Federn vorne und hinten etwas stärker, als die übrigen.

Laufräder: Scheibenräder mit flachen Blech-Scheiben ohne Wölbung, die ursprünglich (von VK 3601 übernommen) nur für den ersten Versuch gedacht waren. Famo-Breslau sollte, weil Trägerin bedeutender Erfahrungen aus dem Zugmaschinenbau, neue Radkonstruktionen entwickeln, kam aber wegen neuer Erfahrungen, die bei Pz.Kpfw. im Gelände von Berka gewonnen wurden in Verzug damit und so hatte es (wegen der großen Eile mit dem VK 4501 in Reihenfertigung gegeben werden mußte) bei den Versuchsrädern sein Bewenden. Gewisse Anfangsschwierigkeiten mußten überwunden werden.

Bereifung: Neuartig, Hartgummi-Grundfelgen mit Draht-Einlagen. Konstruktion noch unreif, sehr geringe Lebensdauer bei vielen Reifen, wodurch bei der Truppe ständig Aus- und Wiedereinbau der Räder erforderlich wurde. Das Schachtel-Laufwerk kam dadurch in Verruf.

Stoßdämpfer: Wie bei VK 3601.

Anschläge: für Laufrad-Kurbeln mit Stoßdämpfern: Wie bei VK 3601.

Leitradachsen: Wie bei VK 3001, aber ohne die Bruchsicherung! HWA, Oberbaurat Kniepkamp glaubte, daß darauf verzichtet werden könnte. Wenn alle Teile, auch z. B. die Befestigungsteile zum Kettenantrieb so stark seien, daß der Motor eher „abgewürgt" würde, als ein Bauteil bricht. Bei dieser Auffassung blieb außer acht, daß die rotierenden Massen des Gesamttriebwerkes einerseits und die beharrenden Massen des Fahrzeuges andererseits zu Stoßwirkungen Veranlassung geben können, die einer verläßlichen Rechnung nicht zugänglich sind. Die Erfahrung lehrte das. — Verbindung zwischen Leitradachse und Verstellhebel durch Einlagekeil, im Gegensatz zu VK 3001, wo noch Kerbverzahnung für unerläßlich gehalten wurde.

Leiträder: Nach dem Muster von VK 3001, ohne Gummireifen, mit Pz.-Stahlnabe.

Das erste Fahrzeug wurde am 20. 4. 1942 betriebsfertig, nach Tag- und Nachtarbeit, mit Geländeketten auf die Reichsbahn verladen, ins HQ überführt, durch einen 75 t Dampfkran abgehoben und in Betrieb gesetzt. Die Vorführung auf Straße und Gelände war erfolgreich. Schwierigkeiten traten auf bei der Kühlanlage, weil die elektromagnetischen Kupplungen das erforderliche Drehmoment nicht übertragen konnten und zu viel Schlupf ergeben, so daß nicht genügend Luft durch die Kühler gefördert wurde und diese zum Sieden kamen. Auch die Fahrbremsen arbeiteten nicht richtig. Sie klemmten sich infolge Erhitzung bei Bremsung fest (bzw. sie waren mit zu wenig Spiel eingestellt).

Das gleichzeitig vorgeführte Fahrzeug (von Porsche) Tiger P konnte sich zunächst nicht um 90° drehen und mußte nach mehrstündigen Bemühungen vom erneut in Betrieb gesetzten Kran in Abfahrt-Stellung gebracht werden. Motorschwierigkeiten, wie mehrmalige Brände im Motorraum. Gute Straßenfahrt, Geländefahrt wurde nicht gewagt.

Das Hauptinteresse galt — wohl aufgrund von Vorurteilen — dem Porsche-Fahrzeug. Das H & S-Fahrzeug wurde höflichkeitshalber auch kurz besichtigt.

Kampfwagen Tiger B

Aufgabenstellung: Herbst 1942, zunächst aber eine Übergangsform betreffend mit 100 mm Stirnwand, die in gebogenem Zustand einen Übergang darstellte zwischen Tiger E mit „Stufe" und der neuen Form der Wanne von Tiger B. Dadurch wäre die Weiterverwendung des Lenkgetriebes L 600 C ermöglicht gewesen. Diese Übergangslösung wurde vom Ministerium für M. u. B. verworfen.

Pz.-Wanne: Grundlegend anders in Bezug auf die Neigung der Wandflächen (seitl. 65°, Stirnwand 35°), die Stirnwandstärke (150 mm), die untere Seitenwand (80 statt 60) und Boden und Decke. Sonst wie Tiger E, also mit seitl. Ausbauten.

Gleiskette: 800 mm, neue Bauart, sehr leicht, bestehend aus Führungsgliedern aus St-Guß und Zwischengliedern, die als Schmiedestücke gedacht waren (130 mm).

Motor: HL 230 P 30 wie er beim Panther-Fahrzeug verwendet wird. 12 Zyl., 700 PS bei n = 3000.

Kühlung: Wie bei Panther, durch 4 Kühler, die in 2 Gruppen rechts und links angeordnet sind. Auf jeder Seite in waagerecht liegendes Lüfterrad.

Turmantrieb: Durch Kegelräder, die ständig arbeiten.

Schaltgetriebe: Olvar B 40 12 16, neue Bauart mit der wichtigen Änderung, daß das treibende Kegelrad nicht mehr im Schaltgetriebe gelagert ist.

Lenkgetriebe: L 801 von H & S entworfen, ähnlich L 600 C. Ursprünglich sollte mit Trockenkupplungen für die Lenkung gearbeitet werden, während nur die Kupplungen für die Einstellung der Lenkradien in Ölbad laufen sollten. Die Absicht wurde zunächst aufgegeben. Wesentlich ist, daß beide antreibenden Kegelräder im Lenkgetriebe gelagert sind. Argus-Lenkapparat.

Seitenwellen: Nach dem Muster von DW 1 - VK 3001 - Tiger E, jedoch so, daß sie durch Zusammenschieben für Panther II nutzbar gemacht werden können. Eine Abdichtung mit Gummikappen.

Bremsen: Südd. Arguswerke wie bei Tiger E.

Kettenantrieb: Wie bei Tiger E, nur andere, stärkere Abmessungen.

Laufwerk: Erstmalig „Staffel"-Laufwerk mit 2×9 Paaren gummigefederter Räder.

Laufradkurbeln: Aus einem Stück im Gesenk geschmiedet, wesentlich verstärkt.

Drehstabfedern: Wie Tiger E, stärker und mit kerbverzahnten Köpfen gleicher Dicke, so daß die Möglichkeit der Feineinstellung entfällt.

Kurbelanschläge: Ähnlich Panther, ohne Gummi, dafür mit geschichteten Kegelscheibenfedern. 4 Anschläge.

Leiträder: Wie Tiger E, Form und Kettenführung den neuen Bedingungen angepaßt. Befestigung der Nachstell-Hebel zunächst mit Stumpfverzahnung, Versuch mit einem in der Hebelnabe befestigten Keil verspricht anscheinend Erfolg. Erhebliche Vereinfachung.

Gasschutz-Anlage: Bauart Dräger mit Filtern für Schwebestoffe und Giftstoffe. Ein mit etwa 6000 U/min arbeitender und vom Schaltgetriebe durch eine besondere Gelenkwelle angetriebener Schleuderlüfter soll im Kampfraum einen Überdruck von einigen cm Wassersäule aufrecht erhalten. Die Entscheidung steht noch aus. Versuche sollen gemacht werden.

Bewaffnung: 8,8 cm L 71. Neue Patronen in neuer Lagerung.

Einstiegluken: für Fahrer und Funker, durch Federn ausgeglichen, ausschwenkbar, nach Vorbild Panther. Aber anscheinend bei Schräglagen des Fahrzeuges zu schwer gehend. Sollen durch Klappdeckel ersetzt werden. Versuch eingeleitet: März 1944.

Fahrer-Sehklappe kommt ganz in Fortfall, Sicht des Fahrers nur durch schwenk- und drehbaren Winkelspiegel, der von H & S entwickelt wurde.

Jagd-Tiger B

Das Fahrgestell unterscheidet sich von dem des Kampfwagens nur durch die etwas größere Länge (etwa 260 mm) und die damit zusammenhängende unwesentlich andere Einteilung des Laufwerkes. Die Bauteile sind dieselben, von der **Pz.-Wanne** abgesehen. Deren Seitenwände sind hochgeführt zum Schutz des Kampfraumes und des Geschütz-Hinterteiles (12,8 cm L/55). Eine obere Stirnwand mit Kugelblende, die beidseitig 10° und +15/—7°30' Schwenkung des Geschützes gestattet, wurde aus Pz.-Stahlguß von 250 mm Stärke hergestellt. Eine hintere Wand des (anstelle des drehbaren Turms tretenden) Aufbaues ist 80 mm stark. Sie hat eine 2flügelige Tür, die als Ein- und Ausstieg dient und den Ausbau des Geschützrohres gestattet. Den so gebildeten viereckigen Aufbau schließt eine mit Schrauben befestigte Decke ab, in die eine Ausstieg-Luke, Deckenlüfter, ein drehbares Nahkampf- und Nebelgerät, die Visiereinrichtung und Beobachtungsgeräte eingebaut sind. Alles ist in solchem Maße dicht gemacht, daß mit Hilfe der Dräger-anlage der Kampfraum unter leichten Überdruck gesetzt werden kann.

Für die in Geschoß und Kartuschen geteilte Munition wurden besondere Lagerungen konstruiert. Es sind insgesamt 38 Schuß untergebracht.

Geschütz und Lafette, dazu ein Wiegenpanzer, Richtmaschine usw. wurden von Krupp bearbeitet, die Geschützbrücke von H & S.

Der Turmantrieb kam durch Weglassung von Teilen in Fortfall.

Die Funkeinrichtungen weichen von denen des Kampfwagens ab und mußten neu konstruiert werden.

Die Notwendigkeit, das Fahrzeug im Nibelungen-Werk (Steyr-Daimler-Puch) in St. Valentin bauen zu lassen, führte zu großen Anstrengungen interessierter Personen, es mit dem Porsche-Laufwerk zu versehen und dieses auch für den Kampfwagen einzuführen. Nach den bis Juli 1944 vorliegenden Erfahrungen haben die Bestrebungen keine Aussicht auf Erfolg.

Anmerkungen zu Tiger B und Jagd-Tiger

Von Wa Prüf 6/III wurde zu Anfang 1943 (Februar) eine weitgehende Übereinstimmung zwischen Tiger B und dem ebenfalls in der Entwicklung befindlichen Panther II der MAN-Nürnberg gefordert. Möglichst viele vollständige Baugruppen sollten austauschbar sein. Besprechungen fanden statt, ein führender Konstrukteur von TB „CS" arbeitete einige Zeit bei MAN. Erreicht wurde Übernahme vom Lenkgetriebe L 801, des Seitenvorgeleges (Kettenantrieb) und der Argus-Bremsen in Panther II. Tiger B mußte übernehmen von Panther II Kühlanlage—Motorraum—Getriebebelüftung—

Brennstoffanlage (im Grundsatz: einige Behälter anders wegen der Abweichung der Wannenkonstruktion) Lüfter für Auspuff-Ummantelung— Motorraumabdeckung, Auspuffanlage, Turmantrieb. Die Fertigstellung der Konstruktion des Tiger B verzögerte sich dadurch um rund 3 Monate. Panther II sollte im August 1943 in den Versuchsbetrieb kommen, war aber im April noch nicht gelaufen.

Die so übernommene Erbschaft erwies sich — obwohl nach Versicherung vom Referenten Dipl.-Ing. Jaeger nur erprobte und bewährte Konstruktionen vorgeschrieben wurden — als unheilvoll. Zwar konnten Mängel der Kühlanlage abgestellt werden, ließen aber einen Rest von Mißtrauen bei H & S zurück. Die Drehmoment-Begrenzungs-Kupplungen von Argus hatten nämlich Ausführungsmängel, ließen in erheblichem Maße Schlupf zu und beeinträchtigten dadurch die Kühlwirkung.

Die E-Reihe

Mitte 1943 wurde vom Waffenamt ein Programm zur Entwicklung einer völlig neuen Reihe von Panzerfahrzeugen angenommen. Es sollte vor allem das Potential der damals noch nicht mit der Panzerproduktion beschäftigten Firmen der Kraftfahrzeugindustrie ausgenützt werden. Die Fahrzeuge sollten möglichst weit vereinheitlicht und für viele Zwecke verwendbar sein.

Entwicklungsaufträge sollten ergehen an Klöckner-Humboldt-Deutz und Magirus.

Geplant waren:

E 5: Ein leichtes Fahrzeug in der 5-t-Klasse, geeignet als leichter SPW-Kleinpanzer, Funklenkpanzer, Spähpanzer.

E 10: In der 10-t-Klasse, geeignet als SPW, leichter Jagdpanzer, Waffenträger.

E 25: In der 25-t-Klasse als Aufklärungspanzer, mittlerer Jagdpanzer, schwerer Waffenträger, Entwicklungsaufträge an Argus. Auch ein Porsche-Entwurf in dieser Gewichtsklasse liegt vor.

E 50: In der 50- bis 65-t-Klasse als leichter Kampfpanzer, Ersatz „Panther". Entwicklungsaufträge an Adler, Argus und Auto-Union.

E 75: In der 75- bis 80-t-Klasse als mittlerer Kampfpanzer, Ersatz „Tiger". Entwicklungsaufträge an Adler. E 50 und E 75 sollten mit dem Maybach H 234 von 1200 PS bei 3000 U/min und dem „Maküdro" mechanisch-hydraulisch kombinierten Zweiradien-Schaltlenkgetriebe ausgerüstet werden. Sie waren in Aussehen und Ausmaßen gleich, der E 75 sollte jedoch stärker gepanzert sein.

E 100: In der 140-t-Klasse als schwerster Kampfpanzer. Entwicklung an Adler.

Der E 100, der im wesentlichen bei der Firma Adler projektiert wurde, ist von allen diesen Projekten am weitesten fortgeschritten gewesen. Ein Prototyp ohne Turm befand sich bei Kriegsende auf dem Erprobungsplatz Haustenbeck von Henschel. Das Fahrzeug war sehr ähnlich wie der „Tiger II" ausgelegt. Es sollte etwa 140 bis 150 t wiegen und ebenso bewaffnet sein wie die „Maus“. Vermutlich war beabsichtigt, den gleichen Turm zu verwenden. Als die Wanne fertig war, stellte sich jedoch heraus, daß das Fahrzeug raummäßig den vorgesehenen 50-t-Turm nicht tragen konnte, obwohl es 450 cm breit war.

Das Fahrzeug sollte von dem Maybach HL 230 P 30 12 Zylinder-V-Motor von 700 PS bei 3000 U/min getrieben werden. Dies hätte das geringe Leistungsgewicht von etwa 5 PS/t ergeben.

Eine Weiterentwicklung HL 234 mit 900 PS Leistung und Bosch Benzineinspritzung war fertig. Mit Aufladung sollte dieser Motor sogar 1100 bis 1200 PS leisten. Auch dies hätte das Leistungsgewicht nur auf 8,5 PS/t gehoben. Der enorme Bodendruck von 1,4 kg/cm^2 war auch durch 100 cm breite Ketten nicht zu verringern. Als die Wanne fertig war, stellte sich heraus, daß das Fahrzeug raummäßig den vorgesehenen 50-t-Turm nicht tragen konnte, obwohl es 450 cm breit war. Man machte daher Pläne, die Waffe ohne Drehturm einzubauen. Die Frontpanzerung betrug 200 mm/30° und die Seitenpanzerung 120 mm. Sie war damit geringer als die der Porsche-„Maus“.

Das mit überlappenden Stahlrädern ausgelegte Fahrgestell wurde durch MAN-Tellerfedern gefedert, wie übrigens alle E-Projekte. Näheres ist über dieses Fahrzeug noch nicht bekannt geworden. Das Projekt ist offenbar seit Mitte 1944 nicht mehr weitergetrieben worden. Auch hier waren wertvolle Materialien, Arbeitskräfte und Produktionsstätten mit einer Sache beschäftigt worden, die schon von Beginn an als Konkurrenzunternehmen den Makel unsachlicher Motivierung auf der Stirn trug. Es ist zweifelhaft, ob das Projekt überhaupt durch den Generalinspekteur der Panzertruppen oder den Generalstab des Heeres aus taktischen Gründen gefordert worden war.

Die „Maus“ (Projekt Porsche Nr. 205)

Das Fahrzeug war von Hitler am 8. 6. 1942 Prof. Porsche mündlich in Auftrag gegeben worden. Es mag sein, daß das Projekt als ein Ausgleich für die Ablehnung des „Porsche-Tigers“ (später Jagdpanzer „Elefant“) durch das OKH gedacht war. Es ist jedenfalls nicht nachweisbar, daß ein ordentlicher Auftrag durch das Heereswaffenamt gegeben worden ist.

Die Entwicklung wurde unmittelbar aufgenommen. Einige Eigenarten der Porsche-Konstruktionen, wie der „Federstab-Rollenwagen“ und der elektrische Antrieb wurden zugrundegelegt. Am 4. 1. 1943 wurde Hitler ein Modell vorgeführt. Die weitere Entwicklung wurde jedoch verzögert durch gewisse Änderungen der Bewaffnung und Schwierigkeiten bei der Beschaffung der Motoren.

Der erste Prototyp wurde am 1. 8. 1943 bei der Firma Alkett begonnen und die erste Probefahrt — mit einem Gewicht an Stelle des Turmes — wurde am 23. 12. 1943 durchgeführt. Bis Mai 1944 fanden weitere Versuche in Böblingen statt. Am 9. 6. 1944 war der Zusammenbau nach Empfang des Turmes und der Bewaffnung von Krupp beendet. Ein zweiter Prototyp war ebenfalls inzwischen fertiggestellt worden. Danach wurde jedoch die weitere Entwicklung eingestellt. Beide Prototypen gelangten nach Kummersdorf, wo sie kurz vor dem Einmarsch der Sowjets gesprengt wurden. Einige Wannen und Türme befanden sich bei Kriegsende auf dem Versuchsplatz Meppen von Krupp. Es scheint hiernach, daß ursprünglich 10 Prototypen geplant waren.

Die Gesamtleitung des Projekts und der Entwurf lag bei Porsche KG. Die elektrische Ausrüstung kam von Siemens-Schuckert. Der Motor war bereits bei Daimler-Benz vorkonstruiert, die Wanne und der Turm mit Bewaffnung kamen von Krupp und die Ketten von Altmärkische Kettenfabrik. Der Zusammenbau erfolgte bei Alkett.

Offenbar als Spezifizierung des Auftrages von Hitler stellte das Rüstungsministerium Speer folgende Forderungen:

Bewaffnung: 12,8-cm-Kanone mit 96 cm Rücklauf und 150-cm-Patronen-Munition. Hieraus ergab sich ein notwendiger Turmdrehkranzdurchmesser von 300 cm.

Panzerung: Fahrerfront entsprechend 350 mm vertikal. Starke frontale Bodenpanzerung gegen Minen.

Geschwindigkeit: 20 km/h.

Diese Forderungen führten zu dem gewaltigen Gewicht von 188 t. Ein Motor von 1200 PS Leistung mußte gefunden werden. Ein entsprechendes Getriebe und ein neues Fahrgestell mußten konstruiert werden. Schließlich mußten Spezialtransporter für den Eisenbahntransport gebaut werden, und da das Fahrzeug keine Brücken benutzen konnte, mußte es tauchfähig für das Durchwaten von Flüssen sein.

Gesamtanlage: Der Körper des Fahrzeuges war, ähnlich wie der „Elefant", als ein über das breite Fahrgestell übergreifender Panzerkasten ausgebildet. Die dazwischen liegende Wanne war vollständig mit der komplizierten Antriebsmaschinerie ausgefüllt. Nur an der Front war ein Abteil für Fahrer und Beifahrer ausgenommen. In dem übergreifenden Panzerkastenvorderteil befanden sich die Kraftstofftanks, im Mittelteil links Munition, rechts der Hilfsmotor und weitere Munition, im rückwärtigen Teil die Elektromotoren für den Antrieb der Ketten. Der 12-Zylinder-V-Motor war im Vorderteil der Wanne gelagert, dahinter die Generatoren und schließlich die Seitenvorgelege für die hinten liegenden Triebräder. Das Fahrgestell bestand an Stelle des zunächst geplanten „Federstab-Rollenwagens" aus 6 spiralgefederten Rollenwagen.

Turm: Der 50 t wiegende Turm war in der Front gegossen und aus Walzstahlplatten an der Seite und im Heck zusammengesetzt. Sein Schwerpunkt lag 20 cm vom Drehpunkt entfernt. Er konnte mittels drehbarer exzentrischer Lagerung der sechs Drehkranzrollen auf eine Gummidichtung für Unterwasserfahrt gesenkt werden. Eine Stoßdämpfereinrichtung für Stöße gegen den Turm in horizontaler Ebene bestand aus drei zusammendrückbaren und auswechselbaren, horizontalen Begrenzungswälzrollen.

Bewaffnung: Ursprünglich war die 12,8 cm KwK 82 L/55 als Hauptwaffe vorgesehen. Später wurde jedoch die 15 cm KwK 44 L/38 gewählt. Zusätzlich wurde eine halbautomatische 7,5 cm KwK 44 L/36,5 koaxial eingebaut.

Ein Koaxial-MG und ein Fla-MG waren ebenfalls vorgesehen. Im Turmdach befand sich ferner ein Granatwerfer. Die Turmdrehung wurde durch den Hilfsmotor elektrisch für 360° in 16 Sekunden bewirkt. Von der Patronenmunition mußte wegen zu hohen Gewichts abgegangen werden. Das Geschoßgewicht für die 12,8-cm-Granate betrug 56 kg, für die 15-cm-Granate 70 kg. Ladehilfskräne waren im Turm vorgesehen. Ein Entfernungsmesser mit 220 cm Basis sollte eingebaut werden.

Motor und Antrieb: Vom Daimler-Benz-Motor 603 V 12 wurden der MB 509 Otto- und der MB 507 Dieselmotor entwickelt. Beide Typen wurden in je einem der Maus-Prototypen (Maus I und II) eingebaut. Diese Motore wurden wassergekühlt. Etwa 150 PS wurden zum Antrieb der Ventilatoren verbraucht. Ein 8-PS-2-Zylinder-Zweitaktmotor diente als Starter und ein 2-Zylinder Hilfsmotor für die Überdruckdichtung des Kampfraumes und die Heizung sowie zur Aufladung der Batterien. Der Tandem-Generator wog 3885 kg. Die Elektromotore ergaben bei 3100 Umdrehungen/min 20 km/h Geschwindigkeit auf der Straße. Sie wogen 3770 kg und wirkten auf einfache Seitenvorgelege, die für Straßen und Geländegang geschaltet werden konnten. Generatoren, Elektromotoren, Seitenvorgelege und Bremsen wurden durch einen Luftstrom vom Motor her gekühlt.

Laufwerk: Die „Maus" war als einziger deutscher Panzer mit Kegelstumpf, federn versehen. Das Laufwerk bestand aus 24 identischen Doppelrollen-die in 12 Wagen, auf jeder Seite 6, zusammengefaßt waren. Das durchschnittliche Gewicht pro Rolle war 3565 kg, bei einem gefederten Gesamtgewicht von 171144 kg. Die Rollenwagen waren an einem Querträger aufgehängt, der an Wanne und Schürze befestigt war. Jedes Rollenpaar saß an einem doppelten Dreharm und war mit einer Schraubenfeder gefedert. Die Rollen waren, ähnlich der beim Tiger II verwendeten, vom Typ der Stahlreifen mit Gummieinlage. Die 110 cm breite Kette war ungeschmiert.

Tauchfähigkeit: Die Tauchfähigkeit war für 8 m Wassertiefe vorgesehen. Ursprünglich sollten zwei Luftkamine angebracht werden als Ein- und Auslaßöffnungen. Es entstanden jedoch Schwierigkeiten mit der Luftzufuhr. Die endgültige Form der Taucheinrichtung bestand aus einem einzigen Kamin als Luftzufuhr und Notausgang für Fahrer und Funker, sowie zur Kühlung für den Elektromotor. Die Elektromotore wurden mittels Kabel von einem an Land stehenden Fahrzeug mit Energie versorgt, das dann auf die gleiche Weise „nachgezogen" wurde.

Beurteilung: Prof. Porsche hat selbst das Fahrzeug als einen beweglichen Bunker bezeichnet, der kein Panzerkampfwagen sei.

Der taktische Wert eines solchen Monstrums dürfte in keinem Verhältnis zu dem Aufwand gestanden haben, der mit seiner Herstellung verbunden war. Die Panzerung war schon damals für Hohlladungsgeschosse verwundbar. Die Beweglichkeit war mit 6,5 PS pro t an der untersten Grenze des Tragbaren. Der Bodendruck war erheblich. Geschützturm und Bewaffnung hätten zwar einem mittleren Kreuzer Ehre gemacht, ihre Einsatzmöglichkeit mit einem so unbeweglichen Fahrzeug im direkten Schuß wäre auf wenige taktische Situationen beschränkt geblieben. Technisch bot das Fahrzeug einige eigenwillige Lösungen. Der elektro-mechanische Antrieb war wohl damals die schnellste Lösungsmöglichkeit für das Getriebeproblem bei einem so schweren Fahrzeug. Das Laufwerk war ebenfalls angemessen. Es wog verhältnismäßig nur etwa die Hälfte des Durchschnittsgewichts anderer Laufwerke, während der Gewichtsanteil des Turmes am Gesamtfahrzeug etwa doppelt so hoch war als der Durchschnitt. Wegen der nur schwachen Beweglichkeit blieb auch das Gewicht des Antriebes im normalen Rahmen. Völlig ungelöst dürfte das Problem der Bergung solcher Fahrzeuge gewesen sein.

Zusammenfassend muß gesagt werden, daß diese Entwicklung ein bedauerliches Beispiel für in der Spitze mangelnde Koordinierung der Kriegsanstrengung und dadurch verursachte Vergeudung wertvollsten Personals und Materials an eine Sache ist, deren taktische Brauchbarkeit ebenso zweifelhaft wie ihre technische Realisierbarkeit war. Ungeachtet dessen, stellten die Prototypen eine beachtliche Konstruktionsleistung dar.

VK 7001 „Löwe“ oder „Tiger-Maus“

Ebenfalls als ein Konkurrenzunternehmen zu Hitlers „Maus“ gab das Waffenamt an Krupp den Entwicklungsauftrag VK 7001 (K).

Bei Krupp waren zahlreiche Studien für 110-, 130-, 150-, 170-t-Fahrzeuge entstanden. Sie wurden sämtlich „Krupp-Maus“ bezeichnet.

Eine Studie „Bär“ betraf ein Fahrzeug dieser Gewichtsklasse mit 30,5 cm Mörser. Selbst mit einem 1500-t-Fahrzeug mit 80 cm Geschütz und rückwärtigen 2×15-cm-Türmen hatte man sich beschäftigt. Dieses Fahrzeug sollte 250-mm-Frontpanzer bei 45° haben und von vier U-Boot-Dieselmotoren getrieben werden.

VK 7001 basierte auf dem „Tiger II“. Ein Modell zeigt das übliche Schachtellaufwerk, eine stark abgeschrägte Front und einen im Heck liegenden verhältnismäßig kleinen Drehturm.

Alle diese Projekte sind über das Reißbrettstadium nicht hinausgekommen. Sie wurden vernünftigerweise bald fallen gelassen.

STURMPANZER

Sturmpanzer, deren wesentlichstes Kennzeichen ist, daß sie kurze Geschütze meist von großem Kaliber tragen und zur Bekämpfung von Infanteriezielen und Feldbefestigungen gedacht sind, wurden nicht als einheitliche Klasse konzipiert. Der erfolgreichste Typ des Sturmpanzers war das Sturmgeschütz.

Sturmgeschütz III

Ursprünglich war das Sturmgeschütz nur mit der kurzen KwK. ohne Drehturm ausgestattet und als artilleristische Waffe zur unmittelbaren Infanterieunterstützung gedacht.

Das Sturmgeschütz III wurde 1940 eingeführt und bewährte sich sehr gut. 1943 und 1944 wurde das gleiche Fahrzeug auch mit der 10,5-cm-Sturmhaubitze produziert. Ab 1942 erhielt das Sturmgeschütz wie der Panzerkampfwagen IV die lange 7,5 cm KwK. L/48 und wurde damit zum Jagdpanzer.

„Brummbär“

In geringer Zahl wurde 1944 auf dem Fahrgestell IV der Sturmpanzer „Brummbär“ mit 15 cm Haubitze hergestellt. Das Fahrzeug sollte die Panzerartillerie vermöge besserer Panzerung zu näherer Unterstützung der Panzerverbände im beweglichen, direkt gerichteten Einsatz befähigen.

„Sturmtiger“

Ebenfalls 1944 wurden 18 Stück des mit einem rückstoßarmen, ursprünglich als Marinemörser zur U-Bootbekämpfung gedachten, 38 cm Mörser ausgestatteten, schwer gepanzerten „Sturmtigers“ hergestellt.

Damit endete die Entwicklung von Sturmpanzern.

JAGDPANZER

Eine nach Aufgaben und Aussehen sowohl von den Panzerkampfwagen wie von den Selbstfahrlafetten zu trennende Klasse von Fahrzeugen waren die Jagdpanzer.

Sturmgeschütz III mit 7,5 cm StuK. L/48

Durch Einbau der langen 7,5-cm-StuK. in das Sturmgeschütz entstand der erste als solcher anzusprechende Jagdpanzer, bei dem unter Verzicht auf den Drehturm ein besonders niedriger Aufzug erreicht wurde.

1943 und 1944 wurden fast 8000 dieser äußerst bewährten, billigen und beweglichen Fahrzeuge hergestellt und an Sturmgeschützbrigaden der Artillerie, Panzerjägerabteilungen und Panzerabteilungen verteilt.

Sturmgeschütz IV und Jagdpanzer IV

Nach dem gleichen Prinzip entstand 1942 in wenigen Stückzahlen der zunächst „Panzer IV, lang“ genannte Jagdpanzer, bei dem die überlange Pantherkanone unter Verzicht auf den Drehturm in den Panzerkampfwagen IV eingebaut war. Die Formgebung war zunächst ungünstig. 1944 wurde jedoch aus dem Sturmgeschütz IV mit dem gleichen Aufbau wie bei Sturmgeschütz III der Jagdpanzer IV mit der langen und mit der überlangen 7,5 cm KwK. in der niedrigen Fahrerfront entwickelt. Über 1500 Stück gelangten an die Truppe, vornehmlich an Panzerjägerabteilungen.

„Jagdpanther“

1944 entstand aus dem Bedürfnis, die stärker gepanzerten Typen, besonders der Amerikaner, aus größerer Entfernung bekämpfen zu können ohne den schweren und unbeweglichen „Tiger“ zum Einsatz bringen zu müssen, der „Jagdpanther“ durch Einbau der langen 8,8 cm KwK. Dieser Typ war eine der gelungensten Konstruktionen der deutschen Panzerentwicklung überhaupt.

„Elefant“

Schon 1943 war der bereits erwähnte „Tiger“ von Porsche als Jagdpanzer (P) „Elefant“ in geringer Stückzahl (90) zur Truppe gelangt. Er erwies sich als zu unbeweglich. Seine Bergung bereitete Schwierigkeiten.

„Jagdtiger“

Das schwerste in Truppengebrauch gelangte deutsche Panzerfahrzeug war der „Jagdtiger“ mit 12,8 cm Pak. 1944 wurden 48 dieser Fahrzeuge hergestellt. Bei Porsche wurde ein Prototyp mit „Federstab-Rollenwagen“ ausgerüstet, jedoch nicht eingeführt.

SCHÜTZENPANZER

Die stark entwickelte Produktion an Halbkettenzugmaschinen legte es nahe, diesen Typ auch für die Zwecke der Panzertruppe zu nutzen. Seine Verbindung von Geschwindigkeit und Geländegängigkeit wurde schon frühzeitig durch die mechanisierte Kavallerie der leichten Divisionen als Kampffahrzeug gefordert.

HL kl. 3 und 4

Nach dem Vorbild der französischen „Automitrailleuse de Combat“ (AMC), Halbkettenfahrzeugen der mechanisierten Kavallerie, entstand 1935 auf dem Fahrgestell des 5-t-Zugkraftwagens mit rückversetztem Motor ein sehr fortschrittlicher Typ mit 3,7 und 7,5 cm KwK. Das Projekt wurde jedoch aus unbestimmten Gründen nicht weitergeführt.

m.SPW

Erst spät wurde der taktische Wert des SPWs für die Schützenverbände der Panzerdivisionen erkannt. 1939 waren nur wenige Schützenbataillone mit dem m.SPW ausgestattet.

le.SPW

Erst 1942 wurden die Schützenkompanien der Panzeraufklärungsabteilung mit dem le.SPW ausgestattet.

Beide Typen erfuhren zahlreiche Abwandlungen für die verschiedensten Zwecke und Truppen. Die Grundkonstruktion wurde beibehalten, die Formgebung jedoch 1943 vereinfacht.

Wehrmachtschlepper (le.WS und SWS.)

Gegen Kriegsende entstand der „Wehrmachtschlepper“, eine sehr vereinfachte und billige Konstruktion, die auch als SPW vorgesehen war, jedoch nicht mehr eingeführt wurde. Geplant war ferner ein Vollketten-SPW auf Fahrgestell 38 (t).

PANZERSPÄHWAGEN

Gepanzerte Mannschaftstransportwagen (Rad)*)

In Anbetracht der Tatsache, daß die durch den Versailler Vertrag erlaubten Straßenpanzerwagen der Firmen Daimler-Benz und Ehrhardt keineswegs den taktischen Vorstellungen des RWM entsprachen, veranlaßte das Waffenamt 1926/27 die Vergabe von Baubedingungen für 8- bzw. 10-Rad-Fahrgestelle für „gepanzerte Mannschaftstransportwagen". Wie fortschrittlich diese Bedingungen bereits ausgelegt waren, zeigt ein Auszug aus diesen Baubedingungen vom Jahre 1927:

1. Das Fahrzeug ist als Räderfahrzeug zu konstruieren.
2. Auf guter, ebener Straße wird eine Höchstgeschwindigkeit von 65 km/h gefordert, die kleinste Geschwindigkeit soll 5 km/h bei normaler Tourenzahl betragen, eine Tagesleistung von 200 km bei 32 km Durchschnittsgeschwindigkeit muß während dreier aufeinanderfolgender Tage gewährleistet sein.
3. Das Fahrzeug muß möglichst große Geländegängigkeit besitzen. Der spezifische Bodendruck darf bei einem Einsinkwinkel von höchstens 80° 0,7 km/cm^2 nicht überschreiten.
4. Das Fahrzeug muß Steigungen von 1 : 3 auf gewachsenem Boden überwinden können.
5. Das Fahrzeug muß Gräben von 1,5 m Breite ohne Anwendung besonderer Hilfsmittel und ohne jeden Aufenthalt glatt überfahren können.
6. Das Fahrzeug muß Wasserläufe von 1 m Tiefe durchwaten können.
7. Das Fahrzeug soll gleichmäßig vor- und rückwärtsfahren können. Für jede Fahrtrichtung ist eine besondere Lenkung vorzusehen. Die Umstellung von einer Fahrtrichtung zur anderen muß in 10 Sekunden vom Fahrer durchführbar sein.
8. Der Halbmesser des Wendekreises darf nicht mehr als vier Spurweiten betragen.
9. Bei seiner Fortbewegung darf das Fahrzeug nur geringes Fahrgeräusch verursachen.
10. Das Gewicht des Fahrgestelles darf 4 t, das Gesamtgewicht des betriebsfertigen Fahrzeuges mit Aufbau 7,5 t nicht überschreiten.
11. Die Bodenfreiheit soll 0,3 m betragen.
12. Das Fahrzeug soll auf freier Strecke eine Eisenbahnnormalspur benützen können. Besondere Vorkehrungen für diese Forderung sind nicht zu treffen, jedoch ist seine Spurweite so zu bemessen, daß es mit seinen inneren Sandfelgen auf den Schienen laufen kann.

    Die unter Punkt 13 aufgeführte und verlangte Schwimmfähigkeit wurde wieder aufgegeben.

14. Die Besatzung besteht aus fünf Mann, und zwar:
    a) Kommandant,
    b) Fahrer,
    c) erster Schütze,
    d) zweiter Schütze,
    e) Funker.

*) von W. J. Spielberger. Aus „Feldgrau" 1962/63.

Alle weiteren Punkte dieses Bauprogramms betrafen Einzelheiten wie Motor, Getriebe, Lenkung, Bremsen, Federung und Bereifung.

Das Reichswehrministerium/Heereswaffenamt, Prüfwesen 6, vergab daraufhin Aufträge für Fahrzeuge dieser Art an die Firmen C. D. Magirus in Ulm a. d. Donau, Büssing-NAG in Braunschweig und Daimler-Benz AG in Stuttgart-Untertürkheim. Alle diese Firmen hatten bis 1929 Prototypen erstellt, welche eingehend in Kummersdorf und Wünsdorf erprobt wurden.

Es ist interessant festzustellen, daß sich die Firmen Magirus und Daimler-Benz mit Achtradwagen beschäftigten, während die Firma Büssing-NAG Zehnradwagen entwickelte. Die von der Firma Daimler-Benz in der DB-Konstruktionszentrale in Stuttgart-Untertürkheim erfolgte Planung stand unter der Aufsicht von Professor F. Porsche. Die Einzelteile für beide Prototypen wurden in Stuttgart hergestellt, während der Zusammenbau der Fahrzeuge im DB-Werk Berlin-Marienfelde durchgeführt wurde. Für die Herstellung der selbsttragenden Aufbauten war die Firma Martini und Hüneke in Salzkotten verantwortlich, während die Turmeinrichtung, der Turmdrehkranz und der Waffeneinbau von der Firma Rheinmetall in Düsseldorf übernommen wurde. Aus Tarnungsgründen wurde eine Korkverkleidung vorgesehen, welche gleichzeitig die Schwimmfähigkeit des Fahrzeuges erhöhen sollte. Die hintere Lenkung war so ausgelegt, daß die hintere Steuersäule und alle Hand- und Fußhebel am hinteren Fahrersitz abnehmbar waren. Dies geschah hauptsächlich, um die Aufmerksamkeit der Interalliierten Kontrollbeamten abzulenken. Die ersten Fahrzeuge wurden nach eingehenden Versuchsfahrten Ende 1930/Anfang 1931 von der Reichswehr übernommen. Teilweise gingen diese Fahrzeuge zu weiteren Versuchen zur Panzerversuchsanstalt nach Kasan in Rußland. Infolge der ungünstigen Wirtschaftslage der Jahre 1929/30 war weder die Aufnahme der Fabrikation dieser allradangetriebenen Spezialfahrzeuge, noch eine Übertragung dieses technischen Fortschrittes auf Fahrzeuge der Wirtschaft möglich.

Eine Unterredung mit Regierungsbaurat Reimann vom Waffenprüf. 6 am 18. März 1930 ergab: „daß Beschaffungen dieser Fahrzeuge bis auf weiteres noch nicht in Frage kämen, da bei der jetzigen Kassenlage des Reiches Fahrzeuge dieser Art und Größe zu teuer erscheinen . . .“.

Schwere Panzerspähwagen (Sechs-Rad)

Bereits im Juni 1929 erließ das Reichswehrministerium/Heereswaffenamt, Prüfwesen 6, Baubedingungen für die Lieferung von 6-Rad-Lastkraftwagen mit vier angetriebenen Hinterrädern. Hauptsächlich waren an der Ausschreibung wiederum die Firmen C. D. Magirus, Büssing-NAG und Daimler-Benz beteiligt. Während die Firma Magirus den Typ „M 206“, die Firma Büssing-NAG den Typ „G 31“ schuf, entwickelte die Daimler-Benz AG ab 1928 bereits den Typ „G 3“, der ab 1929 vom Typ „G 3a“ abgelöst wurde.

Vorversuche mit einem dem Wa.-Prw. 6 zur Verfügung stehenden Daimler-Benz-Fahrgestell der Type „G 3“ mit langem Rahmen ergaben, daß diese Fahrgestelle evtl. für Panzeraufbauten nutzbar gemacht werden konnten.

Bei einem Fahrgestellgewicht von 2200 kg und einer Aufbaubelastung von 2300 kg ergab sich ein Gesamtgewicht von 4,5 t. Der Vorderachsdruck betrug dadurch rund 1200 kg. Eine Verstärkung der Vorderachse sowie eine flächenmäßige Vergrößerung des Kühlers um ca. 20%, unter gleichzeitiger Verstärkung der Ventilatorwirkung und eine Vergrößerung des Wasserraumes, wurden für notwendig erachtet.

Alle mit Panzeraufbauten zu versehenden Fahrgestelle wurden mit Doppellenkungen versehen und obengenannte Änderungen bei allen noch zu erwartenden Lieferungen von 6-Radfahrgestellen durchgeführt, um Konstruktionsgleichheit zu erzielen. Auch die Frage der Verwendung größerer Reifenprofile wurde untersucht. 1932 waren 37 Daimler-Benz-Fahrgestelle vom Typ G 3a vom Wa. Prw. 6 bestellt, während bei Büssing-NAG 12 Fahrgestelle für Panzerwagen in Auftrag waren.

Die gepanzerten Aufbauten für diese Fahrzeuge wurden hauptsächlich von der Deutschen Werke AG in Kiel hergestellt. Das Gesamtgewicht mit Panzeraufbau betrug ca. 5000 kg.

Generaloberst Heinz Guderian gibt in seinem Buch „Erinnerungen eines Soldaten" folgenden Hinweis auf den ersten Einsatz dieser Panzerkraftwagen:

„Im Manöver des Jahres 1932 erschienen zum ersten Male deutsche Panzerspähwagen einer Behelfskonstruktion auf dem Fahrgestell eines 6-Rad-Lastkraftwagens in Panzerstahl."

Konstruktiv handelte es sich bei all diesen Fahrzeugen um normale Dreiachs-Lkw-Fahrgestelle. An einem geraden Rahmen waren die drei Starrachsen an längsliegenden Blattfedern aufgehängt. Die beiden doppelbereiften Hinterachsen waren angetrieben. Bei der Firma Daimler-Benz AG kam der 6-Zylinder-Vergasermotor „M 09" mit 68 PS Leistung zum Einbau. Die Firma Büssing-NAG verwendete den 4-Zylinder-Vergasermotor Typ „G" mit 65 PS Leistung, während die C. D. Magirus AG den 6-Zylinder-Vergasermotor „S 88" mit 70 PS Leistung einbaute. Mit verbesserten Aufbauten bildeten diese Fahrzeuge nach 1933 das Rückgrat der Panzeraufklärungseinheiten und kamen offiziell unter folgenden Bezeichnungen in größerer Stückzahl in den Truppengebrauch:

a) Schwerer Panzerspähwagen (6 Rad) (Sd.Kfz. 231)
b) Schwerer Panzerspähwagen (6 Rad) (Fu) (Sd.Kfz. 232)
c) Panzerfunkwagen (Sd.Kfz. 263).

Während Sd.Kfz. 231 und 232 mit einer 2-cm-KwK und einem MG 13 im Drehturm ausgerüstet waren, hatte das Sd.Kfz. 263 lediglich ein MG 13 in starrem Turm. Die großen Bügelantennen für Sd.Kfz. 232 und 263 waren charakteristisch für die Funkfahrzeuge dieser Zeit. Die Panzerung war SmK-sicher und betrug durchschnittlich 14,5 mm. Hersteller für die Panzeraufbauten waren hauptsächlich die Deutschen Werke AG in Kiel und die Deutschen Edelstahlwerke AG in Hannover-Linden.

Diese nur als Übergangslösung gedachten Fahrzeuge wurden nach und nach durch die schweren Panzerspähwagen auf 8-Rad-Einheitswagen abgelöst, waren jedoch noch zu Beginn des Krieges in Polen und Frankreich im Einsatz und wurden später als Ausbildungsfahrzeuge aufgebraucht.

Maschinengewehrkraftwagen und Funkkraftwagen mit Fahrgestell des mittleren Personenkraftwagens

Um den Aufklärungseinheiten neben den schweren Panzerspähwagen auch leichte und mehr bewegliche Fahrzeuge zur Verfügung zu stellen, wurden 1932 bis 1934 handelsübliche Pkw-Fahrgestelle mit leichten Panzeraufbauten versehen. Entwicklungsfirma für diese Fahrzeuge war die Daimler-Benz AG in Berlin-Marienfelde, die Panzeraufbauten kamen hauptsächlich von der Deutschen Edelstahl AG, Hannover-Linden. Die ausschließlich auf Adler-Fahrgestellen laufenden Fahrzeuge waren oben offen und wurden offiziell unter folgenden Gerätebezeichnungen eingeführt:

a) Maschinengewehrkraftwagen (Kfz. 13)
b) Funkkraftwagen (Kfz. 14).

Die schwache Panzerung von 8 mm gab diesen Fahrzeugen einen sehr geringen Kampfwert, wie auch die Geländegängigkeit der damaligen Personenkraftwagen-Fahrgestelle sehr zu wünschen übrig ließ. Die Bewaffnung bestand beim Kfz. 13 aus einem MG 13 mit zwei Mann Besatzung, während das Kfz. 14 mit drei Mann Besatzung ohne Bewaffnung blieb.

In der Ausbildung leisteten jedoch diese Fahrzeuge bei den Kavallerie-Regimentern bis zur Einführung des leichten Panzerspähwagens auf Einheitsfahrgestell im Jahre 1937 wertvolle Dienste. Auch diese Fahrzeuge versahen noch 1939 in Polen Frontdienst und wurden nach und nach als Ausbildungsfahrzeuge aufgebraucht.

Leichte Panzerspähwagen mit Einheitsfahrgestell I für sPkw

In Abwandlung des ab 1935 gebauten Einheitsfahrgestelles I für sPkw entstand ein Fahrgestell mit Heckmotor für den leichten Panzerspähwagen als Ersatz für die Kfz. 13 und 14. Entwicklungsfirma für diese Fahrzeuge war die Firma Eisenwerk Weserhütte AG in Bad Oeynhausen. Während das Fahrgestell in den Horchwerken der Auto-Union AG in Zwickau hergestellt wurde, erfolgte die Montage ebenfalls bei den Firmen F. Schichau in Elbing und bei der Maschinenfabrik Niedersachsen in Hannover-Linden.

Wie bei allen vom WaA entwickelten Einheitsfahrgestellen für Pkw und le.Lkw erfolgte die Federung mittels an Dreieckslenkern aufgehängten Schraubenfedern. Diese unabhängige Radaufhängung ergab zusammen mit dem Allradantrieb und der Allradlenkung eine ausreichende Geländegängigkeit. Der Horch-V-8-Vergasermotor von etwa 3,8 Liter, mit einer Leistung von ca. 80 PS verlieh dem bis zu 4,8 t schweren Fahrzeug eine Spitzengeschwindigkeit von 80 km/h. Offiziell in den Truppengebrauch genommen wurden ab 1937 folgende Fahrzeuge:

a) Leichter Panzerspähwagen (MG) (Sd.Kfz. 221),
b) Leichter Panzerspähwagen (Sd.Kfz. 221) mit 2,8 cm s PzB 41,
c) Leichter Panzerspähwagen (2 cm) (Sd.Kfz. 222),
d) Leichter Panzerspähwagen (Fu) (Sd.Kfz. 223),
e) Kleiner Panzerfunkwagen (Sd.Kfz. 260),
f) Kleiner Panzerfunkwagen (Sd.Kfz. 261).

Das Gesamtgewicht der Fahrzeuge lag zwischen 4 und 4,8 t, das Fahrgestellgewicht betrug 1965 kg. Der Preis des Fahrzeuges (ohne Waffe) belief sich auf RM 19600. Die durchschnittliche Fertigungszeit war ca. 12 Monate.

Am 20. April 1940 erteilte das Waffenamt einen Auftrag an die Firmen Appel in Berlin-Spandau und Schichau in Elbing über den Einbau der 2-cm-Hängelafette 38 für das Kd.Kfz. 222, um das Fahrzeug als Truppenluftschutzwagen verwenden zu können. Das Gesamtgewicht erhöhte sich dabei auf 5000 kg.

Die Panzeraufbauten hatten eine Stärke von 8 bis 14,5 mm, die Stirnseiten wurden bis auf 30 mm verstärkt. Die Besatzung bestand aus zwei Mann beim Sd.Kfz. 221, drei Mann beim Sd.Kfz. 222/223 und vier Mann beim Sd.Kfz. 260/261.

Obwohl der Bau dieser Fahrzeuge 1942 eingestellt wurde, waren viele dieser Panzerspähwagen noch bis Kriegsende im Einsatz.

Die schlechten Wegeverhältnisse, vor allem in Rußland, machten den Einsatz von Radfahrzeugen fast unmöglich und deshalb wurden ab 1942 mehr und mehr Fahrzeuge der Sd.Kfz.-250-Baureihe (Leichter Schützenpanzerwagen) für Aufklärungszwecke verwendet. Anfangs März 1942 erhielt daher das WaA einen Auftrag vom AHA/In 6 über einen sogenannten leichten Schützenpanzerspähwagen (Sd.Kfz. 250/Sp). Die Firma Gustav Appel in Spandau hatte daraufhin bis Mitte 1942 drei Entwicklungsmodelle an die Truppe abgeliefert und die Serienproduktion lief im Juli 1942 mit 30 Stück pro Monat an. Die endgültige Gerätebezeichnung lautete dann: „leichter Schützenpanzerwagen (2 cm) (Sd.Kfz. 250/9)“. Dieses Fahrzeug hatte den Turm des Sd.Kfz. 222 übernommen.

Noch einmal wurde 1941 an einer Verbesserung des leichten Panzerspähwagens (4 Rad) gearbeitet, und zwar erging am 21. 7. 1941 ein Auftrag an das Waffenamt, ein Fahrgestell zu entwickeln, welches aus dem 8-Rad-„Tp“-Spähwagen hervorgehen sollte. Unter Verwendung möglichst aller Teile dieses Fahrzeuges entsprach dieser neue 4-Rad-Spähwagen außer Motor, Getriebe, Federung und gekürztem Panzerhinterteil dem 8-Rad-Typ. Der luftgekühlte 6-Zylinder-Tatra-Dieselmotor von 125 PS Leistung sollte dem 7 t schweren Fahrzeug eine Geschwindigkeit von 85 km/h verleihen. Als frontale Panzerung waren 30 mm mit Oberflächenhärtung vorgesehen, während der Rest der Panzerung SmK-sicher war. Entwicklungsfirma für das Fahrgestell war die Bussing-NAG in Berlin-Oberschöneweide, der Nachbau des Fahrgestells sollte voraussichtlich von der Firma Horch in Zwickau übernommen werden. Die Besatzung betrug vier Mann. Die Bewaffnung bestand aus einer 5 cm KwK 39/1 und einem MG 42 im Drehturm.

1000 Stück waren in Auftrag gegeben, mit einem voraussichtlichen Beginn des Massenausstoßes im Oktober 1943. Zu einer Serienproduktion kam es jedoch nicht mehr.

Schwerer Panzerspähwagen auf 8-Rad-Einheitswagen

Aufbauend auf die Erfahrungen mit den 8- bzw. 10-Rad-Fahrzeugen der Jahre 1927 bis 1930 und der HWA-Entwicklung für die Einheitsfahrzeuge der Deutschen Wehrmacht, entstand in den Jahren 1934/35 bei der Büssing-NAG in Leipzig-Wahren der Fahrgestelltyp „GS". Dieses Chassis hatte Einzelradaufhängung an längsliegenden Blattfedern und war mit Allradantrieb und Allradlenkung versehen. Der sehr kräftig ausgebildete Rahmen nahm im rückwärtigen Ende den Büssing-8-Zylinder-V-Motor vom Typ „L 8 V" auf, während zwei Lenkungen für Vor- bzw. Rückwärtsfahren dieses Spezialfahrgestell vervollständigten. Das Fahrgestellgewicht betrug 4120 kg. Ursprünglich mit 150 PS, wurde die Leistung durch Vergrößerung der Bohrung auf 180 PS erhöht und verlieh dadurch dem für ein Gesamtgewicht von 8500 kg ausgelegten Fahrzeug eine Spitzengeschwindigkeit von fast 100 km/h. Entwicklungsfirma für das Panzerfahrzeug war die Deutsche Werke AG in Kiel, während die Montage auch bei der Firma F. Schichau in Elbing erfolgte. Diese Fahrzeuge bildeten mit verschiedenen Panzeraufbauten das schwere Standardfahrzeug der Panzeraufklärungseinheiten bis Kriegsende. In den Truppengebrauch genommen wurden folgende Abarten:

a) Schwerer Panzerspähwagen (8 Rad) (Sd.Kfz. 231),
b) Schwerer Panzerspähwagen (8 Rad) (Fu) (Sd.Kfz. 232),
c) Schwerer Panzerspähwagen (7,5 cm) (Sd.Kfz. 233) (Entwicklungsfirma Büssing-NAG),
d) Panzerfunkwagen (8 Rad) (Sd.Kfz. 263).

Die Grundpanzerung aller Fahrzeuge betrug 10 bis 14,5 mm, die Stirnseiten wurden bei den meisten Fahrzeugen auf 30 mm verstärkt. Der Stückpreis pro Fahrzeug (ohne Waffe) belief sich auf RM 52 980, die durchschnittliche Fertigungszeit auf 12 Monate. Beim Sd.Kfz. 231 und 232 betrug die Besatzung vier Mann. Bewaffnung bestand aus einer 2 cm KwK 30 bzw. 38 und einem MG 34 im Drehturm. Bei den Funkfahrzeugen Sd.Kfz. 232 und 263 wurden die unförmigen Bügelantennen ab 1942 durch Stabantennen ersetzt. Sd.Kfz. 233 und 263 hatten keine Drehtürme. Während beim Fahrzeug 233 als Unterstützungsfahrzeug eine 7,5 cm Stu.K. L/24 eingebaut war, bestand die Bewaffnung beim Sd.Kfz. 263 aus nur einem MG 34, dafür hatte es fünf Mann Besatzung. Die Montage dieser Fahrzeuge erfolgte ausschließlich bei den Deutschen Werken in Kiel.

Teilweise wurden die Fahrzeuge dieser Baureihe während der Kriegsjahre mit einem zusätzlichen Pakschutz ausgerüstet, der am Fahrzeugbug angebracht wurde.

Diese Spähwagen auf 8-Rad-Einheitswagen ersetzten ab 1938 die schweren 6-Rad-Typen. Der Bau des Panzerfunkwagens Sd.Kfz. 263 wurde bereits im Januar 1942 zugunsten des m.SPW 251 zurückgestellt, während der Bau der restlichen 8-Rad-Einheitswagen im Laufe des Jahres 1942 eingestellt wurde. Die Produktion des „L-8-V"-Motors lief noch bis 1944.

Schwerer Panzerspähwagen für Tropen (8 Rad)

Während die Produktion des 8-Rad-Einheitswagens noch auf vollen Touren lief, erhielt das Waffenamt am 5. August 1940 den Auftrag für ein 8-Rad-Spähfahrzeug, welches dem Einheitswagen ähnlich, jedoch an Stelle des Rahmens eine selbsttragende Wanne erhalten sollte. Da dieses Fahrzeug vor allem in Tropengegenden Verwendung finden sollte, erging gleichzeitig an die Firma Tatra in Nesselsdorf ein Auftrag über die Entwicklung eines 12-Zylinder-luftgekühlten-Dieselmotors mit ca. 220 PS Leistung. Dieses Triebwerk sollte gegen Ende 1941 zur Auslieferung gelangen.

Entwicklungsfirma für Fahrgestell und Aufbau war die Büssing-NAG in Berlin-Oberschöneweide, während für den Turm die Firmen Daimler-Benz AG und F. Schichau in Elbing eingeschaltet wurden. Das Gesamtgewicht sollte zwischen 10,5 und 11,5 t liegen, die Panzerung sollte frontal 30 mm betragen, während der Rest des Fahrzeuges SmK-sicher sein sollte. Als Höchstgeschwindigkeit waren 85 km/h vorgesehen. Im Drehturm sollten untergebracht werden: eine 5 cm KwK 39/1 und ein MG 42. Als Besatzung waren vier Mann vorgesehen. Das erste Probefahrzeug wurde im Juli 1942 ausgeliefert. Am ersten Dieselmotor wurden Verbesserungen und Änderungen vorgenommen und vor allem wegen des Geräusches besondere Vorkehrungen getroffen. Der dritte Motor (tropenfest) sollte im Juni 1942 geliefert werden. Diese Entwicklung wurde jedoch nicht mehr fortgesetzt. Das ab Juli 1943 in Serienproduktion gehende Fahrzeug erschien in folgenden Ausführungen:

a) Schwerer Panzerspähwagen (Sd.Kfz. 234/1),
b) Schwerer Panzerspähwagen 5 cm (Sd.Kfz. 234/2),
c) Schwerer Panzerspähwagen 7,5 cm (Sd.Kfz. 234/3),
d) Schwerer Panzerspähwagen 7,5 cm (Sd.Kfz. 234/4).

Beim Sd.Kfz. 234/4 war die gesamte Oberlafette mit Rohr und Schild der 7,5-cm-Räder-Pak-40 unverändert auf einem Pivot in der Mitte des Kampfraumes aufgesetzt, dieser Einbau erfolgte auf persönlichen Befehl Adolf Hitlers.

Während das Fahrgestell und die Montage bei der Büssing-NAG in Leipzig hergestellt bzw. durchgeführt wurde, kamen die gepanzerten Aufbauten von den Deutschen Edelstahlwerken in Krefeld. Panzerstärken für Wanne und Turm betrugen vorne 30 mm, die Wanne war seitlich mit 8 mm, die Türme seitlich und hinten mit 14,5 mm gepanzert, die Heckpanzerung betrug 10 mm. Durch den Einbau des Dieselmotors und der vergrößerten Bereifung (270 20), betrug der Fahrbereich mit einer Kraftstoffüllung rund 600 km und erhöhte dadurch die Einsatzfähigkeit dieser Fahrzeuge beträchtlich. Die Panzerspähwagen der 234-Baureihe ersetzten ab 1944 die Fahrzeuge der früheren 8-Rad-Baureihe und stellten mit ihren modernen Konstruktionsmerkmalen eines der fortschrittlichsten Radpanzerfahrzeuge des 2. Weltkrieges dar.

Schwere geländegängige gepanzerte Personenkraftwagen

Um die Reihe der gepanzerten Radfahrzeuge der Deutschen Wehrmacht zu vervollständigen, müssen diese unter der Gerätebezeichnung „Sd.Kfz. 247“ laufenden Fahrzeuge noch besonders erwähnt werden. Während dazu 1936 das Fahrgestell des le. gl.Lkw (o) (Typ „L 2 H 43 und 143“) der Firma Krupp verwendet wurde, kam auch für diesen Fahrzeugtyp ab 1937 das Einheitsfahrgestell II für sPkw zur Verwendung. Entwicklungsfirma für diese Fahrzeuge war die Daimler-Benz AG, Werk Marienfelde, während die Aufbauten größtenteils von der Deutschen Edelstahl AG, Werk Hannover-Linden, bezogen wurden. Fahrzeuge dieser Art waren hauptsächlich für höhere Führungsstäbe bestimmt und kamen nur in verhältnismäßig geringen Stückzahlen zum Einsatz.

„Schildkröte"-Baureihe der Trippelwerke in Molsheim/Elsaß

Auf der Grundlage des Schwimmwagens „SG 7" der Firma Trippel, entstanden in den Jahren 1941 bis Oktober 1942 drei Prototypen eines leichten, schwimmfähigen Panzerspähwagens. Während die „Schildkröte I" mit einem MG ausgerüstet war, sollte „Schildkröte II" ein 20 mm MG 151 bzw. zwei MG erhalten. Für den dritten Prototyp „Schildkröte III" war ausschließlich der Einbau des 20 mm MG 151 vorgesehen. Ursprünglich war eine Panzerung von 7 bis 7,5 mm vorgesehen, die später auf 10 mm erhöht werden sollte. Die Fahrzeuge waren mit dem luftgekühlten Tatra-V-8 Vergasermotor ausgerüstet, bewährten sich aber nicht. Die Versuche wurden daher gegen Ende 1942 eingestellt.

Übernommene Panzerspähfahrzeuge

Von den zahlreichen, durch Übernahme von anderen Staaten erworbenen Radpanzerfahrzeugen, gelangten nur wenige in den Truppengebrauch der Deutschen Wehrmacht. Eines davon war das Fahrzeug „RR 7" der österreichischen Saurerwerke AG, welches als „mittlerer gepanzerter Beobachtungskraftwagen (Sd.Kfz. 254)" von der Wehrmacht übernommen wurde. Die Versuche mit diesem Fahrzeug gehen auf das Jahr 1930 zurück, wobei die österreichische Kraftfahrzeugindustrie in Zusammenarbeit mit dem Kriegstechnischen Amt, Geländefahrzeuge zu entwickeln begann. Damals bereits schufen die Saurerwerke den Typ „RR", einen Räderraupenzugwagen, für Straßenfahrt auf Räder, im Gelände auf Raupen. Die Umstellung von Räder auf Raupen konnte auch während langsamer Fahrt erfolgen. Dieses mit einem Saurer-6-Zylinder-Dieselmotor ausgerüstete Fahrzeug sollte als leichter Artilleriezugwagen und als Fahrgestell für leichte Kampfwagen dienen. Das „RR"-Fahrgestell, welches ursprünglich vollgummibereift war, wurde beim Typ „RR 7" mit Luftreifen versehen und nach einer Wertungsprüfung im Januar 1937 mit 15 Stück in Auftrag gegeben. Die Ereignisse des Jahres 1938 beeinflußten die Entwicklung nicht, da bereits am 21. Mai 1938 ein Auftrag an das Waffenamt erging, ein SmK-sicheres, gepanzertes Aufklärungsfahrzeug für Rad- und Kettenfahrt mit Mittelwelle und Funksprechgerät zu schaffen. Entwicklungsfirma hierfür waren die österreichischen Saurerwerke in Wien, für Fahrgestell und Aufbau, während die Daimler-Benz AG in Berlin für den Turm verantwortlich zeichnete. Die voraussichtliche Auslieferung des ersten Fahrzeuges sollte am 31. Mai 1942 erfolgen. Dieses unter der Bezeichnung „Panzerspähwagen RK (Ausführung A)" laufende Fahrzeug hatte ein Gesamtgewicht von 6,5 t, eine Panzerung von 5,5 bis 14,5 mm und war mit einem Saurer-Dieselmotor mit 100 PS ausgerüstet. Die Bewaffnung bestand aus einem MG 34 im Drehturm. Die Besatzung drei Mann. Dieses Fahrzeug gelangte nicht in den Truppengebrauch, lediglich das vorher erwähnte Sd.Kfz. 254 war in geringer Stückzahl bei der Truppe vorhanden. Eine Abart dieses Fahrzeuges war der „Instandsetzungskraftwagen" mit einer Nutzlast von 1500 kg, der auf demselben Fahrgestell lief. Ein verbesserter Prototyp unter der Bezeichnung „RK 9" stand in den Jahren 1940/41 in Erprobung. Obwohl sich die Waffen-SS für dieses Fahrzeug interessierte, kam es jedoch nicht mehr zu Serienproduktion. Ein weiteres Fahrzeug, welches nach Übernahme durch die Deutsche Wehrmacht eine gewisse Bedeutung als Radpanzer-Aufklärungsfahrzeug erlangte, war der 1940 von der Französischen Armee erbeutete Panzerspähwagen „Panhard 38". Etwa 190 dieser Fahrzeuge wurden vorgefunden, davon wurden rund 150 deutschen Panzeraufklärungseinheiten zugeteilt. Die Kennummer für dieses Fahrzeug lautete „Panzerspähwagen P 204 (f)", die Panhard-Typenbezeichnung „178". Der 4-Zylinder-Panhard-„SS"-Zweitakt-Vergasermotor von 105 PS Leistung gab dem 8,2 t schweren Fahrzeug eine Spitzengeschwindigkeit von 80 km/h. Mit vier Mann Besatzung hatte das Fahrzeug eine Hauptbewaffnung von einer 25-mm-KwK und einem MG im Drehturm. Die Panzerung betrug 7 bis 20 mm.

Rund 40 dieser Fahrzeuge wurden zu Behelfspanzerdraisinen umgebaut und sollten als Sicherungsfahrzeuge für Eisenbahnpanzerzüge und zur Durchführung von Eisenbahnerkundungen verwendet werden. Dabei war die gleichzeitige Verwendungsmöglichkeit als Straßen- bzw. Geländefahrzeug möglich. Ein Mitnehmen der Straßenräder bei Schienenfahrt war jedoch ausgeschlossen. Ein Auftrag des HWA vom November 1941 an die Gothaer Waggonfabrik und die Bergische Stahlindustrie in Remscheid schuf die Schienenausrüstung für diese Fahrzeuge.

SELBSTFAHRLAFETTEN

Die Fahrgestelle der Panzerkampfwagen I bis IV wurden in großer Zahl als Selbstfahrlafetten verwendet. Teilweise wurden die Panzerkampfwagen umgebaut, nach dem sie nicht mehr als solche frontverwendungsfähig waren, teilweise wurden die Fahrgestellserien sofort in der Fabrik als Selbstfahrlafetten ausgelegt.

Selbstfahrlafetten wurden für die verschiedensten Verwendungszwecke eingeführt. Zu unterscheiden sind solche für die Panzerjäger von den Selbstfahrlafetten für die Panzerartillerie- und die Infanteriegeschütze. Weitere Gruppen bildeten die Flak auf Panzerfahrgestellen sowie die Raketenwerfer.

Panzerjäger

Die erste schon zum Frankreichfeldzug hergestellte Selbstfahrlafette war die 4,7 cm Pak auf Fahrgestell des Panzerkampfwagens I, Ausführung B. Auch zu Beginn des Afrikafeldzuges wurde dieses Fahrzeug mit Erfolg verwendet.

Erst die sowjetischen Panzermassen zwangen dazu, die Panzerjäger beweglicher zu machen als es mit den gezogenen Geschützen möglich war. So entstanden 1942 Selbstfahrlafetten für die 7,5 cm Pak auf den Fahrgestellen des Panzerkampfwagens II und des Panzerkampfwagens 38 (t). Diese Fahrzeuge wurden „Marder“ genannt. Auch sowjetische Beutekanonen wurden auf diese Weise verwendet.

1943 entstand ein schwerer Panzerjäger auf dem Fahrgestell des Panzerkampfwagens III/IV. Dieses „Nashorn“ genannte Fahrzeug machte die ausgezeichnete 8,8 cm Pak 43/1 beweglich.

Das gleiche Geschütz wurde später versuchsweise auf leichtere Fahrgestelle gesetzt. Hierbei handelte es sich um Weiterentwicklungen des Panzerkampfwagens 38 (t) von Krupp/Steyr und Ardet/Rheinmetall.

Panzerartillerie- und Infanteriegeschütze

Das Fahrgestell des Panzerkampfwagens I wurde auch dazu verwendet, das 15 cm s.Infanteriegeschütz 33 beweglich zu machen. Es war jedoch mit diesem schweren Geschütz erheblich überlastet.

Deshalb wurde in der Folge das Fahrgestell des Panzerkampfwagens II hierfür verwendet.

Das gleiche Fahrgestell diente ab 1942 als Standardfahrzeug der Panzerartillerie für die 10,5 cm le.Feldhaubitze 18. Das Geschütz wurde auch in einem Drehturm auf dem Fahrgestell des Panzerkampfwagens IV gelagert. Dieses erwies sich jedoch als zu wertvoll für dieses Geschütz und wurde in der Folge im wesentlichen für die 15 cm s.Feldhaubitze 18 „Hummel“ verwendet. Ein weiterer Prototyp trug die 10,5 cm Kanone 18, wurde jedoch nicht eingeführt.

„Wespe“ und „Hummel“ waren die einzigen in größerer Zahl zur Truppe gelangten Selbstfahrlafetten der Panzerartillerie ab 1943.

1944 wurden Versuche zur Beweglichmachung der 10,5 cm Leichtgeschütze (rückstoßfrei) auf leichten Borgward-Fahrgestellen gemacht. Auch diese Fahrzeuge gelangten nicht in Truppengebrauch.

Panzer-Flak

Die starke alliierte Luftüberlegenheit zwang im Jahre 1944 zur Einführung von leichter Maschinen-Flak auf Panzerfahrgestellen zum unmittelbaren Nahschutz der Panzerverbände gegen Jabos.

Es entstanden zunächst auf dem Fahrgestell des Panzerkampfwagens IV Selbstfahrlafetten für die 3,7 cm Flak 43 und die 2 cm Vierlings-Flak. Diese Fahrzeuge verwendeten lediglich herabklappbare Panzerwände. Die Bedienung war nicht unter Panzerschutz. Für die gleichen Waffen wurden deshalb die verbesserten Typen „Ostwind“ und „Wirbelwind“ eingeführt, bei denen die Besatzung in einem oben offenen Drehturm besser geschützt war.

Bei Kriegsende befand sich eine größere Zahl weiterer Entwicklungen im Entwurfsstadium oder waren als Prototypen vorhanden. Dazu gehörten 3,7 cm Flak-Zwillinge auf Fahrgestellen des Panzerkampfwagens IV und V. Der fortgeschrittenste Typ war der „Kugelblitz“, bei dem die 3 cm Zwillingsflak MK 103/38 in einem vollgeschlossenen Drehturm auf dem Fahrgestell des Panzerkampfwagens IV untergebracht war.

Schließlich war auch versucht worden, die 8,8 cm Flak auf Selbstfahrlafette beweglich zu machen. Ein Prototyp auf einem Fahrgestell der „Grille"-Entwicklung, sowie ein Holzmodell auf Fahrgestell „Panther", sind bekanntgeworden.

Panzerwerfer

Der 15 cm Werfer wurde als Zehnling auf Sonderfahrgestellen untergebracht. Hierzu dienten vor allem die seit 1943 besonders auf dem Ostkriegsschauplatz als Lastkraftwagen verwendeten „Maultier"-Fahrgestelle. Motor, Führerhaus und Munitionskasten dieser Fahrzeuge wurden gepanzert. Ähnlich ausgelegt war ein Panzerwerfer auf dem „schweren Wehrmachtschlepper".

WAFFENTRÄGER

„Heuschrecke"-Serie

Im Zuge der Entwicklung von Selbstfahrlafetten für die Panzerartillerie entstanden schon 1942 Fahrzeuge mit Haubitzen in Drehtürmen. Da sie nicht die Standardgeschütze der Feldartillerie verwenden konnten, wurden diese Projekte nicht weiterverfolgt. 1943 wurde jedoch erneut versucht, diese Serie als Waffenträger nutzbar zu machen, indem die Geschütztürme ablastbar gestaltet werden sollten. Aus Materialmangel und Fertigungsschwierigkeiten wurde das Projekt fallengelassen.

„Grille"-Serie

Für die 1943 neuentwickelten Feldgeschütze (le.F.H. 43, s.F.H. 43 und 12,8 cm K 43) entstanden auch Holzmodelle und Prototypen von Waffenträgern. Krupp entwickelte die „Grille"-Serie. Rheinmetall die ähnliche „Scorpion"-Serie. Auch diese sehr fortschrittlichen Projekte konnten nicht zu Ende geführt werden.

Ardelt-Serie

Ohne Verwendung vorhandener Panzerbauelemente entstand 1943 eine unabhängige Serie von Waffenträgerentwürfen. Ein Prototyp der kleineren Serie (Größe I) wurde 1943 in Erprobung gegeben. Auch diese, besonders für die schweren Waffen und die Artillerie der Inf.Div. gedachten Fahrzeuge, konnten nicht weiter entwickelt werden.

Erklärungen zu den Typentafeln und Bildern

Skizzen: Maßstab 1 : 73. Die Skizzen sollen lediglich die Größenverhältnisse der Haupttypen zueinander und ihre charakteristischen Merkmale verdeutlichen. Sie sind in Einzelheiten nur annähernd maßstabsgerecht. Auf die Wiedergabe unwesentlichen und wechselnden Zubehörs wurde dabei verzichtet. Entwürfe und Aufrisse sind ohne Maßstab, bei ihnen sind jedoch meist Abmessungen beigegeben. Bei Prototypen ist zu beachten, daß ihr Aussehen oft gewechselt hat.

Typenbezeichnungen: Um die Typentafeln zu Vergleichen innerhalb der Klassen benutzen zu können, wurde eine einheitliche Klassifikation angewendet. Die amtlichen Bezeichnungen ergeben sich aus der Inhaltsübersicht. Bei den Leittypen sind unter „ähnlich“ solche Abarten aufgeführt, die sich nur in äußerlich nicht oder kaum wahrnehmbaren Merkmalen unterschieden haben.

Typenbeschreibungen: Für die Leittypen sind die wichtigsten Zahlenangaben unter der Typenbezeichnung aufgeführt. Eingehende Zahlenangaben befinden sich für jede Ausführung im Tabellenteil.

Um Unterschiede zu anderen Typen deutlich zu machen, werden die besonderen Merkmale beschrieben. Diese Bemerkungen sind daher lediglich auf Vorläufer oder ähnliche Typen bezogen und können nicht alle Eigenschaften beschreiben.

Obwohl es sich hierbei häufig um subjektives Ermessen handelt, wird auf eine Beurteilung der Leittypen nicht verzichtet. Sie ist vom Standpunkt des rückschauenden Beobachters zu verstehen. Werturteile sind auf gleichzeitige andere Typen der gleichen Klasse oder den damaligen Stand der Technik zu beziehen.

Auf Einzelheiten der taktischen Verwendung kann im Rahmen dieses Buches nicht eingegangen werden. Es wird nur auf die organisatorische Zugehörigkeit im großen Rahmen hingewiesen.

Die bekanntgewordenen Produktionsziffern der einzelnen Klassen sind im Tabellenteil zu finden.

Auf weitere Entwicklungen, über die keine Unterlagen mehr vorliegen, wird im Text hingewiesen.

Bilder: Von den Panzerkampfwagen werden annähernd sämtliche Ausführungen, sofern sie äußerliche Unterscheidungsmerkmale aufwiesen, im Bild gezeigt. Dies gilt auch für Prototypen. Bei allen anderen Klassen sind die wichtigsten Ausführungen im Bild gezeigt. Bilder oder Skizzen von Prototypen oder Entwürfen sind in der Regel nach den Typentafeln der Leittypen eingeordnet, die aus ihnen entstanden sind.

„Leichter Traktor", eine Tarnbezeichnung für eines der ersten Fahrzeuge, die nach dem ersten Weltkrieg zu Versuchszwecken gebaut wurden. In Größe, Formgebung und Bewaffnung schließt dieser Typ von 1926 an den „Leichten Kampfwagen" L.K. I und II des 1. Weltkrieges an.

„Großtraktor". Schwerer Versuchstyp von etwa 1929, der ebenfalls noch stark an die Kampfwagentypen des 1. Weltkrieges, insbesondere den deutschen A 7V (U), erinnert. Ende der 20er Jahre wandte sich die taktische Auffassung von solchen schweren Durchbruchswagen ab. Der kleine, leichte MG-Kampfwagen wurde bevorzugt.

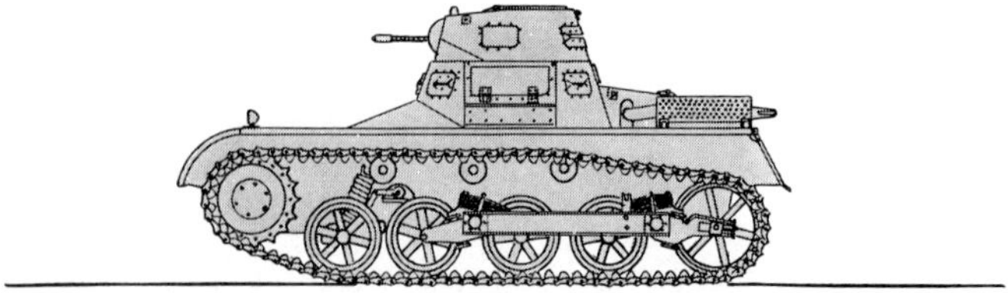

PANZERKAMPFWAGEN I mit 2 MG (Sd.Kfz. 101), Ausf. A

L.: 402 B.: 206 H.: 172 PS: 57 Gew. 5,4 Pz.: 13 Bes.: 2 km/h: 37

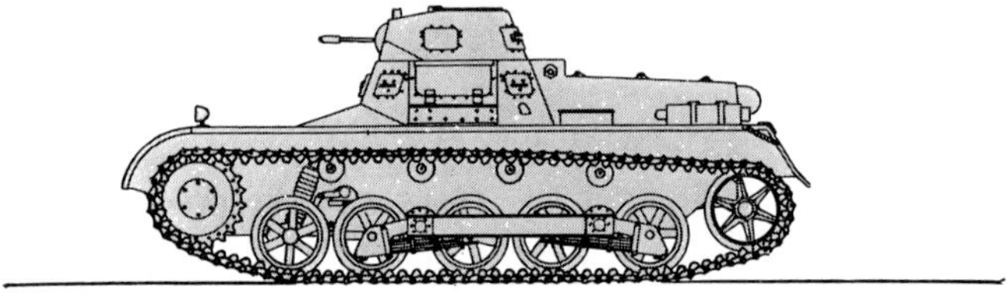

PANZERKAMPFWAGEN I mit 2 MG (Sd.Kfz. 101), Ausf. B

L.: 442 B.: 206 H.: 172 PS: 100 Gew.: 5,8 Pz.: 13 Bes.: 2 km/h: 40

Ähnlich:
Kl. Panzerbefehlswagen

Besondere Merkmale: Ausf. A mit 4 Laufrädern, Leitrad tiefliegend. Ausf. B Leitrad hochliegend. Laufräder paarweise an Blattfedern aufgehängt. Kleiner, rechts liegender Drehturm mit Zwillings-MG in Walzenblende. A luftgekühlter Boxer-Motor.

Beurteilung: A hatte zu geringes Leistungsgewicht. Leichte und bewegliche Fahrzeuge mit geringem Panzerschutz, entsprechend der Anfang der dreißiger Jahre herrschenden Auffassung.

Verwendung: 1935 bis 1940 Hauptausstattung der Panzer-Regimenter.

L. K. A. I. Prototyp von Krupp für den Pz.Kpfw. I. Das Laufwerk erinnert an schwedische Vorbilder. Der Drehturm ist mit 2 koaxialen MG bestückt.

Pz.Kpfw. I, Ausf. A. Vier Laufräder an Blattfedern und das tiefliegende Leitrad sind die charakteristischen Merkmale dieses ersten Serienfahrzeugs der Wehrmacht.

Pz.Kpfw. I, Ausf. B. Das Fahrgestell ist um eine Rolle verlängert, um den stärkeren Motor unterbringen zu können. Das Leitrad liegt hoch, 4 Stützrollen stützen den oberen Kettentrakt.

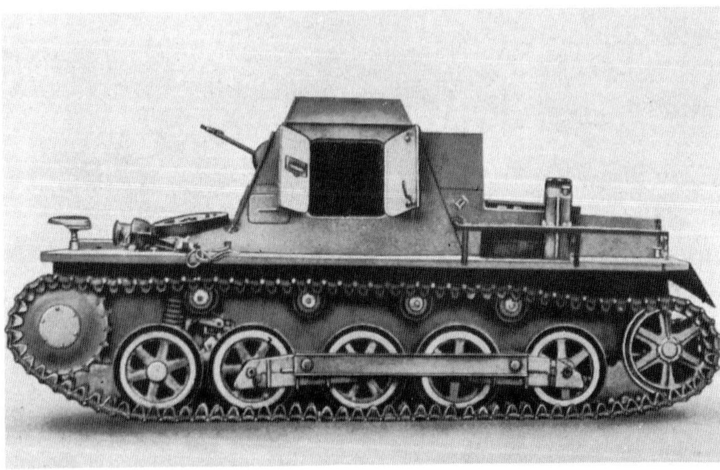

Kleiner Panzerbefehlswagen I. Ausführung B mit kastenförmigem Aufbau ohne Drehturm. MG in Kugelblende.

VK 601 (Pz.Kpfw. I [Ausf. C]). Eine späte Versuchsentwicklung auf der Basis des Pz.Kpfw. I mit Schachtellaufwerk und 2 cm KwK. Um das Fahrzeug zu hoher Straßengeschwindigkeit zu befähigen, ist die Kette geschmiert und gepolstert.

VK 1801 (Pz.Kpfw. I neuer Art, verstärkt.) Ein stark gepanzerter Prototyp eines MG-Kampfwagens zur Infanterieunterstützung. Diese Konzeption wurde nicht weiter verfolgt. Beachte die Ähnlichkeit mit den Versuchstypen der Pz.Kpfw.-II-Serie.

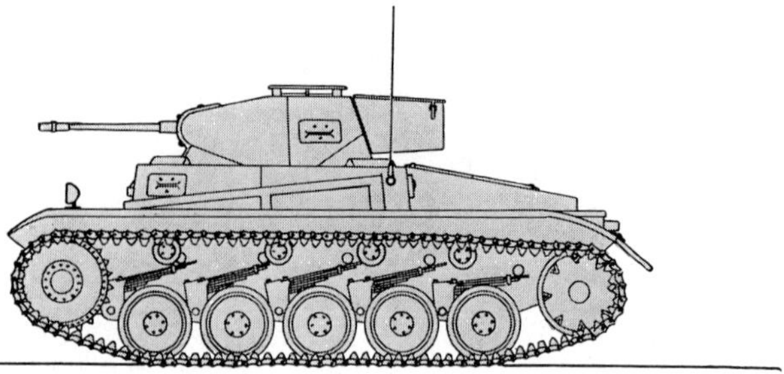

PANZERKAMPFWAGEN II Ausf. C mit 2 cm KwK.
(Sd.Kfz. 121)

L.: 481 B.: 224 H.: 198 PS.: 140 Pz.: 15 Gew.: 9,5 Bes.: 3 km/h: 40

Ähnlich:

Pz.Kpfw. II Ausf. a 1, a 2, a 3, b, c mit 2 cm KwK.
Pz.Kpfw. II Ausf. A, B, C, F—J mit 2 cm KwK.

Siehe auch:

Pz.Kpfw. II Ausf. D, E (Seite 123)
Pz.Kpfw. II Ausf. L (Seite 125)

Besondere Merkmale: A, B 6 Laufrollen an Tragbalken, alle anderen 5 Laufrollen an Blattfedern. Rechts liegender, kantiger Turm mit 2 cm KwK. und Koaxial-MG in Walzenblende. Kantiger Panzerkasten. Triebrad als Einzelscheibe ausgebildet.

Beurteilung: Leichte, robuste Fahrzeuge, die zum Kampf gegen MG-Pz.Kpfw. geeignet waren. Später nur noch als Aufklärungspanzer.

Verwendung: a bis c 1935, A 1937, als Unterstützungsfahrzeug der leichten Pz.Kpfw. I bei den Pz.Rgt. F 1941 als Aufklärungspanzer der Pz.-Rgt.

L.K.A. II. Prototyp von Krupp für ein Fahrzeug mit 2 cm KwK. Sehr ähnlich dem Prototyp L.K.A.I., jedoch größerer Turm.

Pz.Kpfw. II. Ausführungen a 1, a 2, a 3 und b. Zentral angeordneter Turm ohne Kuppel. Gewölbter Bug, 8 schmale Laufrollen, paarweise an Blattfedern und außenliegenden Tragbalken aufgehängt. Ausführung a 1 mit gegossenen, ab a 2 mit Walzstahl-Leiträdern. Ab Ausführung b mit 140-PS-Motor gegenüber vorher 130 PS ausgestattet.

Pz.Kpfw. II Ausf. c. Standardlaufwerk der II-Serie mit 5 mittelgroßen Laufrädern an Blattfedern.

Pz.Kpfw. II Ausf. A, B, C. Schräge Bugplatte. Verbesserte Kuppel. Sonst keine wesentlichen Unterschiede zu Ausführung c.

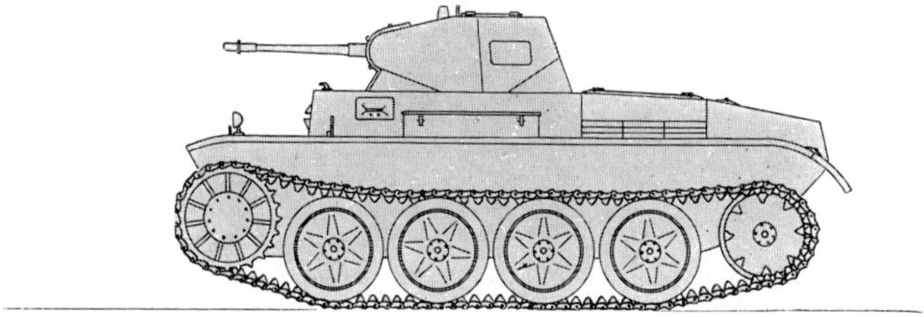

PANZERKAMPFWAGEN II Ausf. D, E mit 2 cm KwK.
(Sd.Kfz. 121)

L.: 464 B.: 224 H.: 202 PS: 140 Gew.: 10,0 Pz.: 30 Bes.: 3 km/h: 55

Ähnlich:
Pz.Kpfw. II (Flamm) Ausf. D, E (Sd.Kfz. 122)

Besondere Merkmale: 4 große Laufräder (Christie-Laufwerk) an Drehstabfedern. Sonst gleiche Ausführung wie C. Verstärkte Panzerung.

Beurteilung: Die größeren Räder verbesserten die Straßengeschwindigkeit, im Gelände wurde jedoch das Laufwerk stärker beansprucht als bei C.

Verwendung: 1938 bei Panzerabteilungen (meist verlastet auf Lkw und Tieflader) der leichten Divisionen der Kavallerie.

Pz.Kpfw. II, Ausf. D, E. Laufwerk mit 4 großen Rädern (Christie-Laufwerk) ohne Stützrollen zur Verbesserung der Geschwindigkeit. Als schnelle Kampfwagen für die Panzerabteilungen der leichten Divisionen gedacht. In der Regel waren diese Fahrzeuge zur Erhöhung der Straßengeschwindigkeit und Reichweite verlastet.

Pz.Kpfw. II, Ausf. F, G, J. Auf 35 mm verstärkte Frontpanzerung. Konisches Leitrad. Verbesserte Kuppel mit 7 Winkelspiegeln. Ab Ausführung G Gepäckkasten hinter Turm.

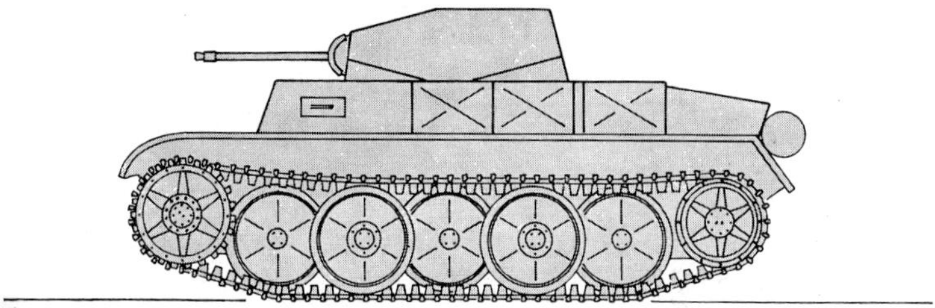

PANZERSPÄHWAGEN „LUCHS“ mit 2 cm KwK.
(früher Pz.Kpfw. II Ausf. L. Sd.Kfz. 123)

L.: 463 B.: 249 H.: 213 PS: 180 Gew.: 11,8 Pz.: 30 Bes.: 4 km/h: 60

Besondere Merkmale: Schachtellaufwerk mit 2 außen-, 3 innenliegenden, großen Laufrädern ohne Stützrollen. Hochliegende Kettenabdeckung. Kantiger Panzerkasten. Turm wie Pz.Kpfw. II. Walzenblende.

Beurteilung: Zweckmäßiger Umbau des Pz.Kpfw. II zur Verwendung als Aufkl.Pz. Schnelles Fahrzeug mit schwacher Panzerung. Formgebung veraltet.

Verwendung: Seit 1943 in geringer Zahl bei Erkunder-Zügen der PzAbt. und bei Pz.Aufkl.Abt.

VK 1601 (D) (Pz.Kpfw. II n. A. verst.) von Daimler-Benz aus dem Pz.Kpfw. II Ausf. D, E 1939 entwickelter Aufklärungspanzer mit 2 Einstiegöffnungen und starker Frontpanzerung.

VK 901 (Pz.Kpfw. II n. A.). Leichte Version des VK 1601 mit schwacher Panzerung.

VK 1301 (Pz.Kpfw. II n. A.). Version mit mittlerer Panzerung. Unmittelbarer Vorläufer des Aufklärungspanzers „LUCHS" von 1942.

Aufklärungspanzer „Luchs". Eine späte Ausführung L des Pz.Kpfw II, gedacht nur für Aufklärungszwecke. Beachte die glatten Scheiben des Schachtellaufwerks.

Aufklärungspanzer „Luchs“. Die 2 cm KwK. sitzt in der Mitte der Walzenblende.

VK 1602 (D). Vorläufer 1941 für den „LEOPARD, leicht“ mit offenem Turm für 5 cm Kwk. L/60. Spätere Ausführungen hatten den Turm des Pz.Spw. „PUMA“.

PANZERKAMPFWAGEN 35 (t) mit 3,7 cm KwK

L.: 445 B.: 214 H.: 220 PS: 120 Gew.: 10,5 Bes.: 4 km/h: 40

Besondere Merkmale: 8 kleine Laufrollen, je 4 an einer Blattfeder. Genieteter, kastenförmiger Aufbau. Front-MG in Kugelblende.

Beurteilung: Gut durchkonstruiertes Fahrzeug. Druckluftunterstützung für Betätigung von Getriebe und Lenkung ermöglicht große Tagesmärsche. Bis 1941 durchaus brauchbares Kampffahrzeug.

Verwendung: 1935 in der Tschechoslowakei eingeführt. 1939 von der deutschen Wehrmacht übernommen. Im Frankreichfeldzug wie Panzer III verwendet. Auch in der rumänischen Armee und in verbesserter Form in Ungarn in Verwendung.

PANZERKAMPFWAGEN 38 (t) mit 3,7 cm KwK

L.: 490 B.: 206 H.: 237 PS: 125 Gew.: 9,725 Bes.: 4 km/h: 42

Ähnlich:
Aufklärungspanzer 38 (t) mit 2 cm KwK 38.

Besondere Merkmale: 4 Laufrollen, paarweise an Blattfedern aufgehängt. Niedriger, kastenförmiger Aufbau mit meist senkrechten Wänden. Front-MG in Kugelblende.

Aufklärungspanzer 38 (t) mit Turm des leichten Panzerspähwagens Sd. Kfz. 222.

Beurteilung: Gut durchgebildetes Fahrzeug mit robustem und zuverlässigem Fahrgestell. Zur Zeit seiner Einführung eines der modernsten Panzerfahrzeuge und allen anderen Typen seiner Gewichtsklasse überlegen. Aufklärungspanzer 38 (t) Notlösung für die schwierigen Geländeverhältnisse im Osten.

Gleicher Typ lief in den Armeen der Schweiz, Schwedens und Perus.

Verwendung: 1938 in der Tschechoslowakei eingeführt. 1939 von der deutschen Wehrmacht übernommen und weitergebaut. Bis 1941 wie Panzer III verwendet. Aufklärungspanzer 38 (t) 1944 in geringer Stückzahl bei Aufklärungseinheiten.

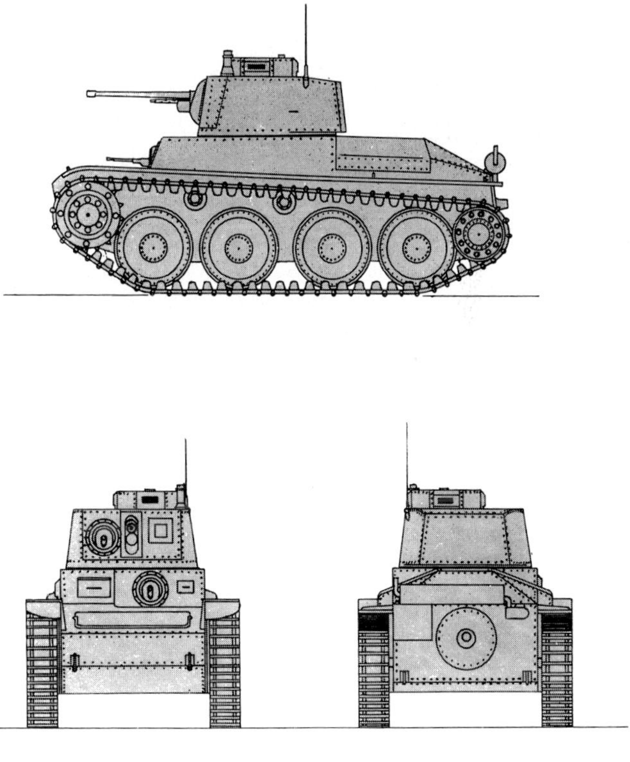

PANZERKAMPFWAGEN 38 (t)

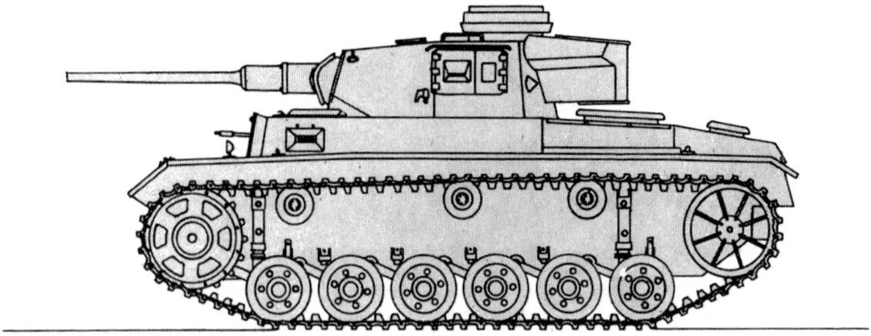

PANZERKAMPFWAGEN III mit 5 cm KwK. 39 L/60 (Sd.Kfz. 141/1) Ausf. J—L

L.: 552 B.: 295 H.: 251 PS: 300 Pz.: 50+20 Gew.: 22,3 Bes.: 5

Ähnlich:

Panzerkampfwagen III mit 3,7 cm KwK. L/45 (Sd.Kfz. 141) Ausf. A—D
Panzerkampfwagen III mit 5 cm KwK. L/42 (Sd.Kfz. 141) Ausf. E—H
Panzerkampfwagen III mit 5 cm KwK. L/60 (Sd.Kfz. 141) Ausf. M
Panzerkampfwagen III (Flamm) Sd.Kfz. 141/3
Panzerbefehlswagen III (Sd.Kfz. 266, 267, 168)
Panzerbeobachtungswagen III (Sd.Kfz. 143)
Bergepanzer III
Mun.Pz. III

Siehe auch:

Panzerkampfwagen III mit 7,5 cm KwK. L/24 (Seite 140) (Sd.Kfz. 141/2) Ausf. N.

Besondere Merkmale: Ausf. B, C, D mit 8 Laufrollen an Blattfedern. Ausf. A mit 5 mittelgroßen Laufrädern. Ab Ausf. E 6 mittelgroße Laufrollen an Torsionsstäben. A bis C 15 mm Frontpanzer, D bis G 30 mm, H 30+32 Zusatz, J bis L 50+20 mm Zusatzfrontpanzerung. A bis C 230 PS, D bis O 300 PS. A bis C 5 V 1 R, D—H 10 V 4 R halbautomatisch J—O 6 V 1 R Getriebe. Niedriger, kastenförmiger Aufbau mit senkrechten Wänden. Kantiger Drehturm mit Kuppel. Kanonen in Walzenblende ohne Mündungsbremse. Eine Sonderbaureihe war mit Schachtellaufwerk ausgestattet.
Beobachtungspanzer mit starrem Turm und Holzkanone.
Flammpanzer mit dickem Strahlrohr.

Beurteilung: Gut durchgebildetes Fahrzeug, das 1939 bis 1941 den meisten gegnerischen Typen an Feuerkraft und Beweglichkeit überlegen war.

Verwendung: 1937 eingeführt als Ersatz der Pz.Kpfw. I und II. 1940 bis 1942 Hauptausstattung der Panzerregimenter. Seit 1943 nur noch in Abarten verwendet (Flammpanzer, Beobachtungspanzer, Befehlspanzer).

„Zugführerwagen“ (Z.W.). Prototyp für den Pz.Kpfw. III, ein der späteren Ausführung E bereits sehr ähnliches Fahrzeug.

Pz.Kpfw. III, Ausf. A. Ein 18-t-Fahrzeug mit 5 mittelgroßen Laufrädern an Schraubenfedern und 2 Stützrollen. Im Turm neben der 3,7 cm KwK. 2 koaxiale MG in innenliegender Walzenblende. Der Deckel des Kommandantenturms steht über. In dem tonnenförmigen Kommandantenturm einfache Sehschlitze.

Pz.Kpfw. III/IV. Versuchsausführung mit Famo-Schachtellaufwerk. Auch dies Laufwerk befriedigte nicht, im wesentlichen weil es zu kompliziert war

Pz.Kpfw. III, Ausf. B und C. Beide Ausführungen unterscheiden sich nur durch die Abfederung des Laufwerkes. Die 8 kleinen Laufrollen hängen an Blattfedern. Auf der rechten Kettenabdeckung ist die umgelegte Stabantenne sichtbar.

Pz.Kpfw. III, Ausf. D. Die 8 Laufrollen hängen nunmehr an 3 Blattfedern Die Sehschlitze der Kommandantenkuppel haben einen verbesserten Verschluß erhalten. Am Panzerkastenoberteil ist der Schwenkarm für Fliegerbeschuß mit MG zu sehen.

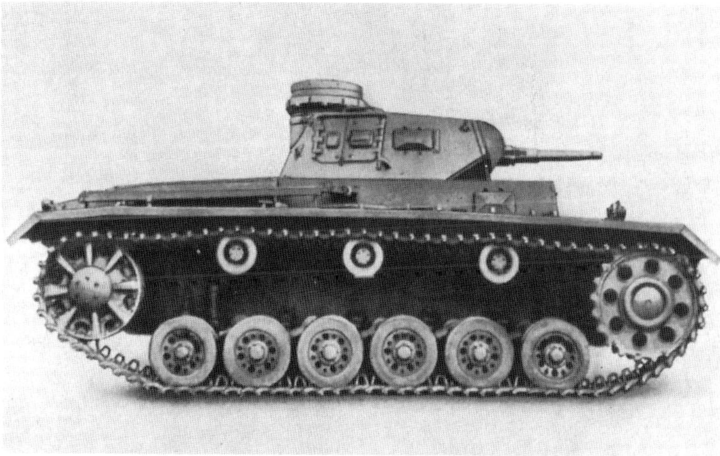

Pz.Kpfw. III, Ausf. E. Die Panzerung ist von 14,5 auf 30 mm gesteigert. Das endgültige Fahrgestell besteht aus 6 mittelgroßen Laufrollen an Torsionsstäben. Ab 1941 statt 3,7 cm KwK., die kurze 5 cm KwK. im gleichen Turm. Standardausstattung der Panzerregimenter im Ostfeldzug 1941.

Pz-Kpfw. III, Ausf. F, G. H. Etwas niedrigere Kuppel als E. Serienmäßig mit 5 cm KwK. L/42. Ab Ausführung G war die Kette um 2 cm auf 38 cm verbreitert. H erhielt oberflächengehärtete Zusatzpanzerplatten von 30 mm Stärke an Front und Heck. Die Walzenblende ist nach außen verlegt. Im Turm nur noch 1 MG.

Befehlspanzer III, Ausf. H. Zusatz-Frontplatten. Im Turm Holzgeschütz und MG in Kugelblende.

Pz.Kpfw. III, Ausf. J. Standardausstattung 1943 mit 5 cm KwK, L/60, auf 50 mm verstärkter Panzerung und auf 22,3 t gesteigertem Gewicht. Ein normales Synchrongetriebe trat wieder an die Stelle des Variorex-Getriebes.

Pz.Kpfw. III, Ausf. L. mit verstärkter Turmfrontpanzerung und 20 mm Zusatzplatten vor Turmblende und Fahrerfront.

Pz.Kpfw. III, Ausf. M. Serienmäßig mit Zusatzplatten ausgestattet. Am Turm Nebelkerzenwerfer. Sonst wie Ausführung L.

Pz.Kpfw. III (Flamm), Ausf. M. Mit 1000 l Flammöl, Flammrohr und 2 MG ausgestattet. Flammweite etwa 60 m. Fördermenge 7,8 l/s, Öldruck 15—17 atü. 1943 bei Flammpanzerkompanien an der Ostfront.

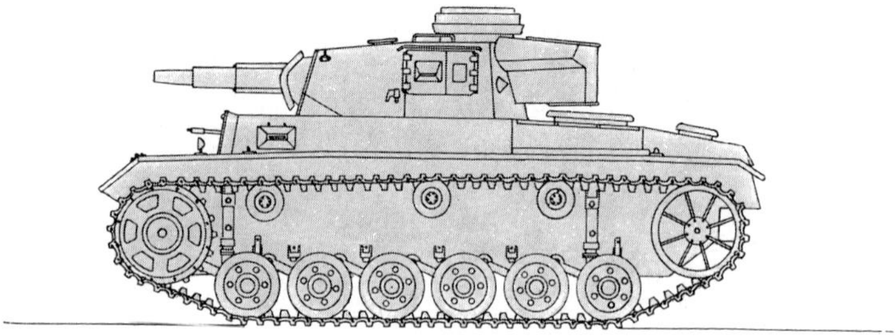

PANZERKAMPFWAGEN III Ausf. N mit 7,5 cm KwK. L/24
(Sd.Kfz. 141/2)

L.: 552 B.: 295 H.: 251 PS: 300 Gew.: 22,3 Pz.: 57+20
Bes.: 5

Besondere Merkmale: Fahrgestell der Pz.Kpfw. III. Ausf. L und anderer Ausf. mit Turm des Pz.Kpfw. IV, Ausf. A—F. Kurze KwK.

Beurteilung: Späte Neuauflage der alten Pz.Kpfw. IV. Nur als Unterstützungsfahrzeug gedacht. Kampfwert zweifelhaft.

Verwendung: 1942/43 bei Pz.Abt. der Inf.Div. (mot.).

Pz.Kpfw. III, Ausf. N mit 7,5 cm StuK. L/24 (Sd.Kfz. 141/2).

PANZERKAMPFWAGEN IV Ausf. D mit 7,5 cm KwK. L/24
(Sd.Kfz. 161)

L.: 591 B.: 286 H.: 268 PS: 300 Gew.: 20,0 Pz.: 30 Bes.: 5

Ähnlich:

Pz.Kpfw. IV Ausf. B—F 1 mit 7,5 cm KwK. L/24

Besondere Merkmale: 8 Doppellaufrollen, paarweise an Blattfedern aufgehängt. 3 Stützrollen. Leitrad mit schmalen Speichen. Aufgesetzte, tonnenartige Kommandantenkuppel. Luftgitter am Oberteil des Motorgehäuses. Kurze, stummelartige KwK. in Walzenblende. Vorspringender Fahrererker, ab B glatte Fahrerfront. Front-MG in Kugelblende für Funker. Umklappbare Stabantenne rechts.

Beurteilung: Robuster, gut durchkonstruierter, entwicklungsfähiger Typ, der lange Zeit Standardpanzer blieb und die höchste Produktionsziffer erreicht hat.

Verwendung: Seit 1937 als Unterstützungsfahrzeug (wie später der Sturmpanzer) bei schweren Kompanien der Pz.Btl.

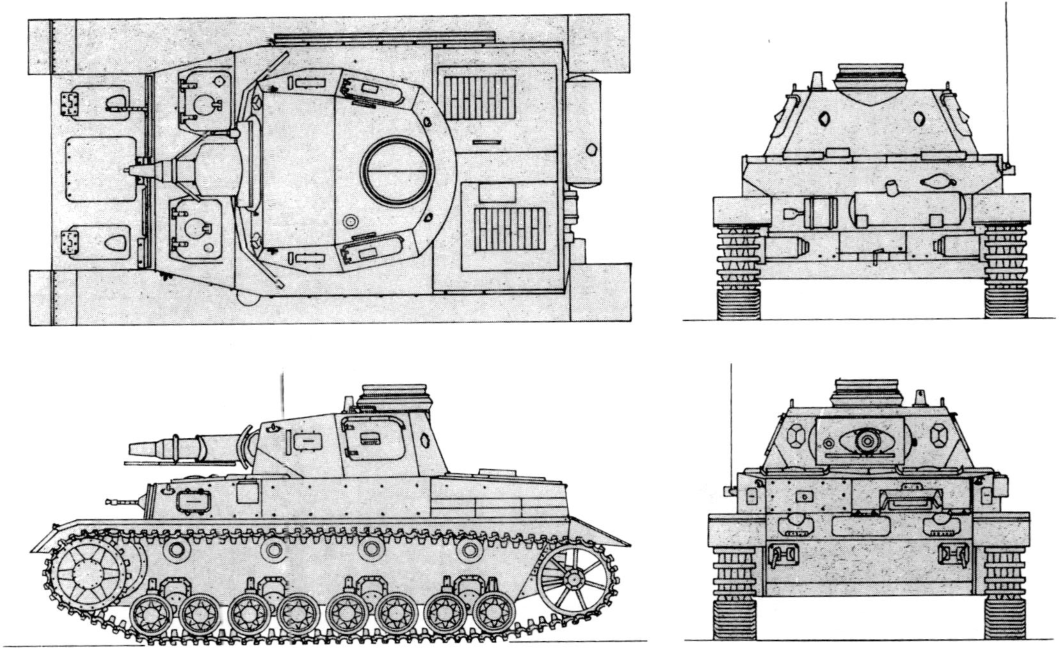

PANZERKAMPFWAGEN IV, Ausf. D

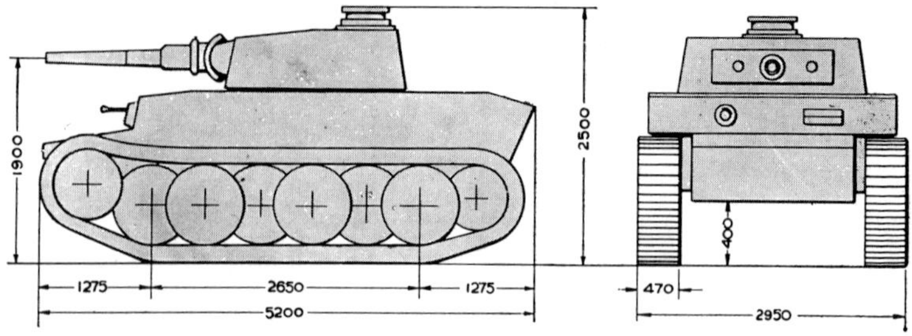

VK 2001 (K). Entwurf eines 20-t-Pz.Kpfw. von Krupp 1935. Turm und Panzerkasten zeigen schon Ähnlichkeit mit dem späteren Pz.Kpfw. IV. Das Schachtellaufwerk wurde jedoch nicht übernommen.

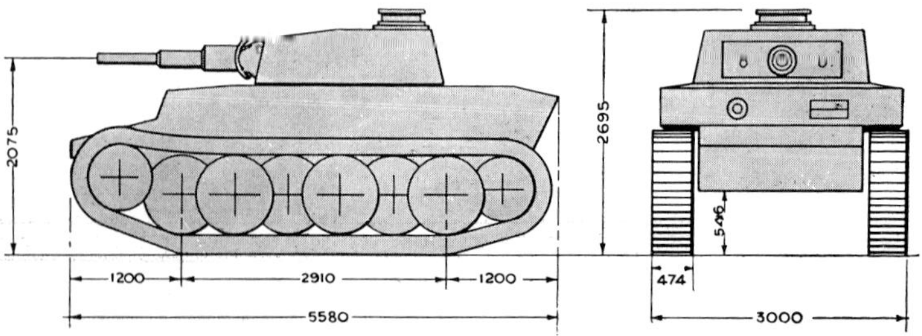

VK 2002 (MAN). Entwurf eines 20-t-Pz.Kpfw. von MAN 1935. Sehr ähnlich ausgelegt wie VK 2001 (K)

„Bataillonsführerwagen“ (B.W.). Prototyp von Rheinmetall-Borsig für den Pz.Kpfw. IV. Das Fahrgestell ist noch nach Vorbildern der 20er Jahre orientiert. Beachte die Ähnlichkeit mit „Nb.Fz.“.

Pz.Kpfw. IV, Ausf. A. Ein 18-t-Fahrzeug mit 230-PS-Motor. Das Fahrgestell dieser ersten Serienausführung blieb in der Folge unverändert.

Pz.Kpfw. IV, Ausf. B, C. Ein stärkerer Motor brachte das Leistungsgewicht von 13,3 auf 18,1 PS/t. Die Frontpanzerung ist etwas verstärkt. Verbesserte Kuppel. Durchgehende Fahrerfront ohne Bug-MG.

Pz.Kpfw. IV, Ausf. E. Zwischenlösung mit Zusatzpanzerplatten an Front und Seiten.

Pz.Kpfw. IV, Ausf. F 1. Letzte Ausführung des Baumusters mit kurzer KwK. Auf 50 mm gesteigerte Frontpanzerung aus homogenen, gehärteten Walzplatten.

PANZERKAMPFWAGEN IV mit 7,5 cm KwK L/43
Ausf. F 2 (Sd.Kfz. 161)

L.: 593 B.: 288 H.: 268 PS: 300 Gew.: 23,6 Pz.: 50+30 Bes.: 5

Ähnlich:
Pz.Kpfw. IV mit 7,5 cm KwK L/43 Ausf. G (Sd.Kfz. 161/1)

Besondere Merkmale: Fahrgestell und Wanne wie Ausf. F 1. Lange KwK in verbessertem Turm mit kugelartiger Mündungsbremse. Zum Teil Zusatzpanzerplatten an der Fahrerfront.

Beurteilung: Durch Einführung der langen Kanone wurde der Pz.Kpfw. IV vom Unterstützungsfahrzeug zum Standardpanzer, der vornehmlich zum Kampf gegen Feindpanzer geeignet war. Robuster Typ. Die stärkere Panzerung und Bewaffnung hat das Leistungsgewicht erheblich gesenkt.

Verwendung: Seit 1942 Standardausrüstung der Pz.Rgt. Ersetzt durch Ausf. H-K mit der 7,5 cm KwK L/48.

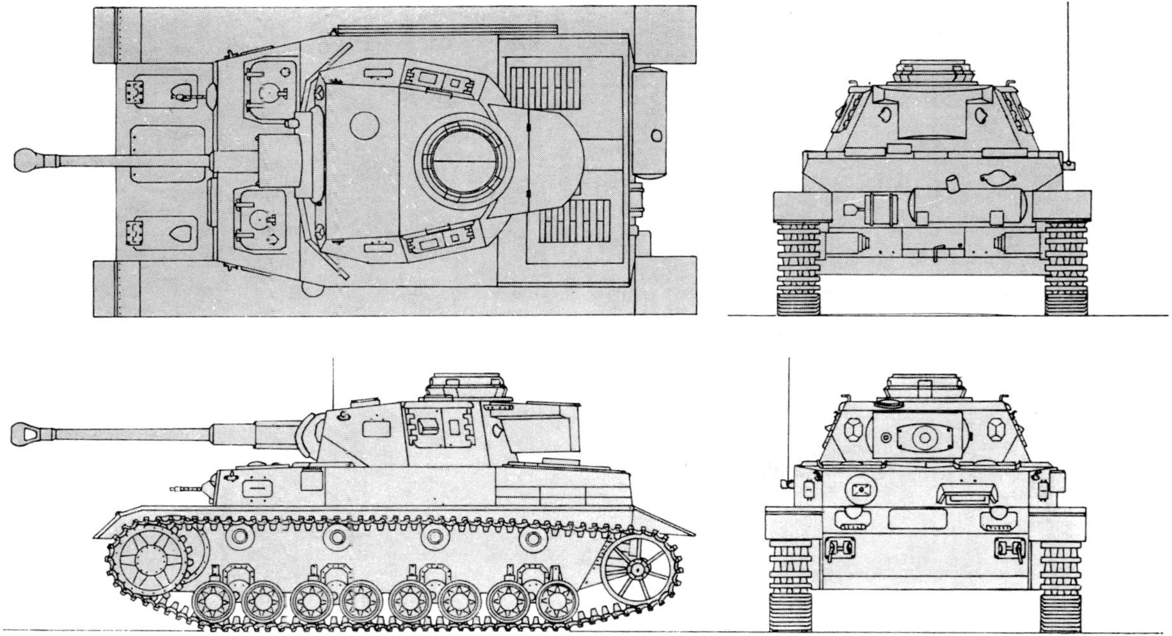

PANZERKAMPFWAGEN IV Ausf. F 2.

PANZERKAMPFWAGEN IV mit 7,5 cm KwK. L/48
Ausf. H (Sd.Kfz. 161/2)

L.: 589 B.: 329 H.: 268 PS: 300 Gew.: 25 Pz.: 80 Bes.: 5

Besondere Merkmale: Einführung der langen KwK. L/48. Kanone mit Doppelmündungsbremse. Schürzen von 5 mm Stärke für Wanne und 8 mm Stärke für Turm zum Schutz gegen Panzerbüchsen und Hohlladungen. Betonüberzug gegen Hafthohlladungen.

Beurteilung: Letzte Serienausführung des bewährten Standardtyps. Weitere Steigerung der Feuerkraft und der Standfestigkeit auf Kosten der Beweglichkeit.

Verwendung: Seit 1943 Standardausstattung der Pz.Rgt. 1945 Versuchsausführung mit Flüssigkeitsgetriebe und mit 2 × 7,5 cm rückstoßfreien Wurfgeschützen.

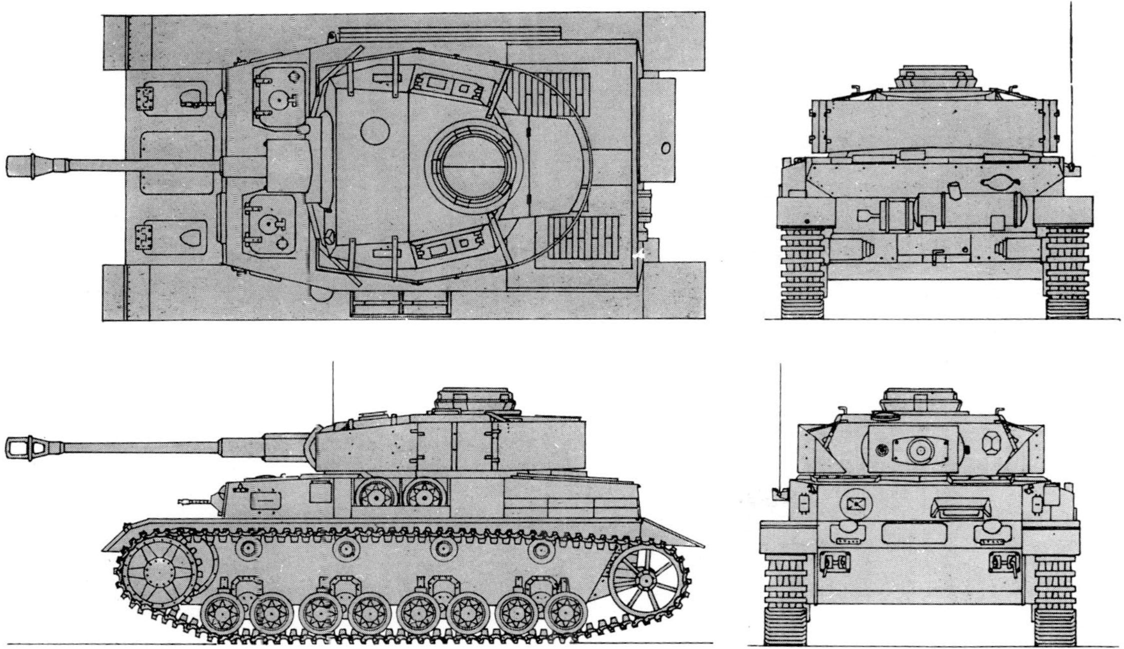

PANZERKAMPFWAGEN IV, Ausf. H.

Pz.Kpfw. IV, Ausf. J. An Stelle der Panzerschürzen ist eine Gitterschürze aufgehängt. Diese robusten Fahrzeuge waren bis Kriegsende das Rückgrat der Ostfront.

Pz.Kpfw. IV. Holzmodell mit 2 rückstoßfreien 7,5 cm Panzerwurfkanonen im hinten offenen Drehturm. Dies Projekt von 1945 kam nicht mehr zur Ausführung.

Pz.Kpfw. „Nb.Fz.“ (Früher Pz.Kpfw. V) mit koaxialen, nebeneinanderliegenden 7,5 cm und 3,7 cm KwK. im Hauptturm. Vorn rechts und hinten links kleine MG-Türme. Das Fahrgestell weist noch große Ähnlichkeit mit dem „Großtraktor“ von 1929 auf. Versuchsfahrzeug 1933.

Pz.Kpfw. „Nb.Fz.“ (Früher Pz.Kpfw. VI) mit koaxialen 10,5 cm und 3,7 cm KwK. im Hauptturm. Sehr ähnliche Anordnung wie die der damaligen britischen Vickers, „Independent“ und mehrerer sowjetischer Typen. „Nb.Fz.“ ist nur in wenigen Exemplaren hergestellt worden. Schwache Panzerung und zu große Besatzung.

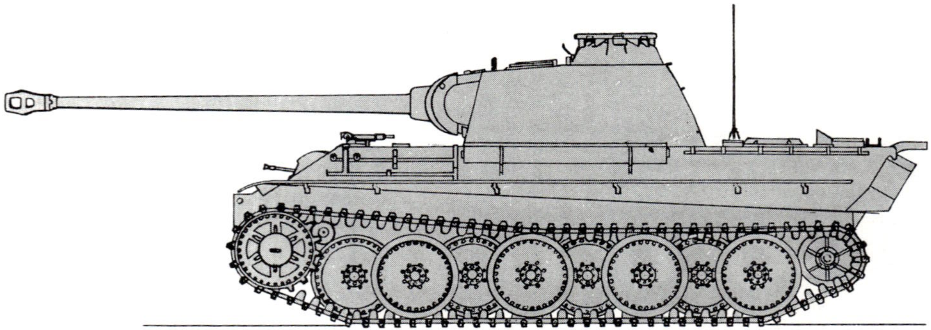

PANZERKAMPFWAGEN V „PANTHER“ mit 7,5 KwK. 42 L/70 (Sd. Kfz. 171)
Ausf. A, D

L.: 688 B.: 343 H.: 310 PS: 700 Gew.: 45,5 Pz.: 80 Bes.: 5

Ähnlich: Panzerkampfwagen V „PANTHER“ Ausf. G.
Panzerkampfwagen V „PANTHER“ Ausf. F mit 7,5 cm KwK 44/1 L/70
Befehlspanzer „PANTHER“, Beobachtungspanzer „PANTHER“.

Besondere Merkmale: Entstanden aus VK 3001 Henschel, Daimler-Benz und 3002 MAN, Schachtellaufwerk ohne Stützrollen, Bug und Seitenwände stark abgeschrägt (ähnlich T 34). Glattes Langrohrgeschütz.

Beurteilung: Günstige Formgebung, ausreichende Beweglichkeit, gute Feuerkraft der langen Kanone mit großer Mündungsgeschwindigkeit.

Verwendung: Seit 1943 in steigender Anzahl bei Panzerregimentern als Ergänzung und Ersatz des Pz.Kpfw. IV. 1945 Versuchsfahrzeuge mit Räumschaufeln und Minenräumgerät. Geplant Einbau der 8,8 KwK 43 L/71.

VK 6501 (H), auch „SW“ und Pz.Kpfw. VII bezeichnet. Prototyp eines, damals überschweren, 65-t-Pz.Kpfw. von Henschel 1938. Beachte die äußere Ähnlichkeit mit Nb.Fz. Neben der Fahrerfront MG-Turm.

VK 3001 (P) (genannt „LEOPARD“). Erster Prototyp eines Otto-elektrisch angetriebenen Panzers zum Ersatz des Pz.Kpfw. IV. Konventionelle Formgebung. Statt eines Turms trägt das Versuchsfahrzeug nur ein Gewicht.

VK 3001 (H). Entwurf des Prototyps einer Weiterentwicklung des Pz.-Kpfw. IV. Konventionelle Formgebung mit Schachtellaufwerk und kurzer KwK von 1941, die durch den T 34 erheblich in den Schatten gestellt wurde.

VK 3002 (D) von Ende 1941. Erheblich verbesserte Formgebung der Wanne beeinflußt vom sowjetischen T 34.

Pz.Kpfw. „Panther", Ausf. D. Frühe Ausführung ohne Bug-MG! KwK. L/70 mit kugelförmiger Mündungsbremse. Keine Panzerschürzen. Waagerecht gebrochener Panzerkasten-Oberteil. Tonnenförmige Kuppel mit Schlitzen ohne Winkelspiegel.

Pz.Kpfw. „Panther", Ausf. G, mit angehängten Schürzen. Ein Fahrzeug von vorbildlicher Formgebung.

Pz.Kpfw. „Panther", Ausf. G. Waagrecht gebrochene Seitenwand des Panzerkasten-Oberteils bei 60° Neigung und Verstärkung

Pz.Kpfw. „Panther“, Ausf. G. Auf dem Heck die Ventilatoröffnungen.

Pz.Kpfw. „Panther", Ausf. A. Seitenwand des Panzerkasten-Oberteils schräg gebrochen, 40 mm bei 50° Neigung. Leisten zum Anhängen von Schürzen sind erkennbar.

Pz.Kpfw. „Panther", Ausf. A. Frontansicht. Die Formgebung entspricht dem sowjetischen T 34.

Befehlspanzer „Panther“ mit UKW- und Mittelwellen-Funkgeräten.

Beobachtungspanzer „Panther“, ein Fahrzeug der Panzerartillerie ohne Drehturm mit Holzkanone und MG in Kugelblende. Im Turm Beobachtungs- und Scherenfernrohre.

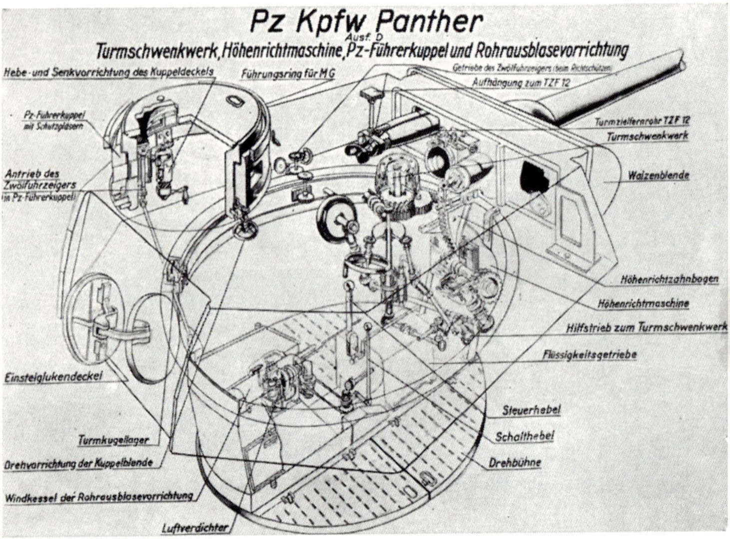
Pz Kpfw Panther
Ausf. D
Turmschwenkwerk, Höhenrichtmaschine, Pz-Führerkuppel und Rohrausblasevorrichtung
Hebe- und Senkvorrichtung des Kuppeldeckels
Führungsring für MG
Getriebe des Zwölfuhrzeigers (beim Richtschützen)
Aufhängung zum TZF 12
Pz-Führerkuppel mit Schutzgläsern
Turmzielfernrohr TZF 12
Turmschwenkwerk
Antrieb des Zwölfuhrzeigers (in Pz-Führerkuppel)
Walzenblende
Höhenrichtzahnbogen
Höhenrichtmaschine
Hilfstrieb zum Turmschwenkwerk
Flüssigkeitsgetriebe
Einsteiglukendeckel
Steuerhebel
Schalthebel
Turmkugellager
Drehbühne
Drehvorrichtung der Kuppelblende
Windkessel der Rohrausblasevorrichtung
Luftverdichter

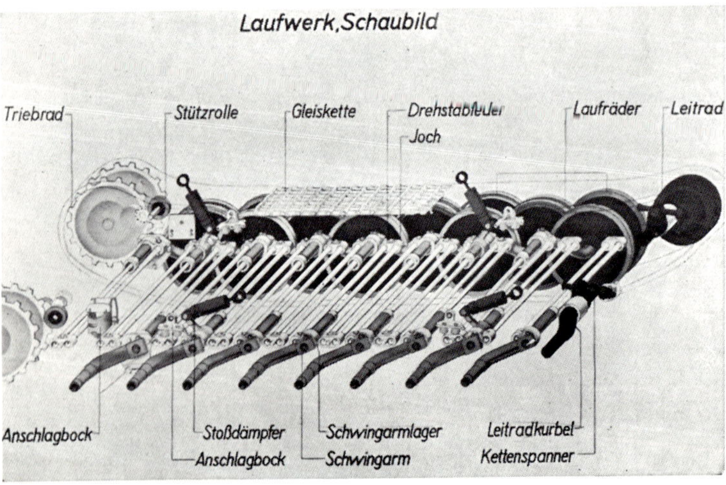
Laufwerk, Schaubild
Triebrad
Stützrolle
Gleiskette
Drehstabfeder
Joch
Laufräder
Leitrad
Anschlagbock
Stoßdämpfer
Schwingarmlager
Leitradkurbel
Anschlagbock
Schwingarm
Kettenspanner

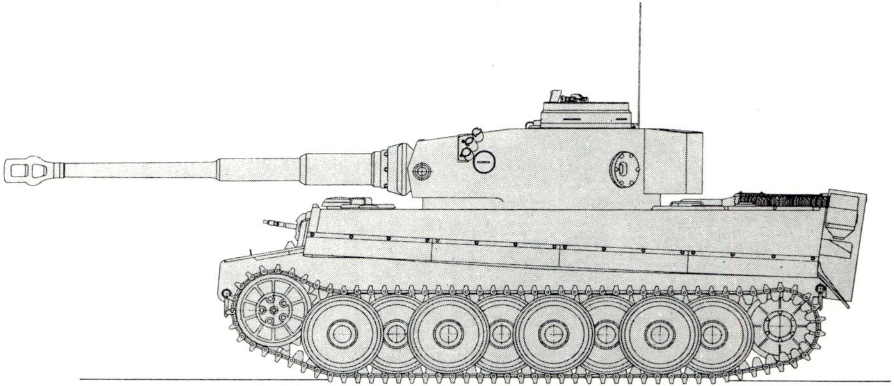

PANZERKAMPFWAGEN VI „TIGER I“ mit 8,8 cm KwK. 36 L/56 (Sd.Kfz. 181)
Ausf. E

L.: 620 B.: 373 H.: 286 PS: 700 Gew.: 55,0 Pz.: 100 Bes.: 5

Besondere Merkmale: Schachtellaufwerk ähnlich „Panther“. Senkrechte Wände, zylindrischer Turm.

Beurteilung: Stark gepanzertes Fahrzeug. Ungeschickte Formgebung. Technische Mängel beim Antrieb. Geringe Beweglichkeit. Für Bahntransport war schmälere Verladekette notwendig.

Verwendung: Seit 1943 bei selbständigen schweren Heerespanzerabteilungen, teilweise auch bei Regimentern.

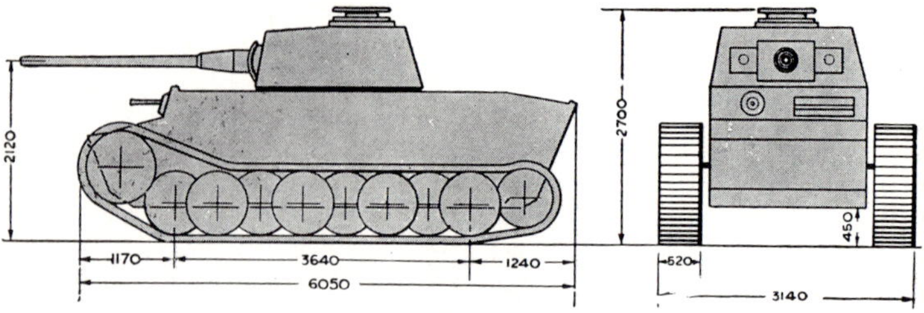

VK 3601, ein schwerer Prototyp konventioneller Formgebung und ähnlichen Aufbaues wie VK 3001. Durch die Forderung nach stärkerer Bewaffnung und besserer Formgebung überholt.

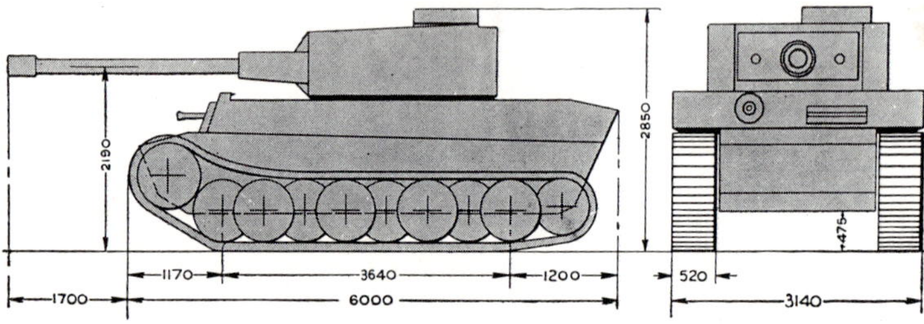

VK 4501 (H), aus Elementen der VK 3001 und 3601 eilig zusammengestellter Prototyp von Anf. 1942. Unmittelbarer Vorläufer des „Tiger I".

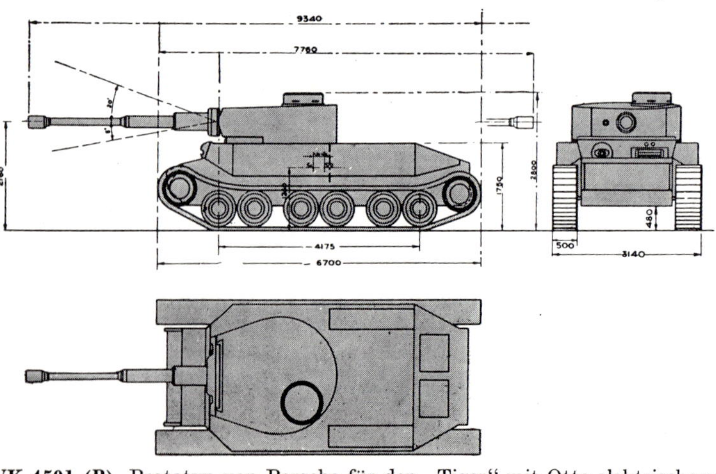

VK 4501 (P), Prototyp von Porsche für den „Tiger" mit Otto-elektrischem Antrieb. Fahrgestelle später als „Tiger (P) Elefant" mit der langen 8,8 cm KwK. eingesetzt.

 VK 4501 (P), Prototyp des „Tiger I“ (genannt „Ferdinand-Tiger“). Der Turm wurde unverändert übernommen. Beachte den seitlich stark übergreifenden Panzerkasten-Oberteil.

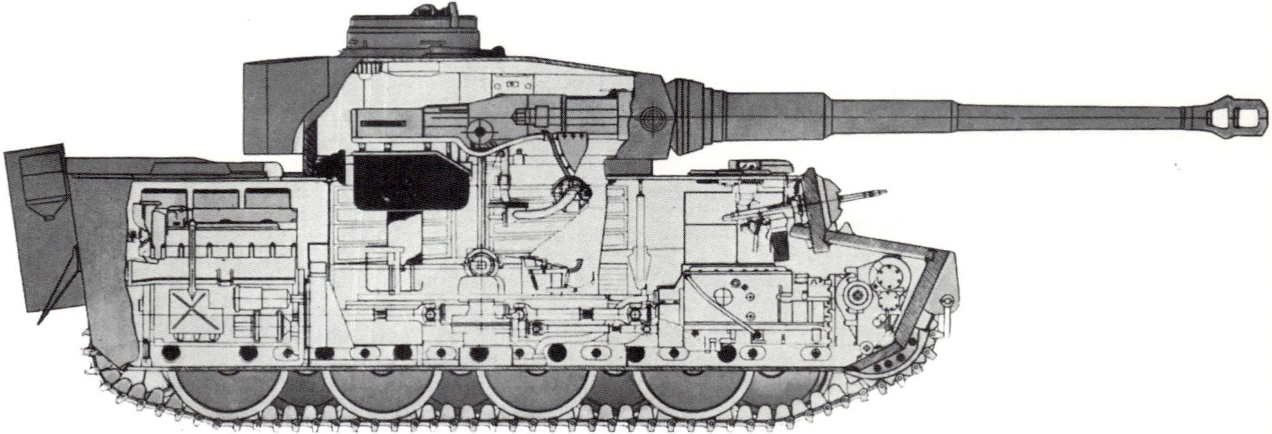

Pz.Kpfw. „Tiger I", Aufriß.

Pz.Kpfw. „Tiger I“ mit 8,8 cm KwK. L/56.

Pz.Kpfw. „Tiger I“, Ausf. E.

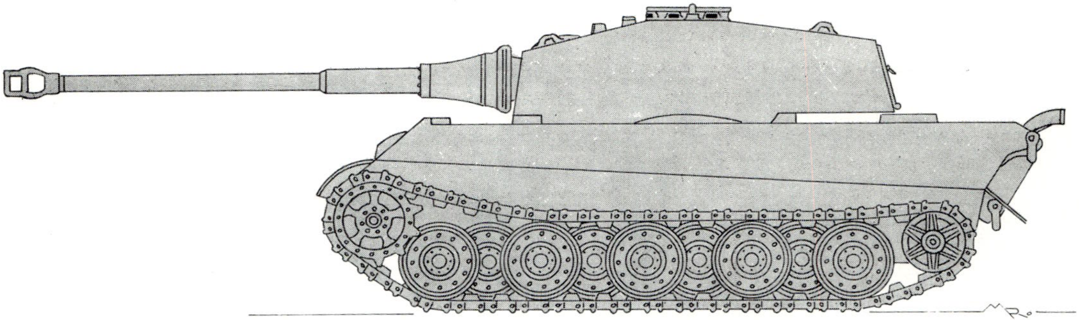

PANZERKAMPFWAGEN VI „TIGER II“ mit 8,8 cm KwK. 43 L/71 (Sd. Kfz. 182)
Ausf. B, Turm n. A.

L.: 726 B.: 375 H.: 309 PS: 700 Gew.: 69,7 Pz.: 150 Bes.: 5

Ähnlich: Pz.Kpfw. VI „Tiger II“ mit 8,8 cm KwK. 43 L/71 (Sd.Kfz. 182) Ausf. B, Turm a. A.

Besondere Merkmale: Entstanden aus der VK 4503 (H) und 4502 (P) (Porsche 180) von 1942. Formgebung ähnlich „Panther“. Fahrgestell um eine Rolle verlängert. Geräumiger langer Turm. Turm a. A. mit Walzenblende.

Beurteilung: Mängel des „Tiger I“ sind hier beseitigt. Das Leistungsgewicht ist jedoch weiter gesunken. Starke Feuerkraft.

Verwendung: Seit 1944 wie „Tiger I“. Gesamtproduktion 485.

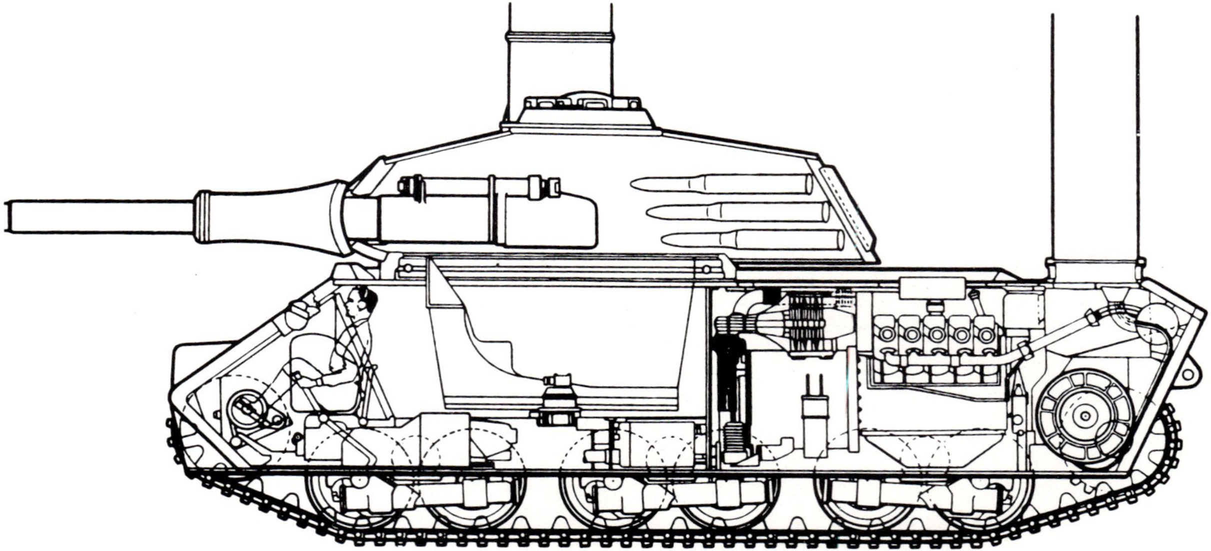

VK 4502 (P), Porsche Prototyp 1942 mit vornliegendem Turm und Wat-Anlage. Der Federstab-Rollenwagen, später auch für „Maus“ geplant, und der Otto-elektrische Antrieb sind deutlich erkennbar. Diese Turmform wurde für die ersten 50 „Tiger II“ von Henschel übernommen.

Pz.Kpfw. „Tiger II" mit Turm alter Art. Diese Türme waren für VK 4502 (P) hergestellt worden. Beachte die Laufräder aus Stahlreifen mit Gummieinlage.

Pz.Kpfw. „Tiger II“ mit Turm neuer Art. Die Turmfront ist schmäler und durch Wegfall der Walzenblende vereinfacht

VK 7001 (K) (Pz.Kpfw. ,,LÖWE‘ oder „TIGER-MAUS“). Eine Weiterentwicklung des ,,TIGER II“. Holzmodell von Krupp. Der Drehturm ist im Heck angeordnet.

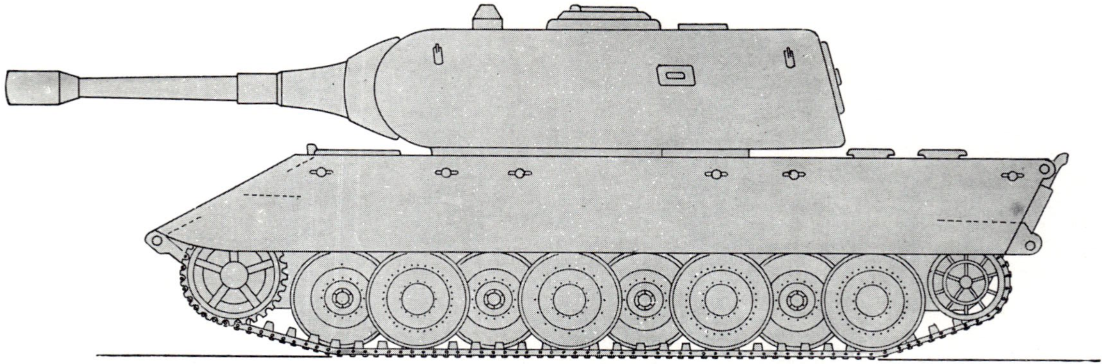

PANZERKAMPFWAGEN E. 100 mit 15 cm KwK. 44 L/38 und koaxialer 7,5 cm KwK. 44 L/36,5 (Prototyp)

L.: 869 B.: 448 H.: 332 PS: 1200 Gew.: 140 Pz.: 200 Bes.: 6 km/h: 40

Besondere Merkmale: 8 überlappende Laufräder. Stahlreifen mit Gummieinlage. Triebrad vorn. Halb übergreifender Panzerkastenoberteil. Schräger Bug und Fahrerfront. Überhängendes Heck. Turm wie „Maus". Zusammenbau von Wanne und Turm ist nicht gelungen. Letztes Baumuster der „Tiger"-Reihe.

Beurteilung: Stark gepanzertes und bewaffnetes Fahrzeug, nicht mehr voll erprobt. Taktische Verwendbarkeit sehr zweifelhaft.

Verwendung: Prototyp 1944 in Erprobung. Weitere Entwicklung ist eingestellt worden.

Pz.Kpfw. E. 100, Prototyp. Fahrgestell und Wanne im Stadium des Zusammenbaues bei Kriegsende. Beachte den großen Durchmesser des Turmdrehkranzes und den verhältnismäßig kleinen Motorraum.

Fahrgestell und Panzerwanne des Panzerkampfwagens **E. 100** (Prototyp). Das obere Bild zeigt die starke Frontplatte und den übergreifenden Panzerkastenoberteil. Die 6 Halterungen dienen zur Befestigung der gewölbten Kettenabdeckung, die zugleich als Panzerschürze diente. Sie konnte mittels eines am Turm befestigten Kranes abgenommen werden, um die Fahrzeugbreite auf das Eisenbahn-Verlademaß zu bringen. Das Laufwerk ist kein eigentliches „Schachtellaufwerk" mehr, sondern nur noch überlappend angeordnet (Schrittanordnung).

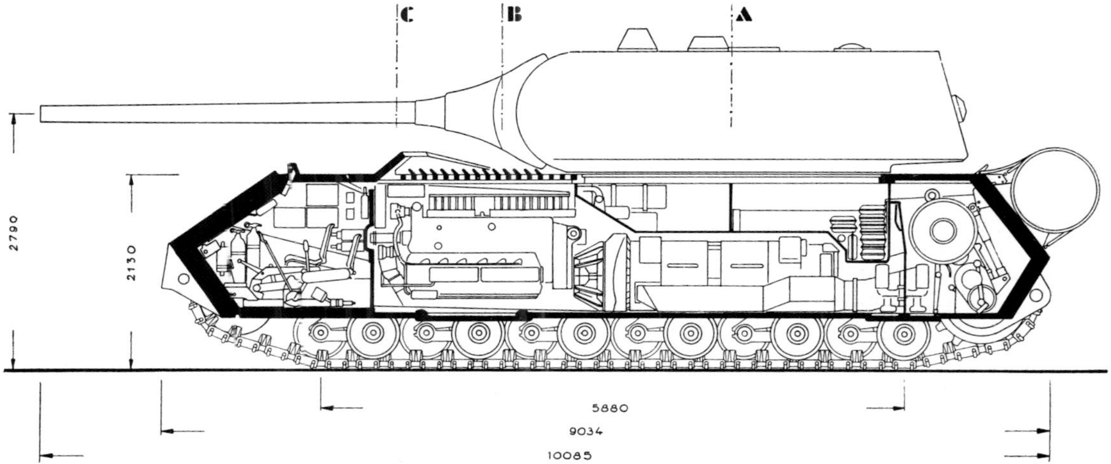

PANZERKAMPFWAGEN „MAUS“ mit 15 cm KwK. 44 L/38 und koaxialer 7,5 cm KwK. 44 L/36,5 (Prototyp)

L.: 903 B.: 366 H.: 366 PS: 1200 Gew.: 188 Pz.: 200 Bes.: 6 km/h: 20

Besondere Merkmale: Laufwerk mit 6 Rollenwagen mit Spiralfedern an Querträgern zwischen Wanne und Schürze aufgehängt. Senkrechte Seitenwände, Front und Heck abgeschrägt. Diesel- oder Otto-elektrischer Antrieb. Triebräder hinten. Tauchfähig. 50-t-Turm mit abgeschrägten Wänden und Walzenblende im hinteren Fahrzeugteil.

Beurteilung: Technisch interessantes, taktisch unsinniges Monstrum. Fahrbarer Bunker.

Verwendung: 1944 zwei Prototypen in Erprobung.

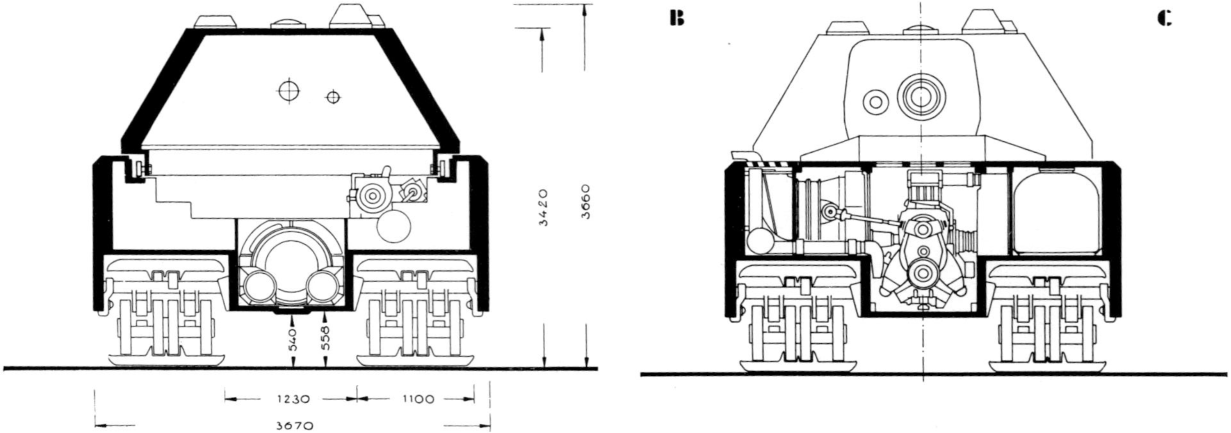

Pz.Kpfw. „Maus“. Links Schnitt in der Ebene A, rechts in den Ebenen B und C.

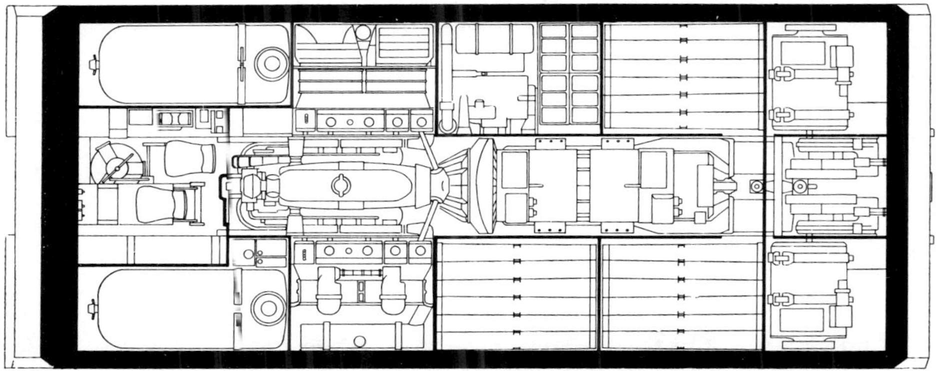

Pz.Kpfw. „Maus", horizontaler Längsschnitt. Vorne (links) das Abteil für Fahrer und Funker, dahinter in der Wanne der Motor, der Generator und die Seitenvorgelege. Über dem Laufwerk sind die Betriebstofftanks, Munition und die Elektromotore angeordnet.

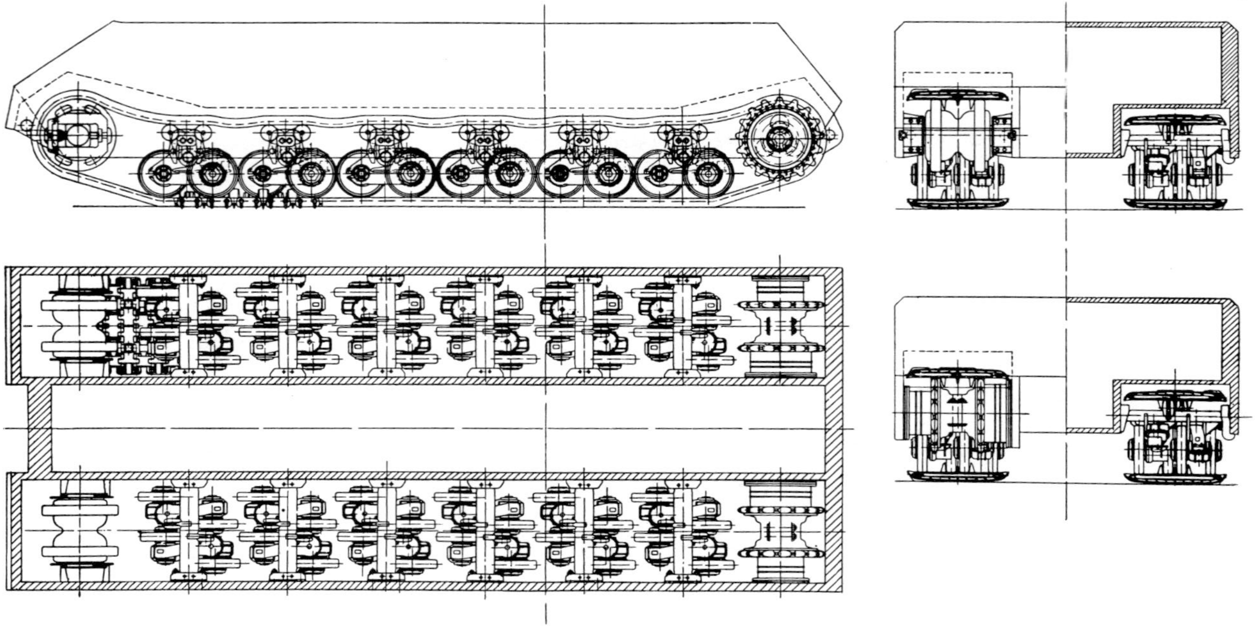

Pz.Kpfw. „Maus“. Schematische Darstellung der Anordnung des Laufwerks. Beachte die durchgehenden Träger für die Rollenwagen und die schraubengefederten Schwingarme.

Pz.Kpfw. „Maus“. Prototyp Porsche 205 mit Gewichten an Stelle des Drehturms. Beachte die breiten Ketten und die senkrechten Seitenwände.

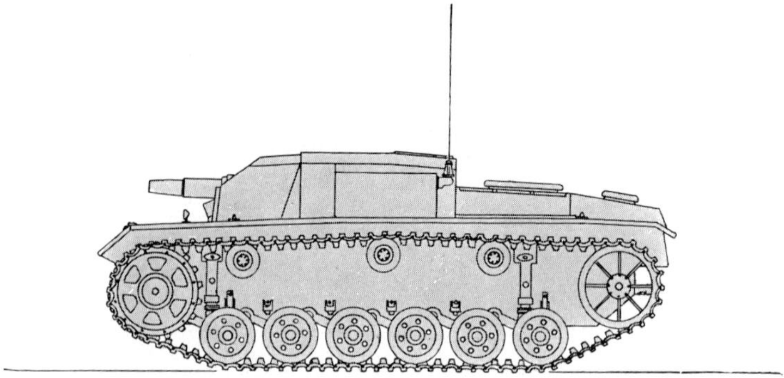

STURMGESCHÜTZ III mit 7,5 cm StuK. L/24 (Sd.Kfz. 142)

L.: 549 B.: 295 H.: 194 PS: 300 Gew.: 22 Pz.: 50 Bes.: 4

Ähnlich
Sturmgeschütz III mit 10,5 cm StuH. 42 L/28,3 (Sd.Kfz. 142/2)

Besondere Merkmale: Fahrgestell des Pz.Kpfw. III ohne Drehturm. In Fahrerfront eingelassene kurze KwK., später Haubitze. Winkliger Aufbau. Flache Sehkuppel.

Beurteilung: Verhältnismäßig stark gepanzert und sehr niedrig. Erste Form des turmlosen Panzers für Zwecke der unmittelbaren Infanterieunterstützung. Sehr bewährt. Zur Panzerbekämpfung wurde bald eine längere KwK. benötigt.

Verwendung: Als artilleristische Waffe seit 1940 bei Sturmgeschütz-Abt. der Artillerie.

Sturmgeschütz III mit 10,5 cm StuH.

Sturmgeschütz III mit 7,5 cm StuK. L/24, Ausführung 1940, erste Form des turmlosen Sturmpanzers zur Infanterieunterstützung.

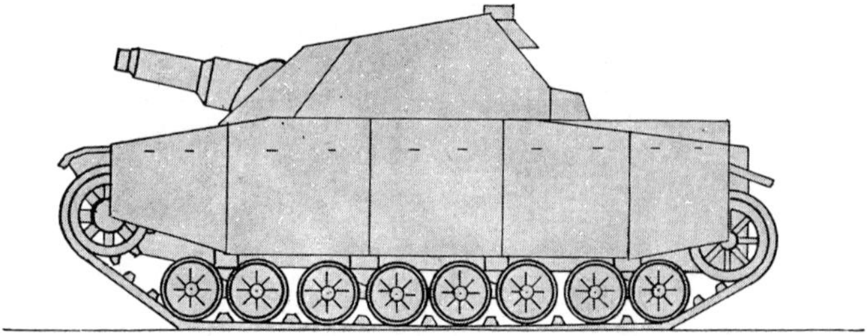

STURMPANZER IV „BRUMMBÄR“ mit 15 cm StuH. 43 L/12
(Sd.Kfz. 166)

L.: 589 B.: 310 H.: 249 PS: 300 Gew.: 28,2 Pz.: 100 Bes.: 5

Besondere Merkmale: Fahrgestell des Panzerkampfwagen IV. Geräumiger, turmartiger Aufbau. Kurzes Geschütz in Kugelblende. Seitl. Schürzen. Vorläufer Sturm-IG 33 mit Fahrgestell Pz.Kpfw. III nur in geringer Stückzahl gebaut.

Beurteilung: Überlastetes Fahrgestell. Verbesserte Selbstfahrlafette zur unmittelbaren Infanterieunterstützung. Stark gekrümmte Flugbahn.

Verwendung: Seit 1944 bei s. I. G.-Kompanien der Panzergrenadierregimenter und bei Panzerartillerieabteilungen (gp) sowie bei Heerespanzerabteilungen.

Sturmpanzer IV mit 15 cm StuH. L/12.

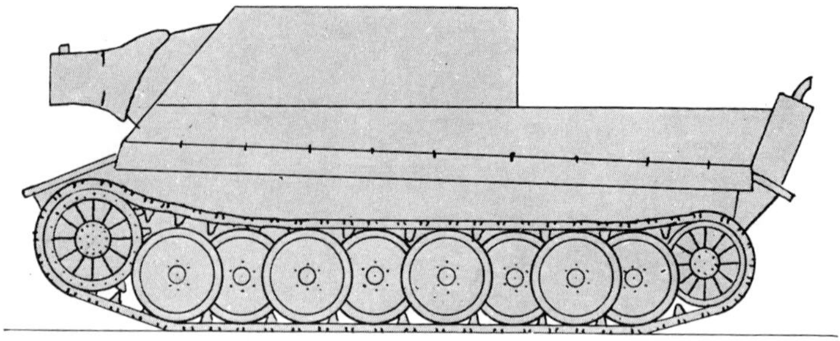

STURMPANZER VI mit 38 cm Mörser R.W. 61 „STURMTIGER“

L.: 631 B.: 373 H.: 246 PS: 700 Gew.: 68

Besondere Merkmale: Aufbau ähnlich „Jagdtiger“. Vorderlader.

Beurteilung: Schwer bewegliches, stark gepanzertes Fahrzeug für Spezialaufgaben (Bekämpfung von Einzelzielen auf nahe Entfernung im Steilfeuer).

Verwendung: Nur in wenigen Exemplaren ab 1944 an Heerestruppe.

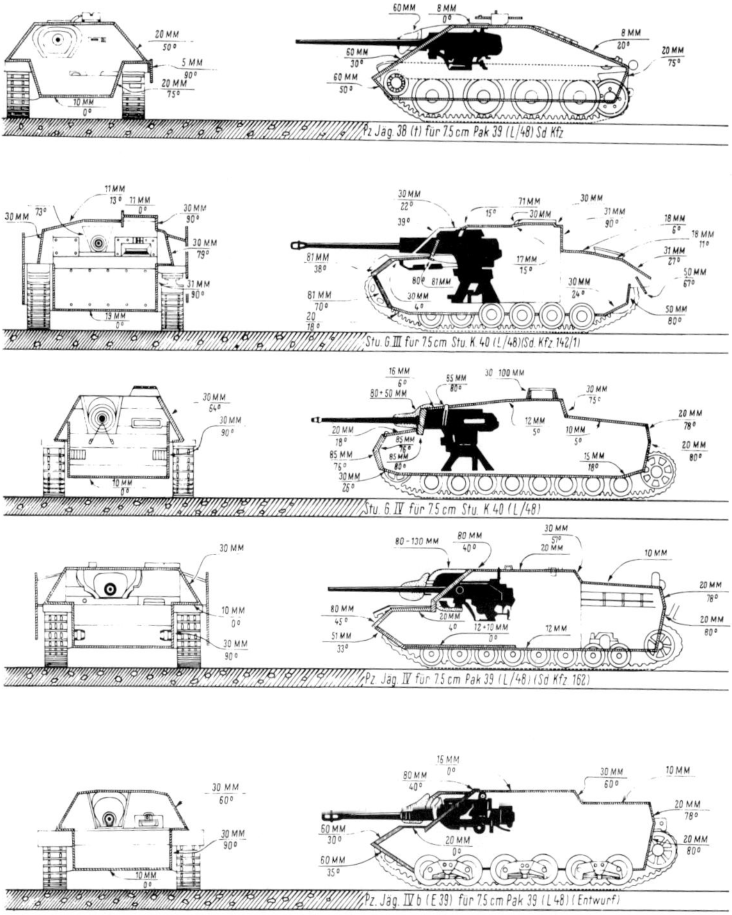

Übersicht über die Panzerstärken und die Lagerung der Kanone bei den Jagdpanzern mit 7,5 cm Waffe L/48.

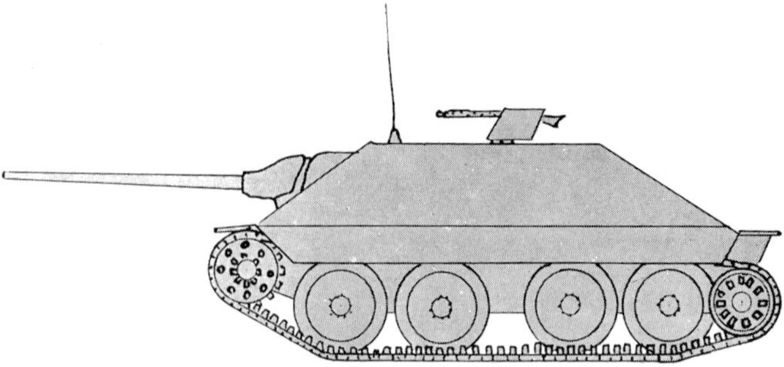

JAGDPANZER 38 „HETZER“ mit 7,5 cm Pak 39 L/48

L.: 487   B.: 263   H.: 210   PS: 150   Gew.: 16   Pz.: 60   Bes.: 4

Ähnlich:
Flammpanzer 38

Besondere Merkmale: 4 große Laufrollen. Niedriger Aufbau mit allseitig abgeschrägten Flächen. Geschütz in Kugelblende, den Bug stark überragend.

Beurteilung: Zweckmäßige Verwendung des Fahrgestells des Panzers 38 (Skoda). Ausreichende Feuerkraft. Schutzschild-MG zur Nahverteidigung. Weiterentwicklung 38 (d) mit 7,5 cm KwK. 42 L/70.

Verwendung: Seit 1944 bei Panzerjägerabteilungen der Infanteriedivisionen. Seit 1945 bei Panzerjäger-Kp. der Schweizer Schnellen Brigaden unter der Bezeichnung G 13.

JAGDPANZER 38 „HETZER“

Flammpanzer 38 (t) Strahlrohrhülse abgenommen.

Panzerjäger G 13. Schweiz.

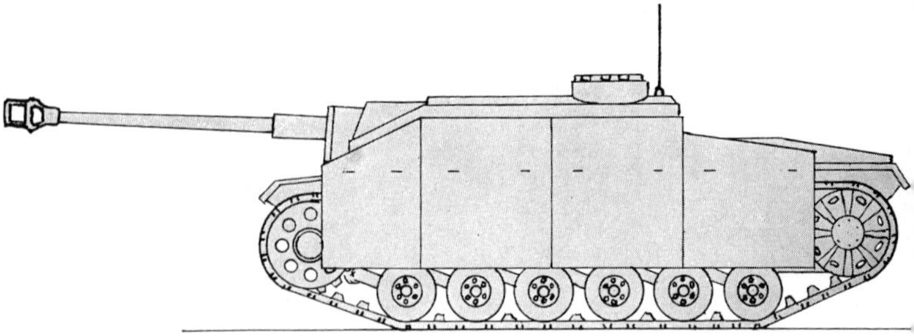

STURMGESCHÜTZ III mit 7,5 cm StuK. 40 L/48 (Sd.Kfz. 142/1)

L.: 548 B.: 292 H.: 230 PS.: 300 Gew.: 24 Pz.: 81 Bes.: 4

Ähnlich:
Sturmgeschütz III mit 7,5 cm KwK L/33 (Sd.Kfz. 142)
Sturmgeschütz III mit 7,5 cm StuK. 40 L/43 (Sd.Kfz. 142/1)
Sturmgeschütz III mit 10,5 cm StuH. 42 L/28,3 (Sd.Kfz. 142/2) (s. S. 182)

Besondere Merkmale: Fahrgestell des Panzerkampfwagens III. Seit 1943 mit seitlichen Schürzen über dem Laufwerk. Niedriger, winkeliger Aufbau. Flache Sehkuppel.
Beurteilung: Hervorgegangen aus dem Sturmgeschütz III mit kurzer Kanone, das 1939 zur unmittelbaren Infanterieunterstützung eingeführt worden war. Erste Form des Jagdpanzers. Sehr niedrig und beweglich.
Verwendung: Seit 1943 bei Sturmgeschützbrigaden der Artillerie und bei Panzerabteilungen. Teilweise auch bei Panzerjägerabteilungen der Infanteriedivisionen.

Sturmgeschütz III, Ausf. G mit 7,5 cm StuK. L/48, Schürzen abgehängt.

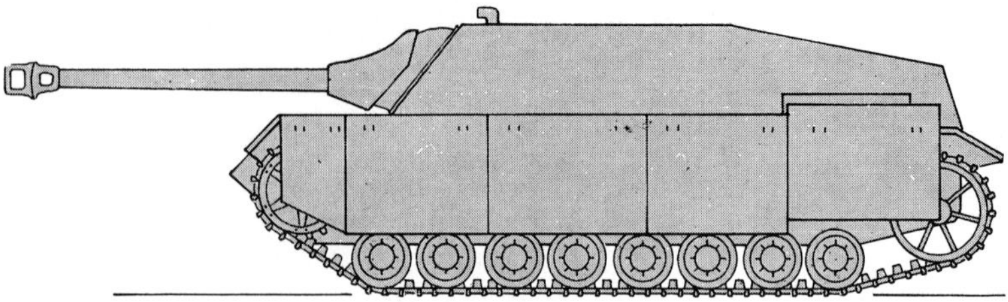

JAGDPANZER IV mit 7,5 cm Pak 39 L/48 (Sd.Kfz. 162)
(Panzerjäger 39)

L.: 602 B.: 318 H.: 186 PS: 300 Gew.: 24 Pz.: 80 Bes.: 4

Ähnlich:

Jagdpanzer IV mit 7,5 cm StuK. 40 L/48 (Sd.Kfz. 163) (Sturmg. IV)
Jagdpanzer IV mit 7,5 cm KwK. 42 L/70 (Sd.Kfz. 162) (Pz. IV lang)
Jagdpanzer IV mit 7,5 cm StuK. 42 L/70 (Sd.Kfz. 162/1)

Besondere Merkmale: Fahrzeuge mit L/48 Kanonen, sehr niedriger Aufbau mit allseitig abgeschrägten Flächen. Einige Fahrzeuge mit L/70 („Panther"-) Kanone, eckiger, ziemlich hoher, kastenförmiger Aufbau, ähnlich „Jagdpanther". Fahrzeug mit StuK. 40 gleicher Aufbau wie Sturmgeschütz III.

Beurteilung: Etwas buglastige Fahrzeuge von gleicher Beweglichkeit wie Pz.Kpfw. IV, jedoch stärkere Panzerung und Bewaffnung. Gute Formgebung. Fahrzeuge mit „Panther"-Kanone Behelfslösung, stark buglastig.

Verwendung: L/48 Fahrzeuge seit Ende 1943 bei Panzerjäger-Abt. der Panzerdivisionen. L/70 Fahrzeuge nur in wenigen Exemplaren gegen Kriegsende eingeführt.

Jagdpanzer IV mit 7,5 cm Pak L/48 mit Schürzen und Betonüberzug.

Jagdpanzer IV mit 7,5 cm KwK. L/70, Bug und Wanne wie Pz.Kpfw. IV. (Prototyp).

Jagdpanzer IV mit 7,5 cm Stuk. L/70. Aufbau wie Fahrzeuge mit 7,5 cm Pak L/48. Beachte die vorgezogene, starke Bugpanzerung.

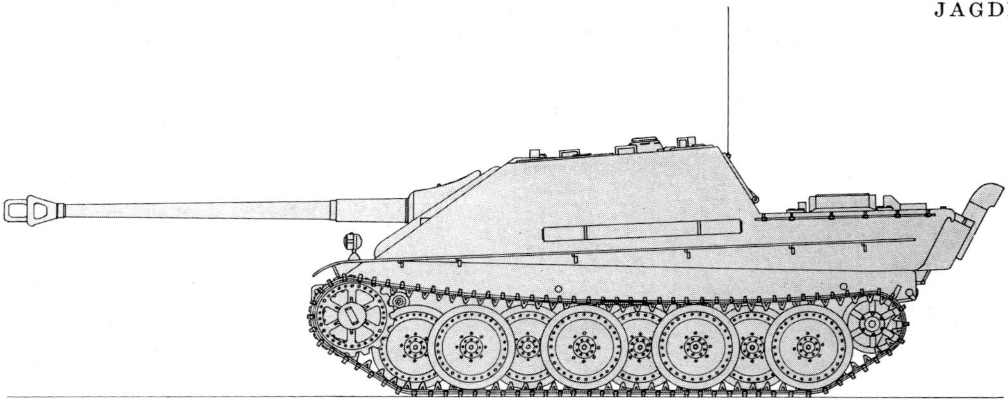

JAGDPANZER V „JAGDPANTHER“ mit 8,8 cm Pak 43/3 L/71 (Sd.Kfz. 173s)

L.: 687 B.: 328 H.: 272 PS: 700 Gew.: 45,5 Pz.: 80 Bes.: 5

Besondere Merkmale: Gleiches Fahrgestell wie „Panther“. Geräumiger, turmartiger Aufbau mit allseitig abgeschrägten Flächen. Langrohrgeschütz in Kugelblende, den Bug stark überragend.

Beurteilung: Hervorragende Feuerkraft und ideale Formgebung bei voll ausreichender Beweglichkeit. Bester deutscher Jagdpanzer.

Verwendung: Seit 1944 bei schweren Heeres-Panzerjägerabteilungen.

Jagdpanther mit 8,8 cm Pak L/71.

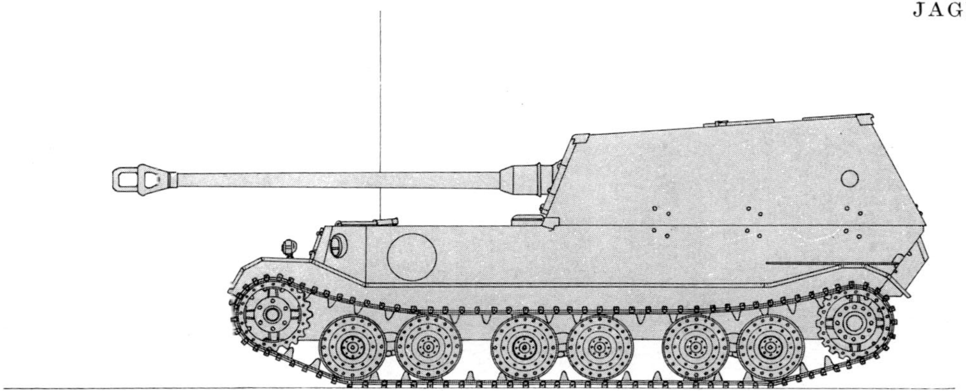

JAGDPANZER TIGER (P) „ELEFANT“ mit 8,8 cm Pak 43/2 L/71 (Sd.Kfz. 184s)
Früher: „Ferdinand“

L.: 680 B.: 343 H.: 297 PS: 640 Gew.: 68 Pz.: 200 Bes.: 6

Besondere Merkmale: Fahrgestell des VK 4501 (P) (Porsche 101) der „Tiger“-Entwicklung. Antrieb hinten. Antriebs- und Leitrad gezahnt. Hoher, kastenartiger Aufbau im Heck mit stark hervortretender Kanone in Kugelblende. Antrieb durch zwei Maybach „HL 120“ über Elektromotoren.

Beurteilung: Stark gepanzertes Fahrzeug von geringer Beweglichkeit. Kanone wie „Jagdpanther“ und „Tiger II“. Sonderkonstruktion von Porsche. Transport- und Ersatzteilschwierigkeiten.

Verwendung: Seit 1943 bei schweren Heeres-Panzerjägerabteilungen. Übergangslösung. Ersatz durch „Jagdpanther“.

Jagdpanzer „Elefant" mit 8,8 cm Pak L/71.

Seitenansicht des „Elefant".

Jagdpanzer „Elefant“

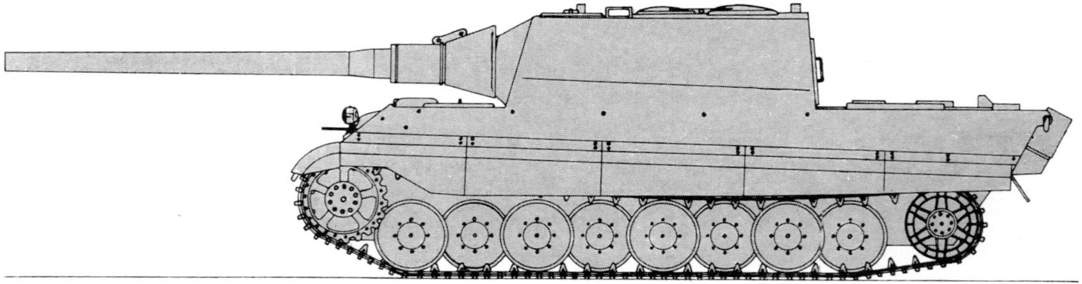

JAGDPANZER „JAGDTIGER“ mit 12,8 cm Pak 44 L/55 (Sd.Kfz. 186s)
(Pz.Jg. „Tiger“, Ausf. A, Porsche)

L.: 780 B.: 353 H.: 292 PS: 700 Gew.: 69,9 Bes.: 6

Besondere Merkmale: Gleiches Fahrgestell wie „Tiger II“. Ähnlicher Aufbau wie „Jagdpanther“, jedoch höher. Lange Kanone ohne Mündungsbremse (vorm. Flak). Patronenmunition. Ausf. von Porsche mit 8 paarweise aufgeh. Doppellaufrollen.

Beurteilung: Stark gepanzert und bewaffnet. Zu geringe Beweglichkeit.

Verwendung: In wenigen Exemplaren seit 1944 bei schweren Heeres-Panzerjägerabteilungen.

„Jagdtiger“

Seitenansicht des „Jagdtiger“

„Jagdtiger" Prototyp mit Porsche-Laufwerk. Die 8 überlappenden, schmalen Stahlräder sind paarweise am Federstab-Rollenwagen aufgehängt. Dadurch wird das Laufwerk vereinfacht und Raum gespart.

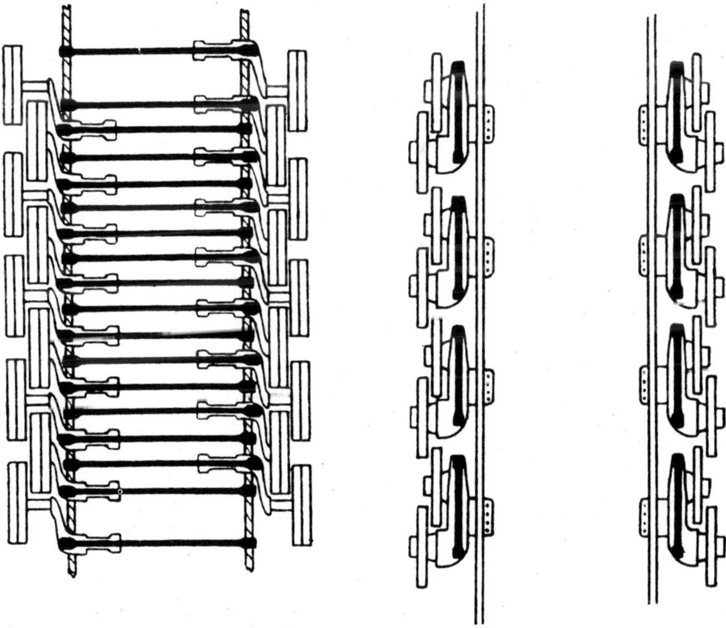

Schematische, vergleichende Darstellung des Henschel-Schachtellaufwerks und des Porsche Federstab-Rollenwagenlaufwerks für „Jagdtiger".

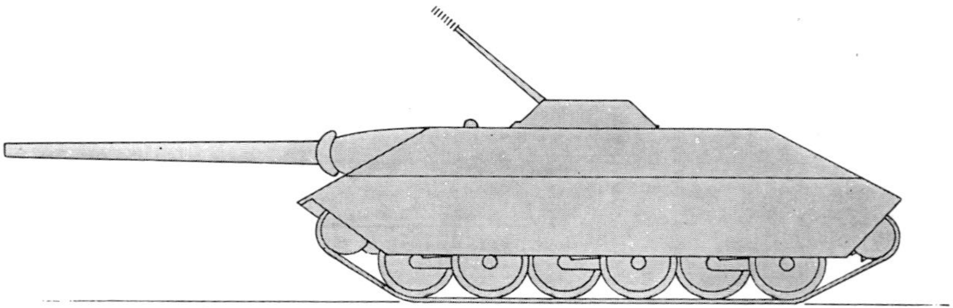

JAGDPANZER mit 10,5 cm KwK. und 3 cm Flak (Entwurf Porsche) (E 25)

L.: 490 H.: (ohne Turm) 150 B.: 310 Gew.: 27 PS: 500 Pz.: 120 Bes.: 4

Besondere Merkmale: Entwickelt aus den Entwürfen 245/00 10 und 245/00 11. Sehr niedriger Aufzug. Mittelgroße Laufräder an Schraubenfedern in Schrittanordnung paarweise aufgehängt. Querliegender, luftgekühlter 12-Zylinder-V-Motor mit Einspritzung und Aufladung. Vollautomatisches, hydraulisches Voith-Schalt- u. Lenkgetriebe hinter Motor. KwK. wahrscheinlich rückstoßfrei nach Hoch- u. Niederdruckprinzip. Kleiner Drehturm mit Flak für Kommandant.

Beurteilung: Beispielhafter Entwurf für die letzten Entwicklungstendenzen im deutschen Panzerbau. Stark gepanzert und gut beweglich. Sehr gute Formgebung. Mehrzweckeverwendbarkeit. Starker Flakschutz. Sehr neuzeitlicher Antrieb.

Verwendung: Geplant als Mehrzweckefahrzeug, vornehmlich zur Infanterieunterstützung. Entwurf Mai 1944.

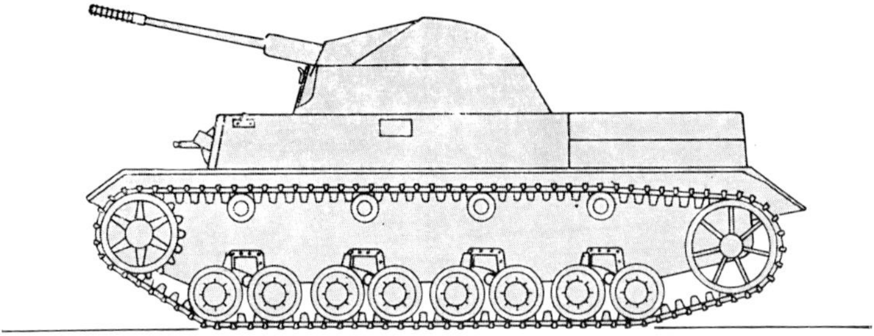

FLAKPANZER „KUGELBLITZ“ mit 3 cm Zwillingsflak 103/38
(Prototyp Daimler-Benz)

Besondere Merkmale: Halbkugelförmiger Turm mit (ehem. Flugzeug-) Zwillingskanonen. (Feuergeschw.: 450 Schuß/min, V^0: 880 m/sec). Fahrgestell und Panzerkasten des Pz.Kpfw. IV.

Beurteilung: Einziger deutscher Flakpanzer mit geschlossenem Drehturm. Sehr leistungsfähige Waffen. Teuere Spezialkonstruktion.

Verwendung: Nur in 6 Exemplaren gegen Kriegsende im Truppenversuch.

SCHÜTZENPANZERWAGEN (Sd.Kfz. 250/1)

L.: 456 B.: 195 H.: 198 PS: 100 Gew.: 5,7 Pz.: 12 Bes.: 6

Ähnlich:

Baureihe Sd.Kfz. 250:

250/2	Fernsprechwagen	250/8	7,5 cm KwK. 37 L/24 auf le. SPW
250/3	Funkwagen	250/10	3,7 cm Pak auf le. SPW
250/4	Luftschutzwagen	250/11	s. Pz.B. 41 auf le. SPW
250/5	Beobachtungswagen	250/12	le. Meßtrupp Pz.Wg.
250/6	Munitionswagen	252	le. gp. Mun.Trspt.Wg.
250/7	8 cm Gr-W-Wagen	253	le. gp. Beobachtungswagen

Siehe auch:

250/9 Panzerspähwagen (Seite 225)

Besondere Merkmale: Halbkettenfahrgestell mit Schachtellaufwerk und geschmierter, gummigepolsterter Kette. Schräge Seitenwände, nach oben spitz zulaufend, bei späteren Serien nur waagerecht gebrochen. Motor vorn. Halbautomatisches Variorex-Getriebe. Kein Vorderradantrieb. Fahrgestell ursprünglich für 1-t-Zugmaschine.

Beurteilung: Schnelles Fahrzeug. Panzerung nur gegen Handfeuerwaffen und Splitter. Geländegängigkeit, vor allem im zähen Schlamm, gering. Günstiges Leistungsgewicht.

Verwendung: Seit 1942 bei Schützenkompanien der Panzeraufklärungsabteilungen. Gegen Kriegsende Ersatz durch Aufklärungspanzer auf Fahrgestell 38 t (Skoda) geplant.

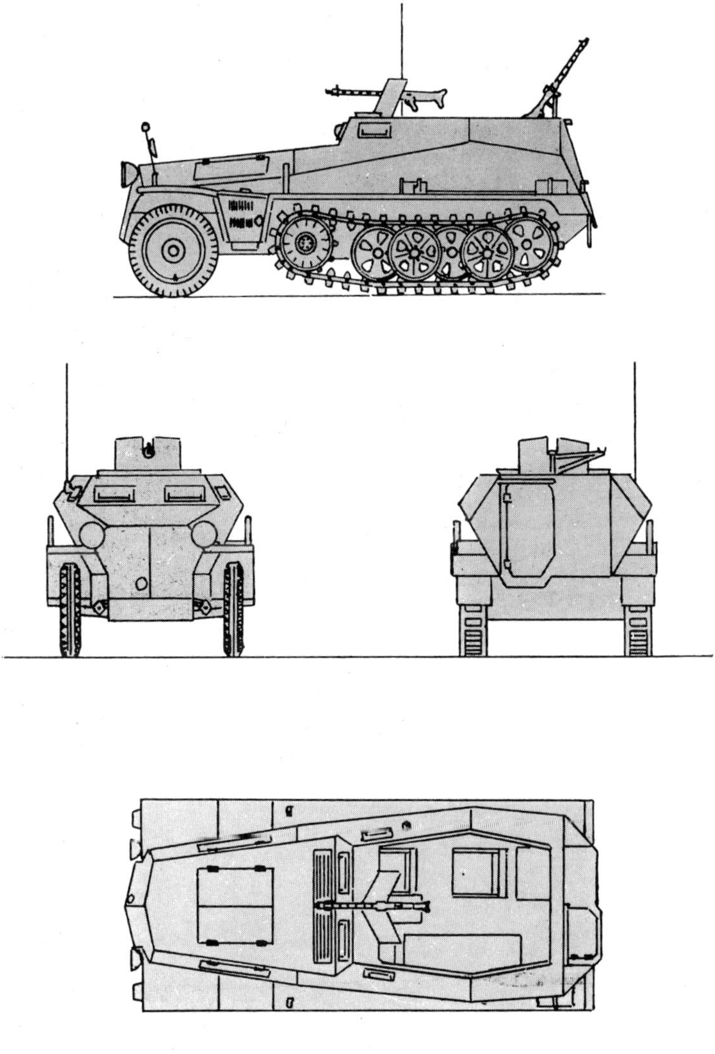

Leichter Schützenpanzerwagen (Sd.Kfz. 250/1)
(Skizze ohne Maßstab)

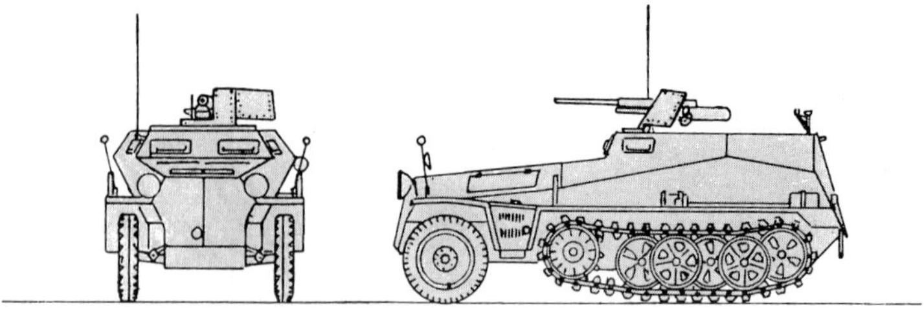

Sd.Kfz. 250/10 mit 3,7 cm Pak

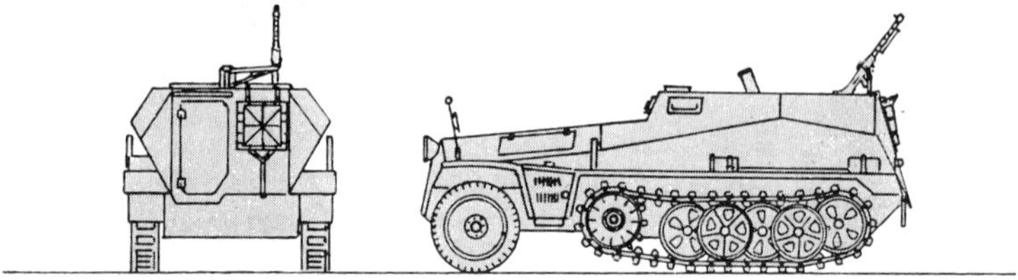

Sd.Kfz. 250/7 mit 8 cm Gr.W.

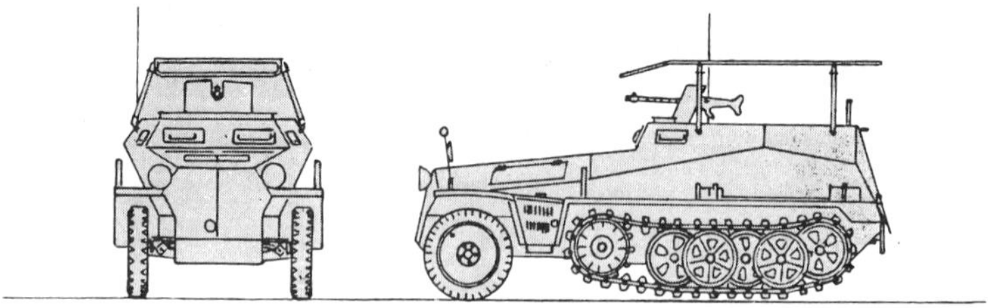

Sd.Kfz. 250/3 Funkwagen

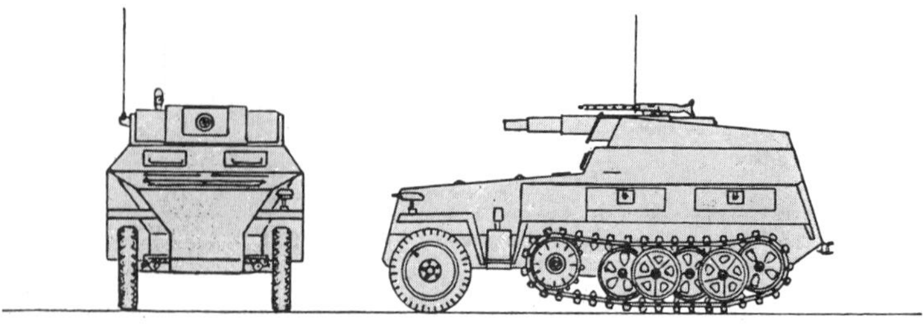

Sd.Kfz. 250/8 mit 7,5 cm KwK 37 L/24

Sd.Kfz. 250/8 mit 7,5 cm KwK. 37 L/24.

Sd.Kfz. 250/10 mit 3,7 cm Pak.

Sd.Kfz. 252, leichter, gepanzerter Munitionstransport-Kraftwagen.

SCHÜTZENPANZERWAGEN (Sd.Kfz. 251/1)

L.: 580 B.: 210 H.: 210 PS: 120 Gew.: 8,5 Pz.: 12 Bes.: 12

Ähnlich: Baureihe Sd.Kfz. 251:

251/2 8 cm GrW-Wagen
251/3 Funkwagen
251/4 le. I.G.-Zgkw.
251/5 Pionier-SPW
251/6 Kommandowagen
251/7 Pi-Gerätewagen
251/8 Krankenpanzerwagen
251/9 7,5 cm StuK. 37 L/24
251/10 3,7 cm Pak
251/11 Fernsprechwagen
251/12 Meßtrupp-Gerätewagen
251/13 Schallaufnahmewagen
251/14 Schallauswertewagen
251/15 Lichtauswertewagen
251/16 Flammpanzerwagen
251/17 2 cm Flak auf SPW
251/18 Beobachtungswagen
251/19 Fernsprechbetriebswagen
251/20 Infrarotscheinwerfer „UHU“
251/21 1,5 od. 2 cm Fla-MG-Drilling 151
251/22 7,5 cm Pak 40 auf SPW

Besondere Merkmale: Laufwerk und Aufbau ähnlich le. SPW, jedoch größer und geräumiger. Seit 1943 mit ausladendem Heck. Normales 4-Gang-Getriebe. Kein Vorderradantrieb. Panzerung oben offen. Fahrgestell ursprünglich für 3-t-Zugmaschine.

Beurteilung: Geringe Beweglichkeit. Im Gelände schwerfällig. Lenkschwierigkeiten bei schwerem Boden.

Verwendung: Seit 1940 bei Panzergrenadiereinheiten (gp.) und Panzerpionierkompanien (gp.) sowie zahlreichen anderen Truppen.

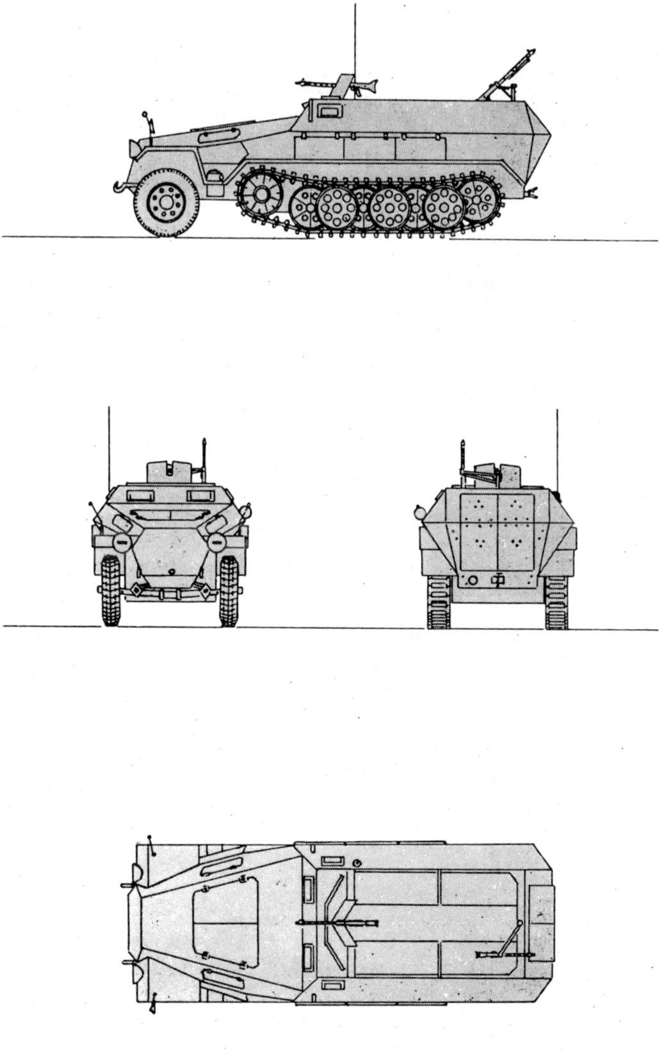

Schützenpanzerwagen (Sd.Kfz. 251/1)
(Skizze ohne Maßstab)

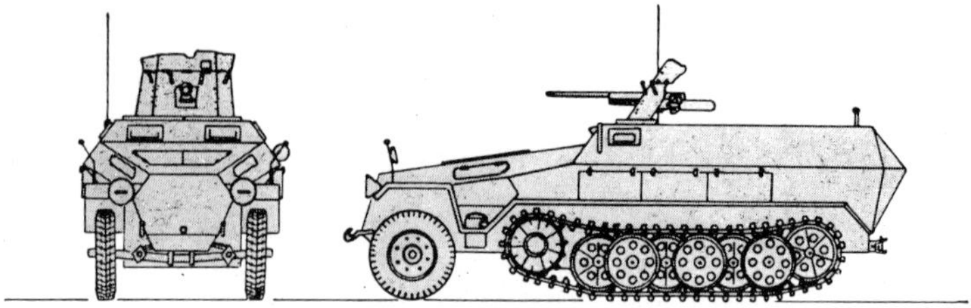

Sd.Kfz. 251/10 mit 3,7 cm Pak

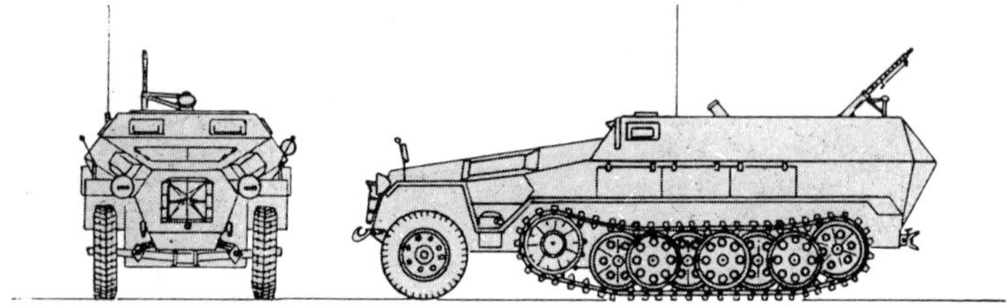

Sd.Kfz. 251/2 mit 8 cm Gr.W

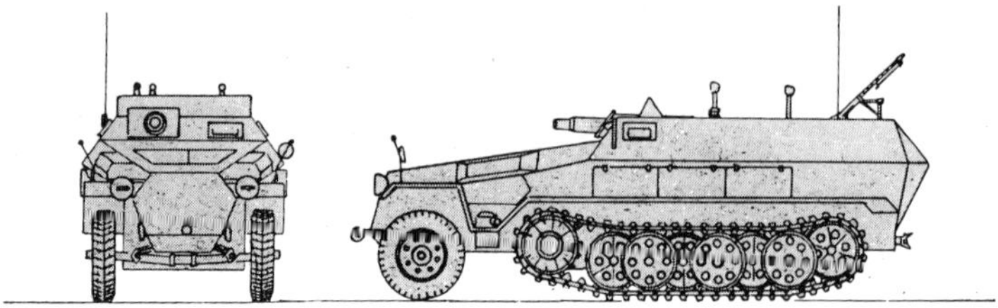

Sd.Kfz. 251/9 mit 7,5 cm StuK. 37 L/24

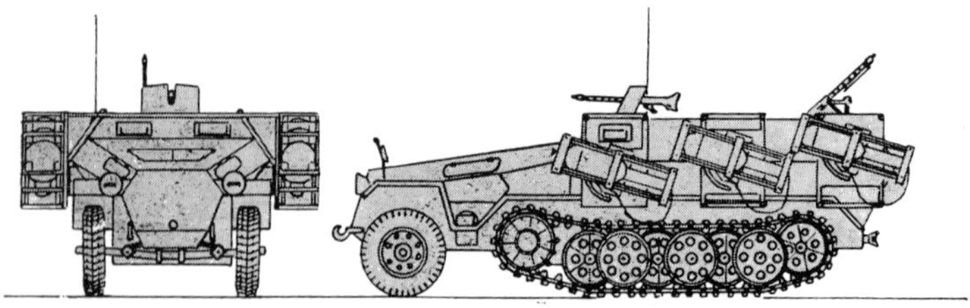

Sd.Kfz. 251/1 mit 28/32 cm Wurfrahmen

HL kl 3 (H), Prototyp eines Unterstützungsfahrzeuges für Kavallerie-Schützenregimenter der leichten Divisionen von 1935. Im Drehturm eine 3,7 cm KwK. L/70.

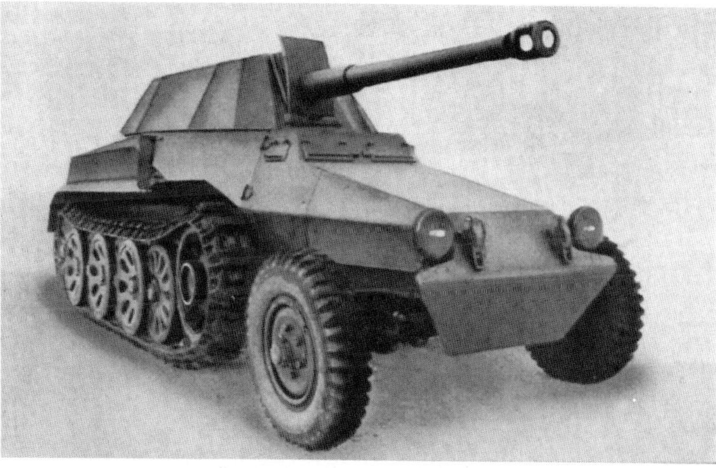

HL kl 4 (H), Prototyp eines Unterstützungsfahrzeuges für Kavallerie-Schützenregimenter. Äußerst fortschrittlicher Versuchstyp von 1936 mit 7,5 cm KwK. L/40,8. Beide Typen sind aus unbekannten Gründen nicht eingeführt worden. Vgl. dagegen den späten Behelfstyp mit 7,5 cm Pak auf Sd.Kfz. 251.

Seitenansicht des **HL kl 4 (H)** von 1936 mit 7,5 cm KwK. L/40,8. Beachte die ausgezeichnete Formgebung dieses Kampffahrzeuges der Kavallerie.

Sd.Kfz. 251/1 mit 28 cm Wurfrahmen.

Sd.Kfz. 251/9 mit 7,5 cm StuK. L/24.

Sd.Kfz. 251/1 (Werkzeugkästen offen).

Sd.Kfz. 251/10 mit 3,7 cm Pak. Zugführerwagen der Panzergrenadiere. Später meist ohne Schutzschild.

Sd.Kfz. 251/20 „Uhu“ mit Infrarotscheinwerfer (60 cm Flak-Scheinwerfer) zur unsichtbaren Gefechtsfeldbeleuchtung für Panzerabteilungen „Panther“ mit Infrarotsichtgeräten. An der Fahrerfront der Marsch-Scheinwerfer und vor der Fahrerklappe das Bildwandlergerät („Biwa“).

Sd.Kfz. 251/21 mit 1,5 cm Fla MG-Drilling 151/15. Ein Fla-Fahrzeug für die Fla-Kompanien der Panzergrenadierregimenter. Ehemalige Flugzeugkanonen.

Sd.Kfz. 251/22, Versuchsfahrzeug mit 7,5 cm Pak 40 L/48. Die Pak ist behelfsmäßig mit Feldlafette ohne Räder verlastet.

HKp 606. 1941/2 von DEMAG entwickelter Prototyp eines Einheits-SPW mit 170-PS-Motor. Überlappende, große Laufräder.

Leichter Wehrmachtschlepper (Le.WS). 1. Prototyp von 1943. Gedacht als Ersatz der komplizierten Halbketten-Zgkw. Überlappende, aber nicht verschachtelte, große, glatte Laufräder waren den Erfahrungen mit zähem Schlamm entsprechend. Vorderräder an Drehstäben gefedert.

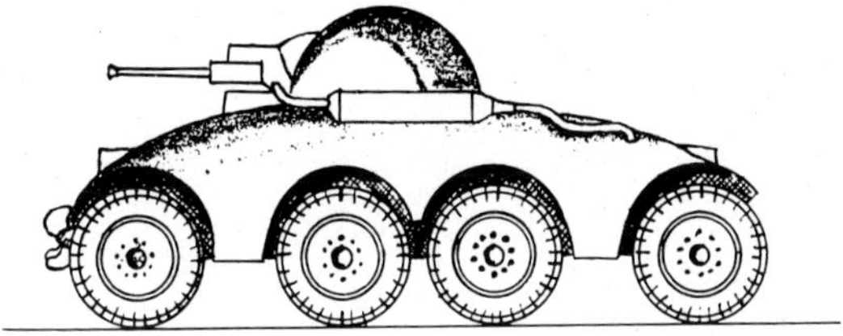

Daimler-Benz „ARW/MTW 1" Prototyp 1927-1929

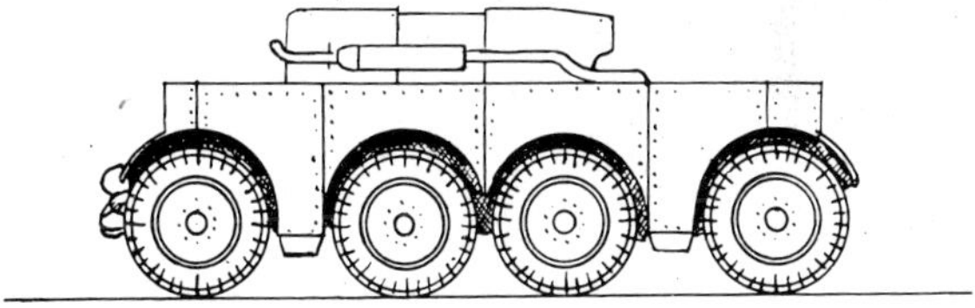

Daimler-Benz „ARW/MTW 1" mit Tarnaufbau

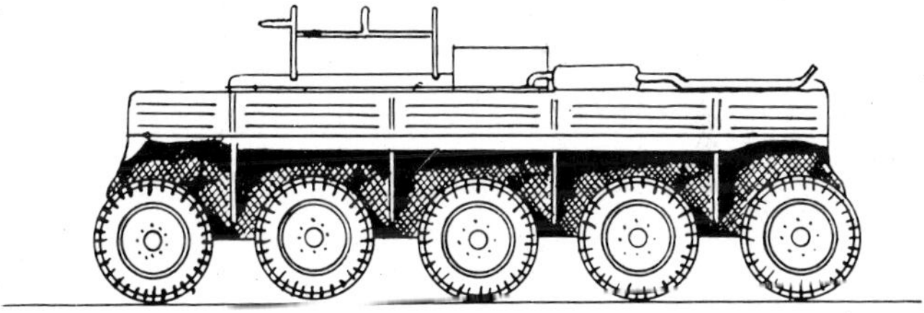

Büssing-NAG „ZRW" Prototyp 1927—1929

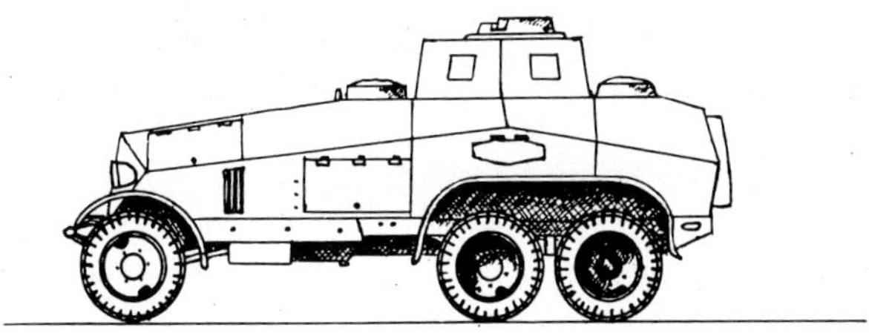

Daimler-Benz „G 3 (p)" Prototyp 1930—1932

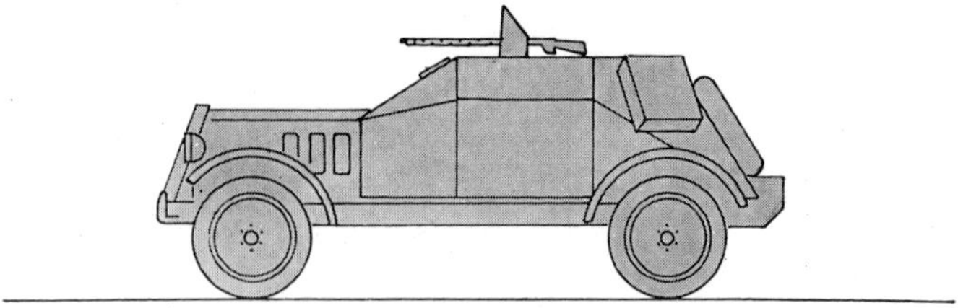

MASCHINENGEWEHR-KRAFTWAGEN mit MG (Kfz. 13)

L.: 420 B.: 170 H.: 150 Gew.: 2,25 Pz.: 8 PS: 60 Bes.: 2 km/h: 50

Ähnlich:
FUNKKRAFTWAGEN (Kfz. 14)

Besondere Merkmale: Leichter, oben offener Panzer-Aufbau auf handelsüblichem 4-Rad-Fahrgestell. Motor vorn. MG auf Sockel mit Schutzschild. Funkwagen mit Rahmenantenne.

Beurteilung: Behelfslösung von unzureichender Geländegängigkeit.

Verwendung: Seit 1933 bei Kavallerie-Regimentern, im Krieg bei schweren Schwadronen der Aufkl.Abt. der Inf.Div.

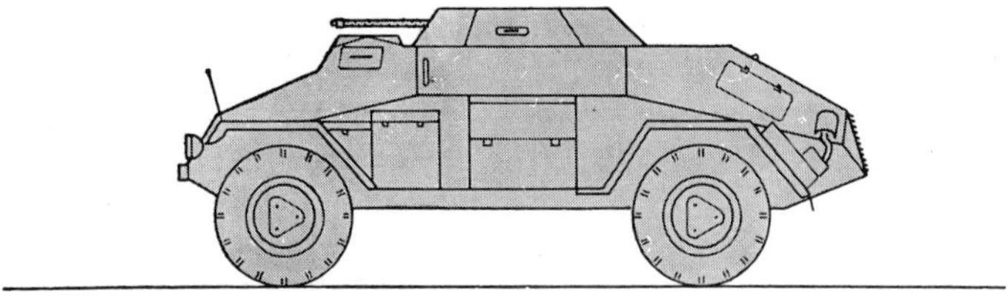

PANZERSPÄHWAGEN (MG) (Sd.Kfz. 221), Ausf. A und B

L.: 472 B.: 200 H.: 180 PS: 75 Gew. 4 Pz. 8—14,5 Bes.: 2

Ähnlich:

Pz.Spw. (Fu) (Sd.Kfz. 223)
kleiner Pz.Funkwagen (Sd.Kfz. 260 und 261)

Besondere Merkmale: 4-Rad-Antrieb, 4-Rad-Lenkung. Stark abgeschrägter Aufbau, nach außen spitz zulaufend. Flacher, abgeschrägter Turm mit MG. Oben offen. 223 mit zusätzlicher Rahmenantenne.

Beurteilung: Wendiges, schnelles Fahrzeug von geringer Geländegängigkeit. Zu schwach bewaffnet.

Verwendung: Seit 1937 bei Panzerspäh-Kompanien der Pz.Aufkl.Abt.

Kleiner Panzerfunkwagen Sd.Kfz. 261 ohne Drehturm mit eingeklappter Antenne. Sehr ähnlich le.Pz.Spw. (Fu) Sd.Kfz. 221.

Le. Pz.Spw. (Fu) Sd.Kfz. 223 mit Drehturm und ausgeklappter Rahmenantenne. Diese Antennenform wurde später durch Stabantennen ersetzt.

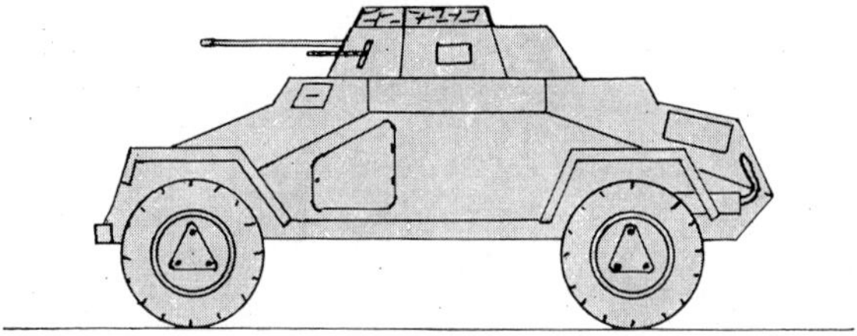

PANZERSPÄHWAGEN (Sd.Kfz. 222) mit 2 cm KwK. 38 L/55
Ausf. A und B

L.: 472 B.: 200 H.: 206 PS: 75 Gew.: 4,8 Pz.: 8-14,5 Bes.: 3

Ähnlich:

Pz.Spw. (Sd.Kfz. 222) mit 2,8 cm s.Pz.Büchse

Besondere Merkmale: 4-Rad-Antrieb und 4-Rad-Lenkung. Aufbau stark abgeschrägt, nach außen spitz zulaufend. Flacher, abgeschrägter, oben offener Turm. Schutzgitter auf Turm. Waffen zum Fliegerbeschuß lafettiert. Abarten ohne 2 cm KwK. haben Funkgeräte.

Beurteilung: Wendiges, schnelles Fahrzeug von beschränkter Geländegängigkeit. Fahrgestell überlastet durch Sockellafette.

Verwendung: Seit 1938 bei Panzerspähkompanien der Panzeraufklärungsabteilungen.

Sd.Kfz. 222 mit 2,8 cm Panzerbüchse (mit konischem Lauf)

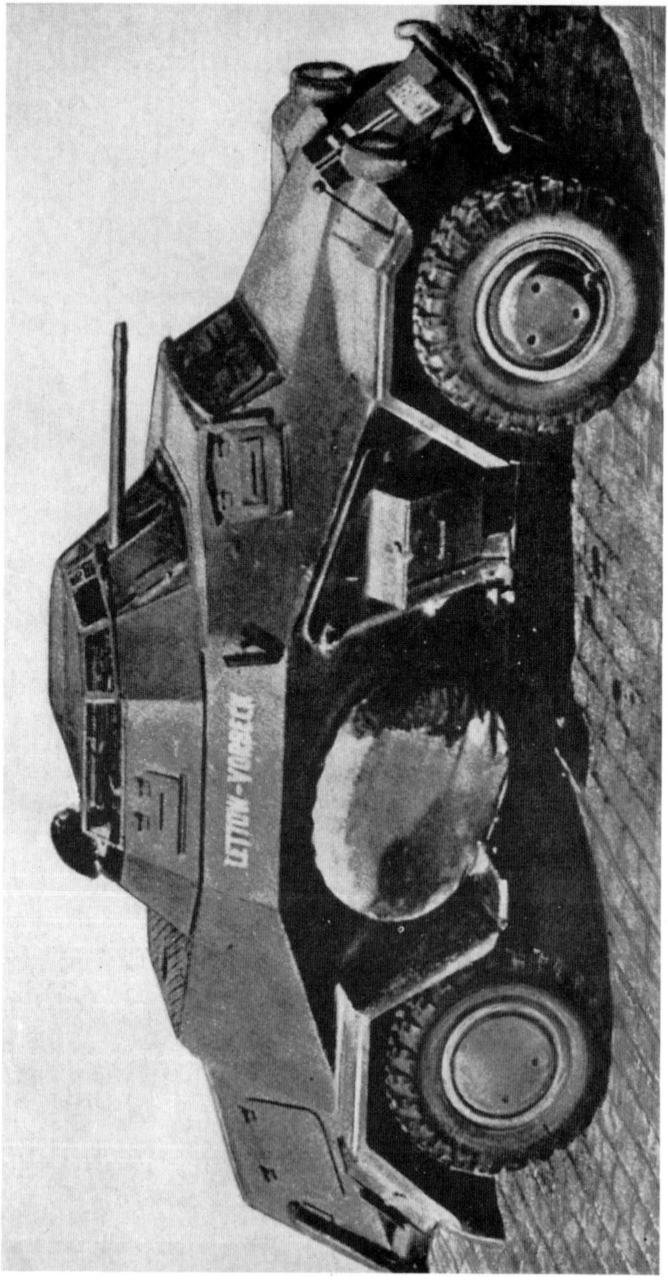

Sd.Kfz. 222 mit 2 cm KwK.

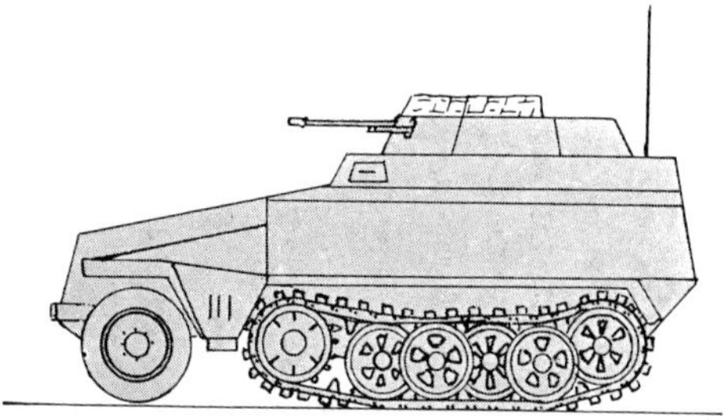

PANZERSPÄHWAGEN (Sd.Kfz. 250/9) mit 2 cm KwK. 38 L/55
(neuere Ausführung)

L.: 460 B.: 195 H.: 220 PS: 100 Gew.: 6 Pz.: 12 Bes.: 3

Besondere Merkmale: Turm des Radfahrzeuges 222 auf dem Fahrgestell des leichten Schützenpanzerwagens.

Beurteilung: Geländegängigkeit größer als die des 4-Rad-Pz.Spw., jedoch geringer als die des 8-Rad-Fahrzeuges. Notlösung für wegeloses Gelände. Fahrgestell überlastet.

Verwendung: Seit 1943 bei Panzerspähkompanien.

Sd.Kfz. 250/9 ältere Ausführung.

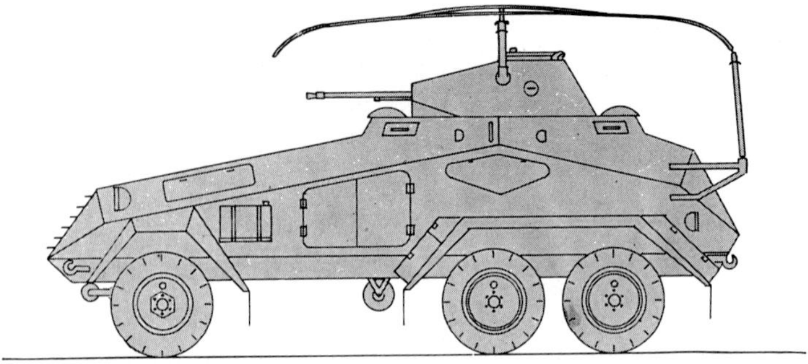

PANZERSPÄHWAGEN (6-Rad) (Sd.Kfz. 232) (Fu) mit 2 cm KwK.

L.: 561 B.: 185 H.: 224 PS: 65 Gew.: 5,0 Pz.: 14,5 Bes.: 4 km/h: 60

Ähnlich:

Panzerspähwagen mit 2 cm KwK. (6-Rad) (Sd.Kfz. 231)
Panzerfunkwagen (6-Rad) (Sd.Kfz. 263)

Besondere Merkmale: Handelsübliches 6-Rad-Fahrgestell. Vorderachse nicht angetrieben. Hinterachsen doppelt bereift. Stark abgeschrägter, langgestreckter („Sarg"-)Aufbau. Funkwagen mit hoher Bügelantenne. Vor- und Rückwärtsfahrer, jedoch nur mit Vorderachse lenkbar.

Beurteilung: Notlösung, die jedoch hinsichtlich der Formgebung richtungweisend war. Geringe Geländegängigkeit.

Verwendung: Seit 1933 bei Pz.Späh.Kp. der Pz.Aufkl.Abt. Ersetzt durch 8-Rad-Fahrzeuge.

Pz.Spw. (6 Rad) Sd.Kfz. 231. Handelsübliches Fahrgestell von Büssing-NAG. Auf dem Turm Fla-MG-Drehring.

Pz.Spw. (6-Rad) Sd.Kfz. 232 (Fu). Im Turm 2 cm KwK. und koaxiales MG 34 in Schildblende. Über dem Fahrzeug große Bügelantenne, vorn und in der Mitte Abrollwalzen zur Erhöhung der Geländegängigkeit.

Panzerfunkwagen (6-Rad) Sd.Kfz. 263. Kein Drehturm. Zusätzlich zu der Bügelantenne mit einer ausfahrbaren Mastantenne ausgerüstet.

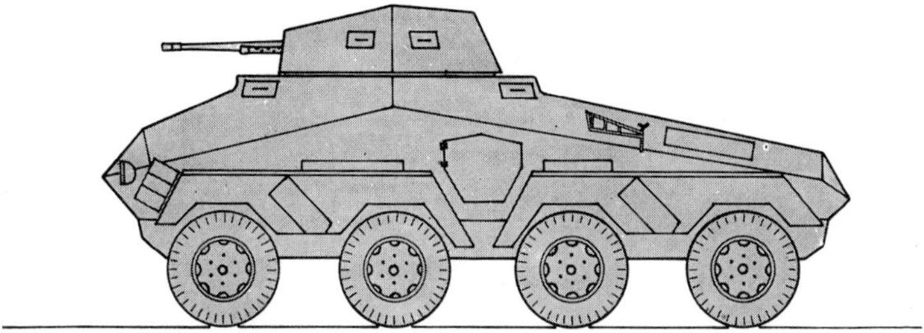

PANZERSPÄHWAGEN (Sd.Kfz. 231) mit 2 cm KwK. 38

L.: 580 B.: 221 H.: 234 PS: 150 Pz.: 8—14,5 Bes.: 4 km/h: 85

Ähnlich
Panzerspähwagen (Fu) (Sd.Kfz. 232) mit 2 cm KwK. 38
Panzerspähwagen (Sd.Kfz. 233) mit 7,5 cm StuK. L/24
Panzerfunkwagen (Sd.Kfz. 263)

Besondere Merkmale: 8-Rad-getriebenes und -gelenktes Fahrzeug. Vor- und Rückwärtsfahrer. Geteilte Radabdeckung. Stark abgeschrägte Wände. Panzerfunkwagen mit festem Turmaufbau. Fahrzeuge mit StuK. oben offen. Fahrzeuge mit Funkausstattung bis 1942 hohe Rahmenantenne, später Stabantenne.
Beurteilung: Schnelle Fahrzeuge von erheblicher Geländegängigkeit. Kompliziertes Fahrgestell. Verhältnismäßig hoher Aufbau, vor allem der Fahrzeuge mit Rahmenantenne.
Verwendung: Seit 1938 bei Panzerspähkompanien der Panzeraufklärungsabteilung bzw. Aufklärungsabteilung (mot.). Typ 233 seit 1941 als Unterstützungsfahrzeug. Typ 263 bei Nachrichtenzügen der Pz.Aufkl.Abt. und bei Pz.Nachrichten-Abt.

PANZERSPÄHWAGEN (Sd.Kfz. 233) mit 7,5 cm StuK. L/24

Sd.Kfz. 231, Turm 6 Uhr.

Sd.Kfz. 232 (Funk).

Sd.Kfz. 263, Pz.Funkwagen ohne Drehturm.

Sd.Kfz. 231, Seitenansicht.

PANZERSPÄHWAGEN (Sd.Kfz. 234/1) mit 2 cm KwK.

L.: 602 B.: 236 H.: 210 PS: 220 Gew.: 10,5 Pz.: 30 Bes.: 4

Ähnlich:

Panzerspähwagen (Sd.Kfz. 234/2) mit 5 cm KwK. L/60 („Puma“)
Panzerspähwagen (Sd.Kfz. 234/3) mit 7,5 cm StuK. L/24
Panzerspähwagen (Sd.Kfz. 234/4) mit 7,5 cm Pak L/48

Besondere Merkmale: 8-Rad-Lenkung, 8-Rad-Antrieb, Vor- und Rückwärtsfahrer. Große Vollballonräder. Durchgehende Radabdeckung. Aufbau ähnlich Typ 231. Flacher, oben offener Drehturm wie Typ 222. Waffen zum Fliegerbeschuß lafettiert. Luftgekühlter Dieselmotor. Fahrbereich 600 km.

Beurteilung: Gegenüber 231 verbesserte Geländegängigkeit. Sehr gutes Leistungsgewicht. Hoher Fahrbereich durch Einbau des Dieselmotors. Gute Formgebung. Schwache Bewaffnung. Besonders für den Krieg in der Wüste geeignet. Ziemlich kompliziertes Fahrgestell.

Verwendung: Seit 1944 bei Pz.Aufkl.Abt. ca. 2300 Stück.

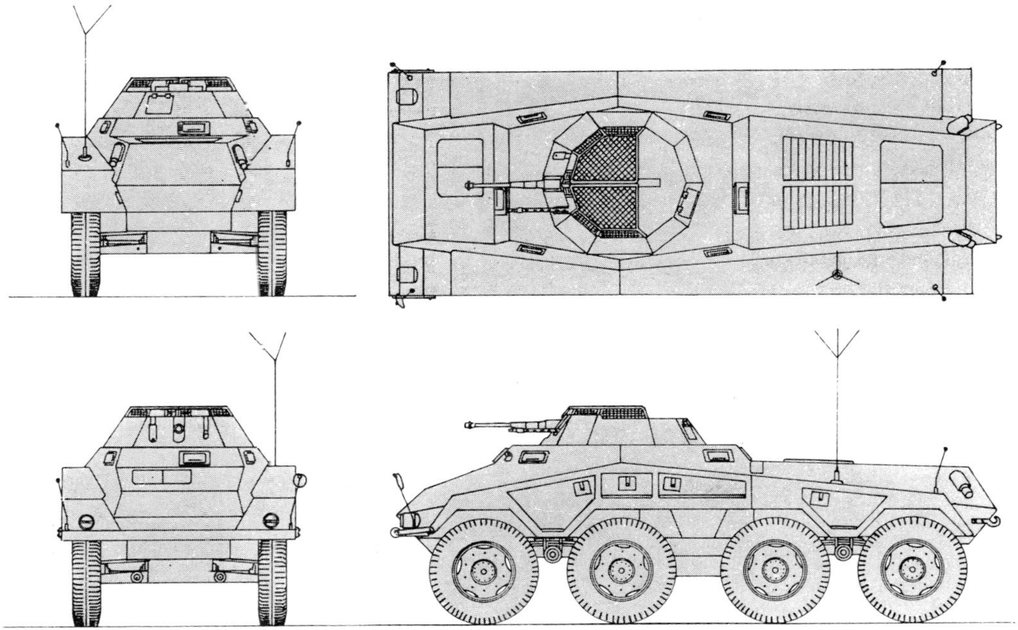

Panzerspähwagen (Sd.Kfz. 234/1) mit 2 cm KwK.

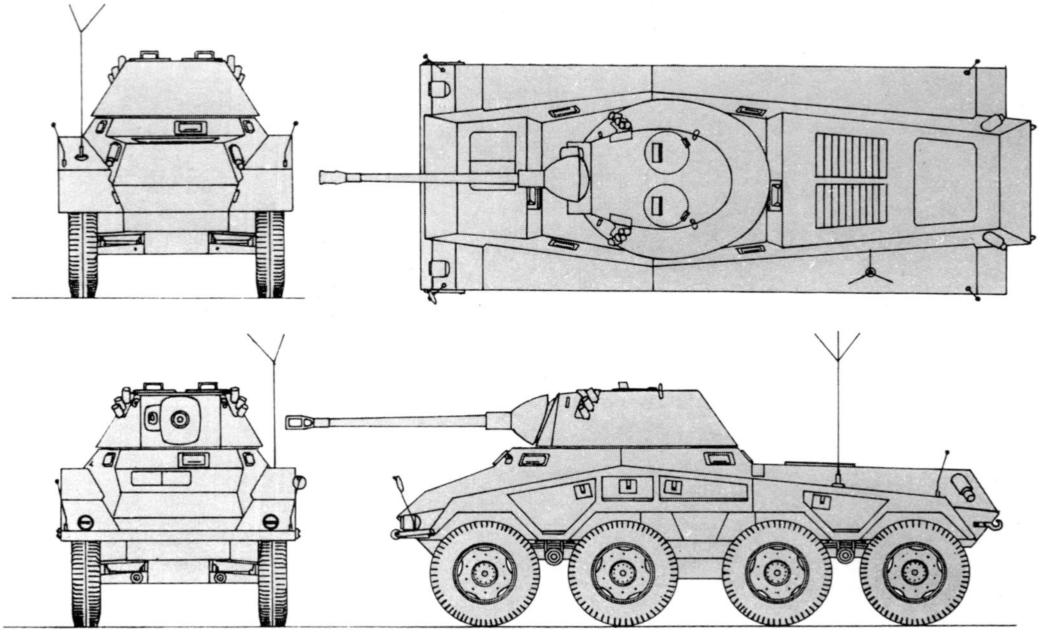

Panzerspähwagen (Sd.Kfz. 234/2) mit 5 cm KwK. L/60

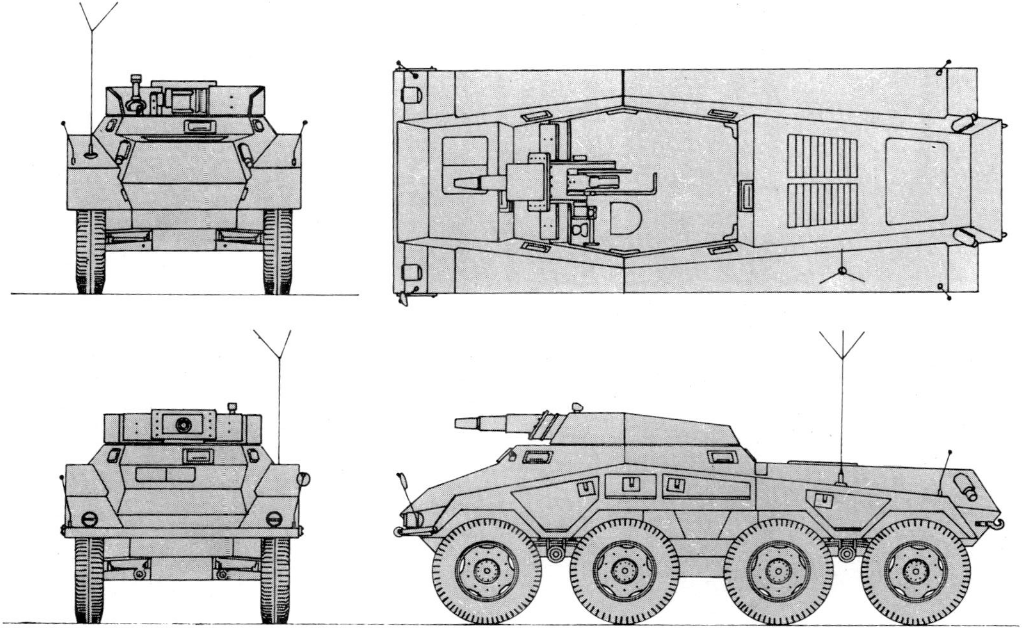

Panzerspähwagen (Sd.Kfz. 234/3) mit 7,5 cm StuK. L/24

Pz.Spw. Sd.Kfz. 234/2 „Puma“ mit 5 cm KwK. L/60.

Pz.Spw. Sd.Kfz. 234/4 mit 7,5 cm Pak L/48.

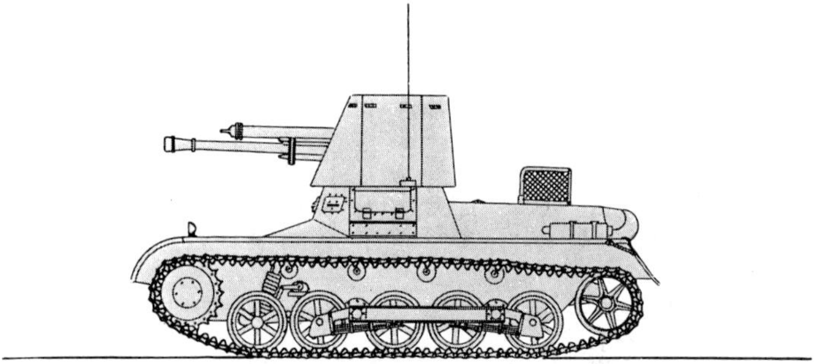

4,7 cm PAK (t) auf Pz.Kpfw. I (Ausf. B)

L.: 442 B.: 185 H.: 225 PS: 100 Gew.: 6,4 Pz.: 13 Bes.: 3

Besondere Merkmale: Fahrgestell des Pz.Kpfw. I (Ausf. B), von dem der Turm entfernt und durch ein hohes Schutzschild ersetzt wurde.

Beurteilung: Erste Ausführung einer Selbstfahrlafette auf veraltetem Panzerfahrgestell. Sehr hoch. Unbeholfen, aber richtungweisend für die weitere Entwicklung von Sf.

Verwendung: Seit Frühjahr 1940 bei Pz.Jäg.Abt. der Inf.Div. in geringer Anzahl.

3,7 cm Pak auf Inf.-Schlepper UE (f)

4,7 cm Pak (f) auf Gw. Lr.S (Pz.Jäg. Lr.S) (f)

4,7 cm Pak (**t**) auf Gw. Renault R 35 (f)

7,5 cm Pak 40 L/48 auf Gw. Lr.S. (f)

7,5 cm Pak 40 L/48 auf Gw. F.C.M. (f)

7,5 cm Pak 40 L/48 auf Gw. Hotchkiss (f)

7,5 cm PAK 40/2 L/46 „MARDER II“ auf Gw. II
Ausf. A—C und F (Sd.Kfz. 131)

L.: 462 B.: 227 H.: 220 PS: 140 Gew.: 10,8 Pz.: 15 Bes.: 4

Ähnlich:

7,5 cm Pak 40/2 L/46 „MARDER II“ auf Gw. II Ausf. D, E (Sd.Kfz. 132)
7,62 cm Pak 36 (r) L/54 auf Gw. II Ausf. A, C, D, E, F (Sd.Kfz. 132)

Besondere Merkmale: Fahrgestelle der Pz.Kpfw.-II-Baureihe. A, C, F mit 5 mittelgroßen Laufrollen an Blattfedern. D, E mit 4 großen Laufrädern. 7,5 cm Pak in der Front eines oben und hinten offenen Panzeraufbaus. 7,62 cm Pak (russ.) im hinteren Drittel aufgesetzt.

Beurteilung: Nach Versuchen mit 5 cm Pak auf Sf. II erste Panzerjäger-Sf. mit ausreichender Feuerkraft. Zweckmäßige Verwendung der alten Fahrgestelle. Behelfslösungen, um den dringenden Forderungen der Ostfront abzuhelfen.

Verwendung: Seit 1942 bei Panzerjäger-Abt. der Inf.Div.

7,5 cm Pak 39 auf Gw. II „Marder II“ (Ausf. A-C und F) Sd.Kfz. 131

7,62 cm Pak 36 (r) auf Gw. II, Ausf. D (Sd.Kfz. 132). Fahrgestell des früheren Schnellkampfwagens II der le. Div.

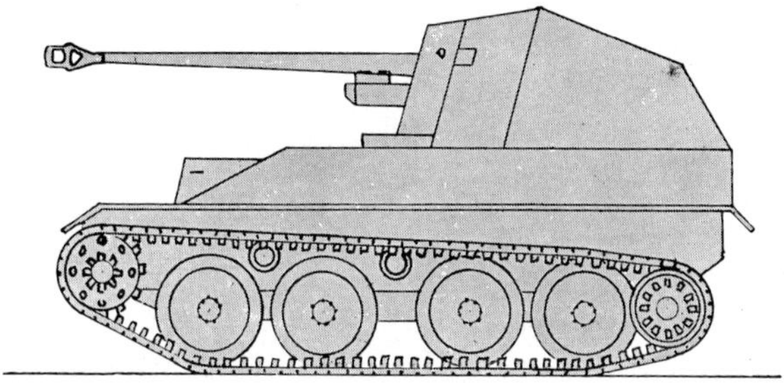

7,5 cm PAK 40/3 L/46 „MARDER III“ auf Gw. 38 (Sd.Kfz. 138)
Ausf. M

L.: 465 B.: 216 H.: 248 PS: 125 Gew.: 10,5 Pz.: 10—25 Bes.: 4

Ähnlich:

7,62-cm-Pak 36 (russ.) L/54 auf Gw. 38 (Sd.Kfz. 139) Marder III
Bergepanzer 38, Mun.Pz. 38

Besondere Merkmale: Vorversetzter Motor im Fahrgestell 38 (t). Hintenliegender Aufbau mit hohen Wänden. Auch mit rückversetztem Motor und vornliegendem Kampfraum.

Beurteilung: Als Pak-Sf. bis zur Einführung des Jagdpanzers 38 auf dem gleichen Fahrgestell, jedoch mit erheblich verbesserter Formgebung und Panzerung, brauchbar. Beschränkte Beweglichkeit.

Verwendung: Seit 1942 bei Panzergrenadier- und Panzerjägereinheiten.

7,5 cm Pak 40/3 „MARDER III“ Ausf. H mit rückversetztem Motor

7,5 cm Pak 40/3 auf Gw. 38, Ausf. M „MARDER III“.

7,62 cm Pak (russ.) auf Gw. 38 (Sd.Kfz. 139)

8,8 cm Panzerjägerkanone 43 auf Rheinmetall-Borsig/Ardelt Selbstfahrlafette 38 (d) (Prototyp). Verbreitertes Fahrgestell mit hintenliegendem Drehturm in der Art der Waffenträger.

8,8 cm Panzerjägerkanone 43/3 (L/71) auf Krupp/Steyr Selbstfahrlafette 38 (d) (Prototyp). Stark vereinfachtes Fahrgestell

8,8 cm Pak 43/1 L/71 auf Gw. III/IV „NASHORN“ (Sd.Kfz. 164)
(früher „Hornisse“)

L.: 580 B.: 295 H.: 265 PS: 300 Gew.: 24 Pz.: 30 Bes.: 5

Besondere Merkmale: Selbstfahrlafette auf dem Fahrgestell des Panzerkampfwagens IV. Hintenliegender Kampfraum mit hohen Wänden.

Beurteilung: Verhältnismäßig bewegliche Fahrzeuge mit hohem, auffälligem Aufbau.

Verwendung: „Nashorn“ (früher „Hornisse“) seit 1943 bei schweren Heeres-Panzerjägerabteilungen.

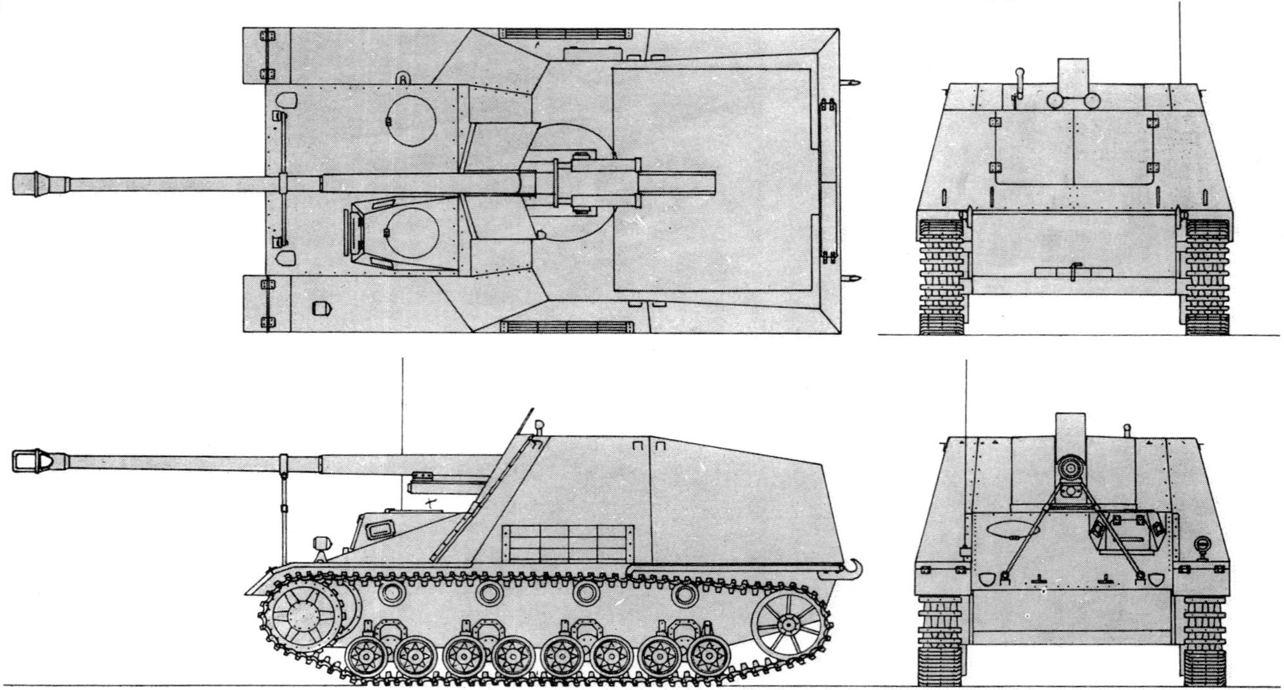

8,8 cm Pak 43/1 L/71 a. f. GW III/IV „Nashorn“

12,8 cm KANONE 40 auf Sf. (VK 3001 H)

Besondere Merkmale: Hintenliegender Kampfraum. Vorragender Fahrererker. Stark vorragendes Geschütz mit Mündungsbremse.

Beurteilung: Mißglückte Behelfskonstruktion zur Beweglichmachung der 12,8 cm Flak als Panzerjäger.

Verwendung: 1943 in zwei Exemplaren bei schweren Heeres-Panzerjäger-Abt. an der Ostfront. Ersetzt durch „Jagdtiger". Das Fahrgestell war ein Prototyp des „Tiger" von 1940.

12,8 cm Kanone auf Versuchsfahrgestell 3001 (H)

15 cm s. INFANTERIEGESCHÜTZ 33 auf Pz.Kpfw. I Ausf. B

Besondere Merkmale: Sehr hoher, kastenförmiger Aufbau auf dem Fahrgestell des Pz.Kpfw. I, Ausf. B. Oben und hinten offen.

Beurteilung: Notlösung. Kopflastig und stark überlastetes Fahrgestell.

Verwendung: Erstes Infanteriegeschütz auf Selbstfahrlafette. Schon im Polenfeldzug als Notlösung im Truppengebrauch. „Stammvater“ aller weiteren Selbstfahrlafetten.

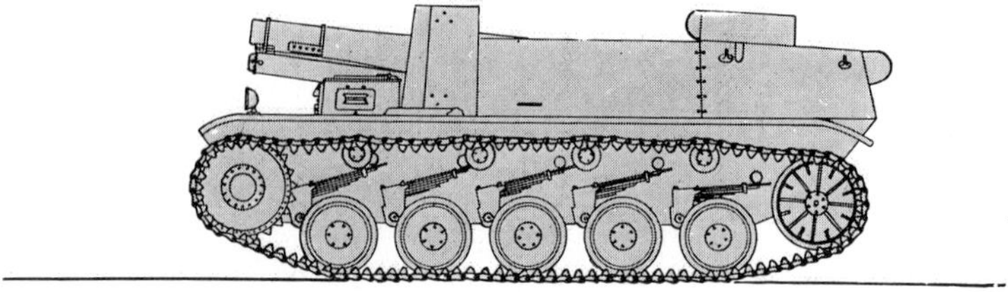

15 cm SCHWERES INFANTERIEGESCHÜTZ 33 auf Sf. II

L.: 475 B.: 224 H.: 160 PS: 140 Gew.: 12 Pz.: 10-20 Bes.: 5

Besondere Merkmale: Sehr niedriger Aufzug. Fahrgestell des Pz.Kpfw. II. Vor Kampfraum Fahrer- und Funkerhäuschen. Munitionskasten über Motor. Abgeschrägter, oben offener Kampfraum mit s. I.G. 33. 1943 auch mit um eine Rolle verlängertem Fahrgestell.

Beurteilung: Gelungenste Form einer Selbstfahrlafette unter Verwendung des alten Pz.Kpfw.-Fahrgestells. Fahrzeug nähert sich dem Typ des Sturmpanzers.

Verwendung: 1942 bei s. I.G.-Kompanien des Pz.Gren.Rgt. in geringer Zahl.

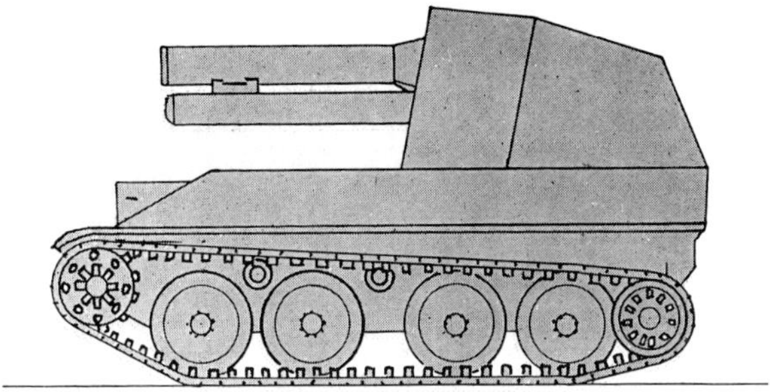

15 cm SCHWERES INFANTERIEGESCHÜTZ 33/1 auf Gw. 38 (Ausf. M)
(Sd.Kfz. 138/1)

L.: 495 B.: 215 H.: 247 Gew.: 12 PS: 125 Pz.: 25+25 Bes.: 4

Ähnlich:

15 cm s. I.G. 33/1 auf Gw. 38 (Ausf. H, Sd.Kfz. 138/1)

Besondere Merkmale: Fahrgestell des Pz.Kpfw. 38 (t) von Skoda. M mit vornliegendem, H mit hintenliegendem Motor. Entsprechend ist der Kampfraum hinten bzw. vorn angeordnet. Hoher kastenartiger Aufbau mit senkrechten Wänden, nach vorn abgeschrägt. Geschütz mit dicker, weit vorragender Rohrwiege. Ohne Bewaffnung als Munitionspanzer 38 (t).

Beurteilung: Stark belastete Fahrgestelle von jedoch guter Geländegängigkeit. Behelfslösungen.

Verwendung: Seit 1943 bei s. I.G.-Kompanien der Pz.Gren.Rgt.

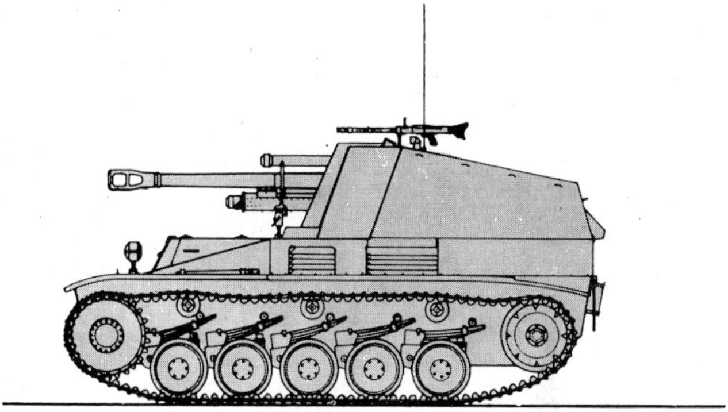

10,5 cm PANZERHAUBITZE 18 „WESPE“ auf Gw. II (Sd.Kfz. 124)

L.: 479 B.: 224 H.: 232 PS: 140 Gew.: 11,5 Pz.: 10—20 Bes.: 5

Besondere Merkmale: Fahrgestelle der Pz.Kpfw.-II-Baureihe. 5 mittelgroße Laufrollen an Blattfedern. Abgeschrägte Fahrerfront und Fahrererker. Aufgesetzter, hinten und oben offener Kampfraum mit aufgesetzter le. F.H. mit Mündungsbremse.

Beurteilung: Erste Selbstfahrlafette der Panzerartillerie. Zweckmäßige Behelfslösung unter Verwendung alter Fahrgestelle. Etwas kopflastig. Sehr hohe Silhouette.

Verwendung: Seit 1942 bei leichten Batterien der Pz.Art.Abt. (Sf.) der Pz. Art.Rgt. der Pz.Div.

10,5 cm Panzerhaubitze 18/3 „Wespe" auf Gw. II

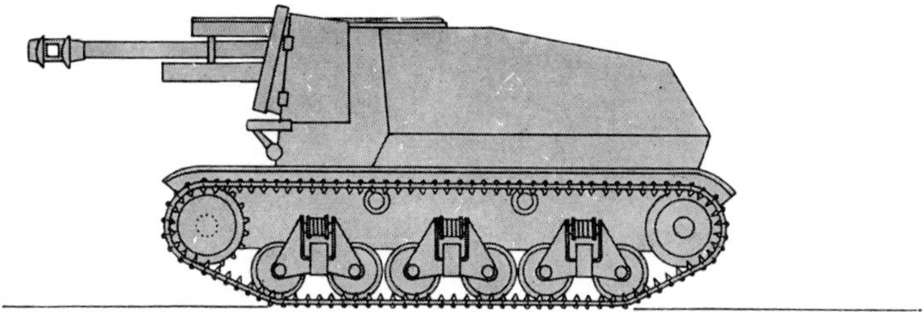

10,5 cm PANZERHAUBITZE 18 auf Sf 39 H (f)

L.: 528 B.: 187 H.: 208 PS: 80 Gew.: 9 Pz.: 12 Bes.: 5

Ähnlich:

10,5 cm Panzerhaubitze 18 auf GW LrS (f)
10,5 cm Panzerhaubitze 18 auf Sf 35 R (f)
10,5 cm Panzerhaubitze 18 auf Sf B 2 (f)
7,5 cm Pak 40/1 auf Sf LrS (f) „MARDER I“ (Sd Kfz. 135)
15 cm Panzerhaubitze 13/1 auf GW LrS (f) (Sd. Kfz. 135/1)

Besondere Merkmale: Auf den Fahrgestellen früherer französischer Panzerfahrzeuge (Hotchkiss, Renault, Lorraine) aufgebaute Geschütze. Meist sehr hoher Kampfraum, oben offen.

Beurteilung: Behelfskonstruktionen, oft überlastete Fahrgestelle und sehr geringes Leistungsgewicht.

Verwendung: 1942, meist von der Firma Alfred Becher in Krefeld umgebaute Beutefahrzeuge. Nur in geringer Stückzahl verwendet.

10,5 cm le. F.H. 18 auf Gw. F.C.M. (f)

15 cm s.F.H. 13 auf Gw. Lr.S. (Sd.Kfz. 135/1)

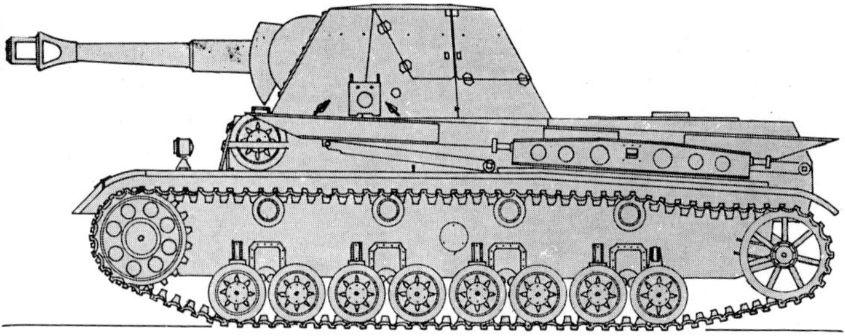

10,5 cm le. F.H. 18/40 auf Gw. IVb „HEUSCHRECKE"
(Sd.Kfz. 165/1) (Prototyp)

L.: 655 B.: 295 H.: 233 PS: 300 Gew.: 17,3 Bes.: 5 km/h: 40 Pz.: 20

Ähnlich:

10,5 cm le. F.H. 18/1 auf Gw. IVb (Sd.Kfz. 165/1) (8 Stück hergestellt)

Besondere Merkmale: Fahrgestell Pz.Kpfw. IV. Großer, abgeschrägter Drehturm. Geschütz in Walzenblende. Über Kettenabdeckung hochklappbares Laufkransystem mit dessen Hilfe der ganze Turm nach hinten abgelastet werden konnte. Turm nach Anstecken von 2 Rädern auch schleppbar.

Beurteilung: Erstes Versuchsmuster eines Waffenträgers mit ablastbarer Bewaffnung. Einfache Konstruktion.

Verwendung: Prototyp 1942. Nicht eingeführt, da normale le. F.H. nicht eingebaut werden konnte. Erst 1944 wieder aufgegriffene Fahrzeugklasse.

10 cm K 18 auf Pz.Sfl (2 Stück gebaut).

Prototyp (Sd.Kfz. 165/1) mit 10,5 cm le. F.H. 18/1. Versuchsfahrzeug für die Entwicklung von Selbstfahrlafetten aus dem Jahre 1942 auf dem verkürzten Fahrgestell Pz.Kpfw. IV.

10,5 cm le. F.H. 43 auf Waffenträger Gw IVb „Heuschrecke“. Versuchskonstruktion 1942. Über der Kettenabdeckung das hochklappbare Laufkransystem zum Ablasten der Waffe vom Fahrgestell.

15 cm PANZERHAUBITZE 18 (M)
auf Gw. III/IV „HUMMEL" (Sd.Kfz. 165)

L.: 580 B.: 292 H.: 281 PS: 300 Gew.: 23,5 Pz.: 30 Bes.: 6

Besondere Merkmale: Selbstfahrlafette auf dem Fahrgestell des Pz.Kpfw. IV unter Verwendung von Bauteilen des Pz.Kpfw. III. Hintenliegender Kampfraum mit hohen Wänden, an der Seite Lufteinlaßgitter. Schräge Fahrerfront mit Fahrererker.

Beurteilung: Sehr hoher Aufbau. Behelfslösung.

Verwendung: Seit 1943 bei Pz.Abt. der Pz.Div.

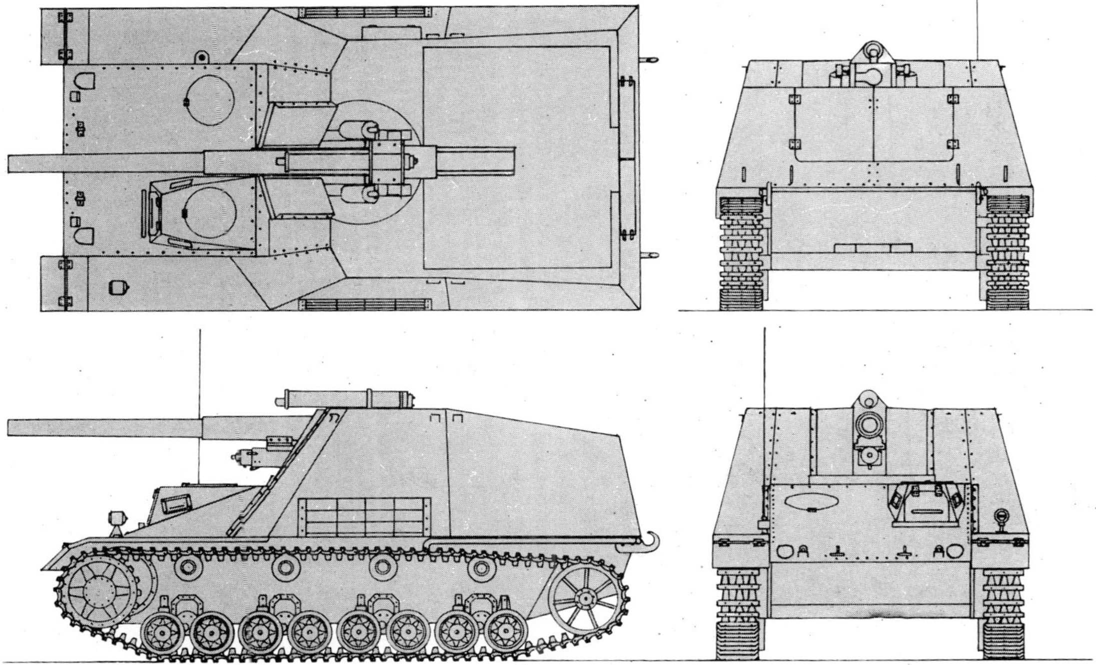

15 cm Panzerhaubitze 18 (M) auf Gw. III/IV „HUMMEL“.

Sonderfahrgestell **„Grille 10“**. Holzmodell der Firma Krupp.

Gerät 5-1211 „Grille 15“ der Firma Krupp. Die Bewaffnung (12,8 cm K 43) ist ablastbar angebracht.

„Grille 17/21“ (Holzmodell) für 17 cm Kanone oder 21 cm Mörser. Etwa 48 t schweres Projekt von Krupp.

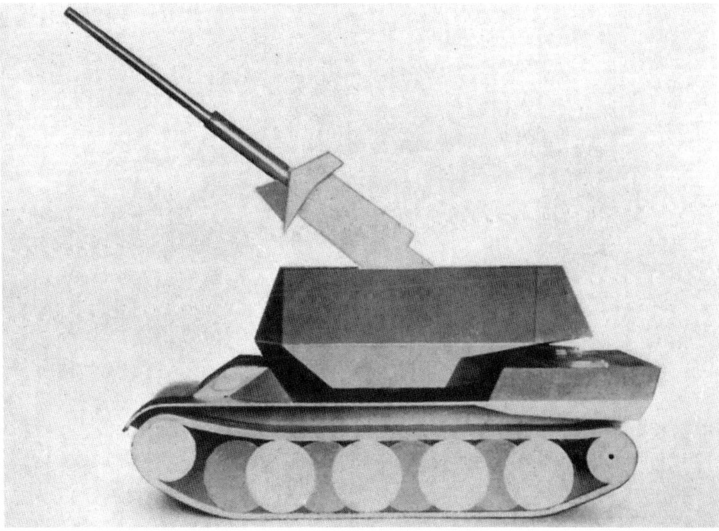

Flakpanzer V mit 8,8 cm Flak auf Fahrgestell „Panther“. (Holzmodell). Ähnlich Flakpanzer „Coelian“ für 3,7 cm Zwillingsflak 341 (Prototyp).

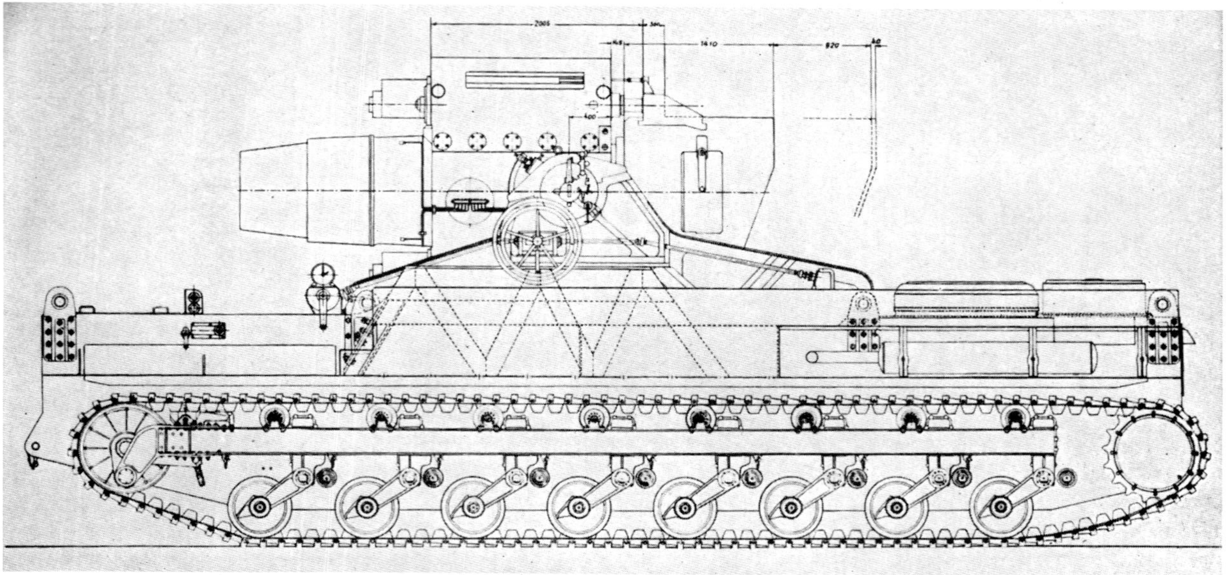

60 cm MÖRSER „KARL" (Gerät „040")

L.: 1115 B.: 315 H.: 478 PS: 580 Gew.: 120 km/h.: 10

Ähnlich: 54 cm Mörser (Gerät „041").

Besondere Merkmale: Wanne aus 12 mm Panzerstahl. Zum Schießen wird Fahrzeugkasten mittels Schwenkhebelvorrichtung auf den Erdboden abgesenkt. Für Straßentransport über längere Strecken zerlegt auf Culemeierfahrzeuge verlastet.

Verwendung: Nur in wenigen Fällen zum Angriff auf schwere Festungswerke, besonders

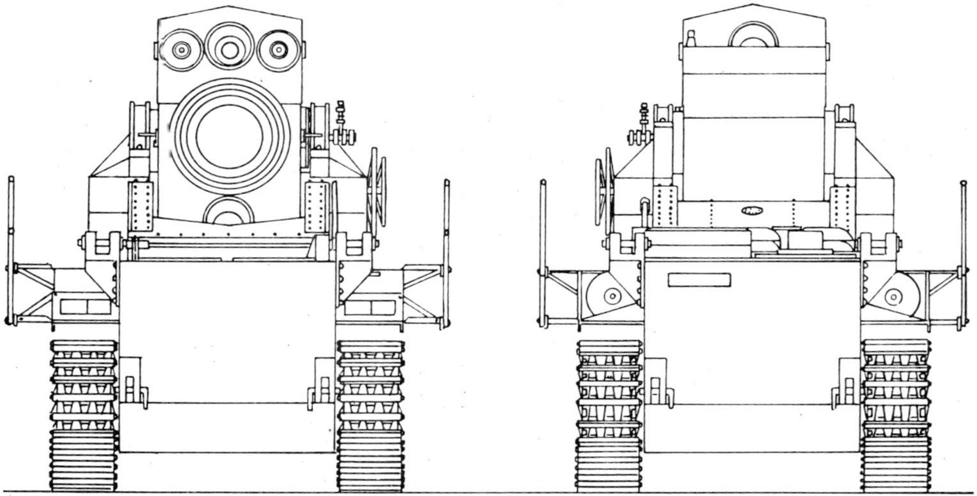

60 cm Mörser „KARL“

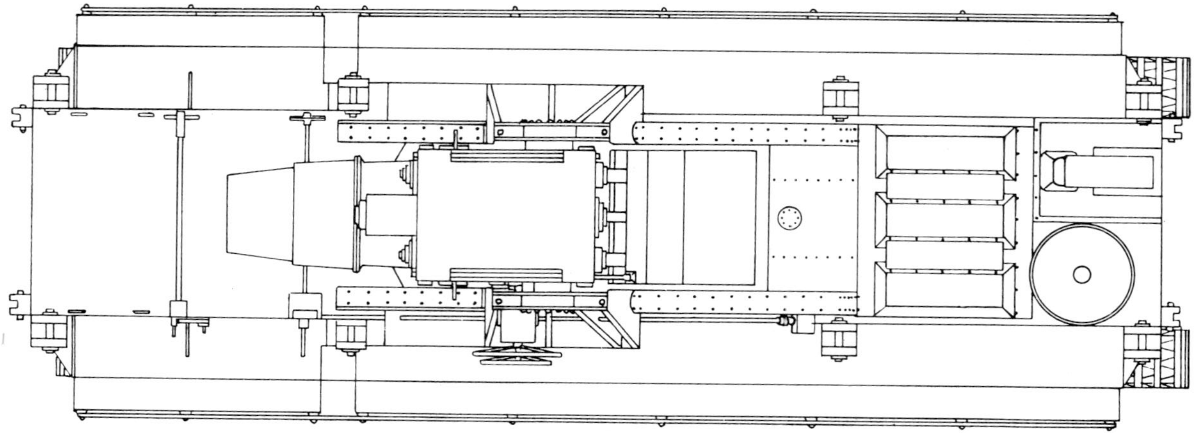

60 cm Mörser „KARL“

54 cm Mörser „KARL“ (Gerät „041“)

2 cm FLAK 38 L/55 auf Sf. 38 (t) (Sd.Kfz. 140)

L.: 461 B.: 214 H.: 225 PS: 150 Gew.: 9,8 Pz.: 10—50 Bes.: 5

Besondere Merkmale: Selbstfahrlafette mit hintenliegendem oben offenem Aufbau und aufgesetzter, rundum drehbarer Flak. Aufklärungspanzer mit Drehturm des le.Pz.Spw. (Sd.Kfz. 222).
Beurteilung: Übergangskonstruktionen zur Verwendung der Fahrgestelle des Pz.Kpfw. 38 (t) von Praga. Geringer Panzerschutz für Bedienung der Flak.
Verwendung: Flakpanzer in wenigen Exemplaren 1943 bei Flakzügen der Panzerabteilungen.
Weitere Entwicklung: Ein Flakpanzer „Kleiner Kugelblitz" mit 3-cm-Zwillingsflak 103/38 und gekoppelter 2-cm-Zwillingsflak 151/20 (beides ehem. Flugzeugkanonen) der Firma Daimler-Benz auf Fahrgestell 38 (d) 1944 im Entwicklungsstadium steckengeblieben.

Flakpanzer IV (2 cm) „WIRBELWIND“ auf Fgst.Pz. IV/3

L.: 592 B.: 292 H.: 276 PS: 272 Gew.: 22 Bes.: 5

Ähnlich:
3,7 cm Flak 43 L/60 „OSTWIND“ auf Sf. IV
3,7 cm Flak 43 L/60 auf Fgst.Pz. IV „MÖBELWAGEN“
2 cm Vierlingsflak 38 L/55 auf Sf. IV

Besondere Merkmale: Selbstfahrlafette IV mit nach vier Seiten herunterklappbaren Panzerwänden ohne Drehturm. „Wirbelwind“ und „Ostwind“ oben offene, kantige, abgeschrägte Drehtürme.
Beurteilung: Selbstfahrlafette unzureichender Panzerschutz in Feuerstellung. „Wirbelwind“ und „Ostwind“ zweckmäßige Übergangskonstruktionen, deren Waffen unter Panzerschutz auch im Erdkampf eingesetzt werden konnten. Sehr hoher Aufbau.
Verwendung: Selbstfahrlafette seit 1944 bei Flakzügen der Panzerregimenter. 150 „Wirbelwind“ seit 1944 bei Flakzügen der Panzer-Abteilungen. 40 „Ostwind“ seit 1945 bei Flakzügen der Panzerregimenter.
Weitere Entwicklung: Ein Prototyp „ZERSTÖRER 45“ der Firma Ostbau mit 3 cm Vierlingsflak 103/38 und eine Selbstfahrlafette mit 3,7 cm Zwillingsflak 43 der Firma Alkett entstanden 1944, wurden jedoch nicht eingeführt. Eine 3,7 cm Zwillingsflak 44 „OSTWIND II“ von Ostbau sowie eine 8,8 cm Flak auf Fahrgestell Pz.Kpfw. V und der Flakpanzer „COELIAN“ mit 3,7 cm Flakzwilling 341 (Rheinmetallwaffe, Kadenz 500, V° 1000 m/sec) auf Fahrg. Pz.Kpfw. V blieben im Entwicklungsstadium. 1945 im Truppenversuch „Kugelblitz“ (s. Seite 205).

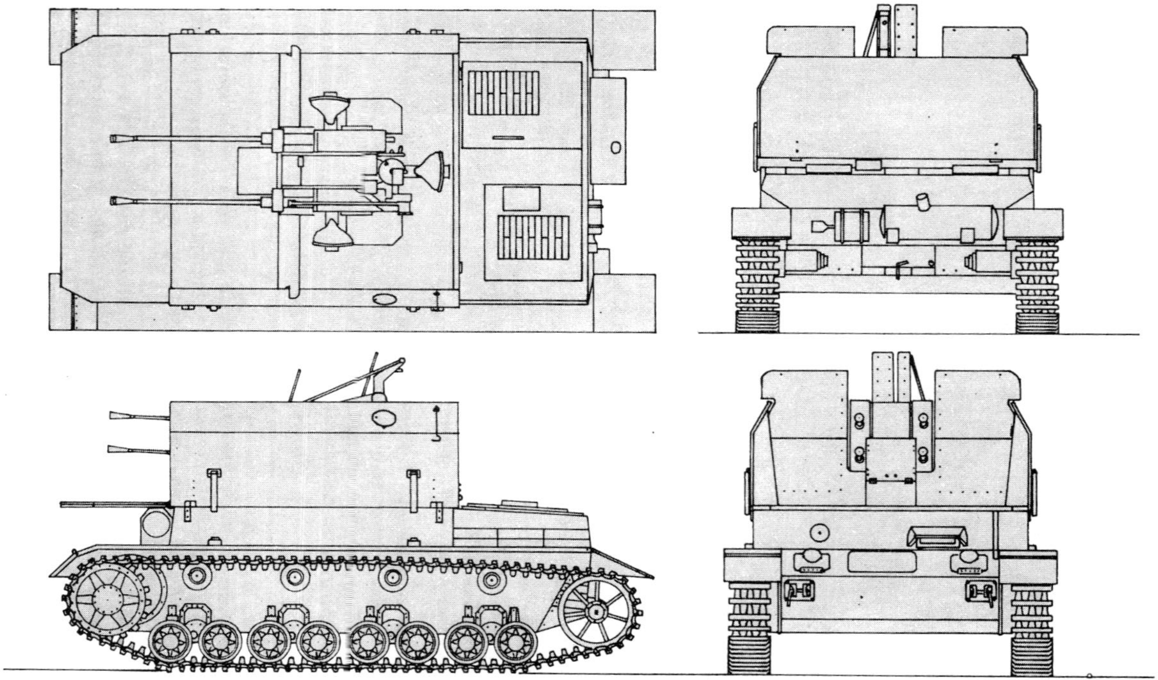

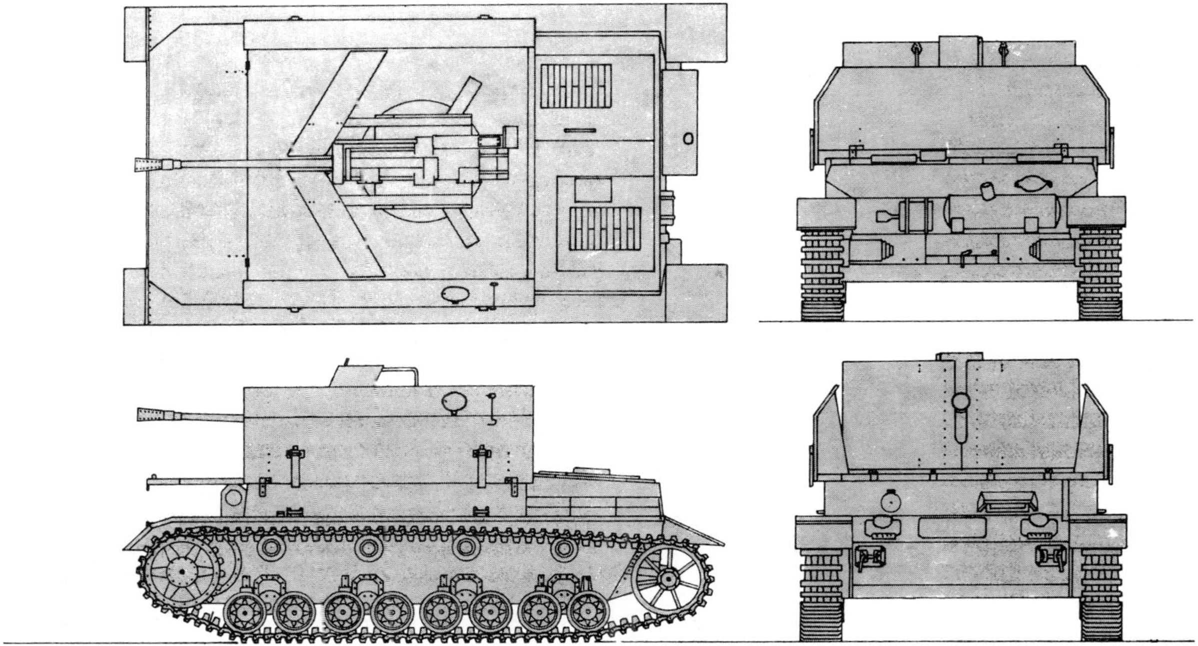

Flakpanzer IV (3,7 cm) auf Fgst. Pz.Kpfw. IV „Möbelwagen“

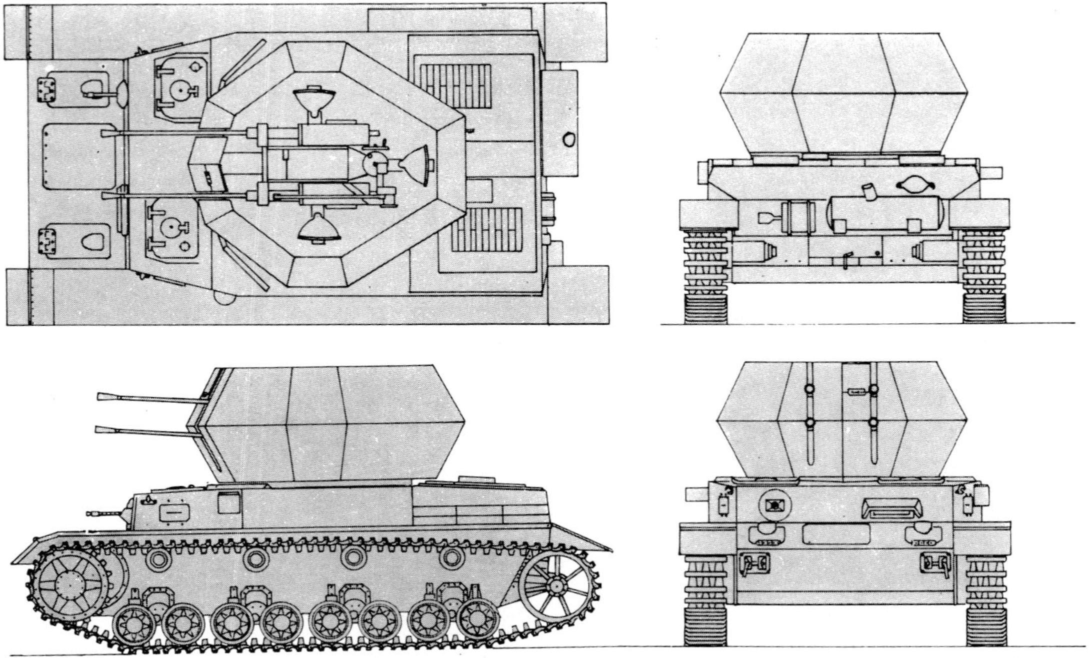

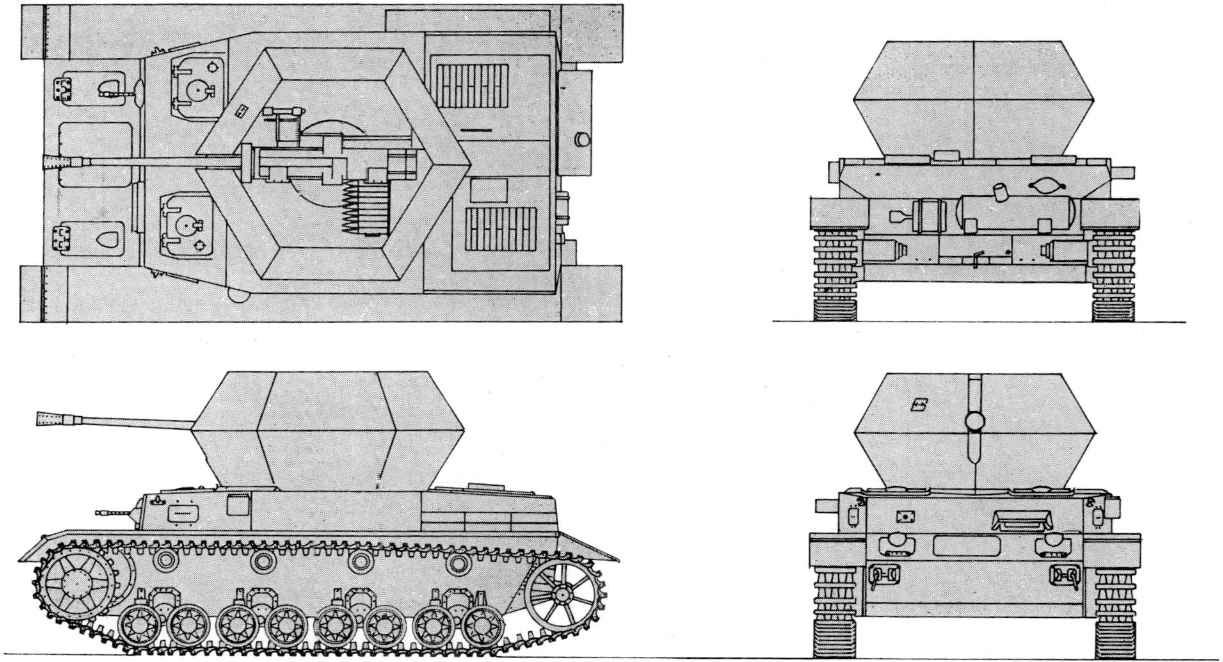

Flakpanzer IV (3,7 cm) auf Fgst. Pz.Kpfw. IV „Ostwind“

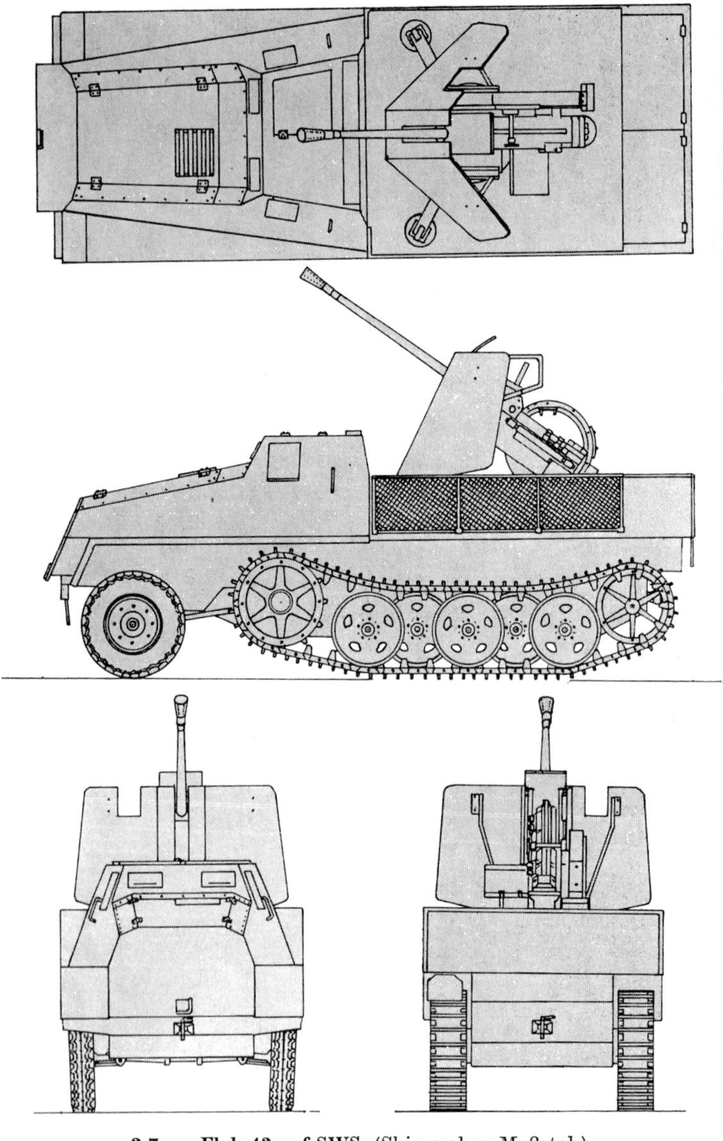

3,7 cm Flak 43 auf SWS. (Skizze ohne Maßstab).

2 cm Vierlingsflak 38 L/55 **auf Sf. IV.**

3,7 cm Flak 43 L/60 **auf Sf. IV.**

3,7 cm Flak 43 L/60 „Ostwind“ auf **Sf. IV.**

3,7 cm Flak 43 auf SWS. Nur das Fahrerhaus ist gepanzert.

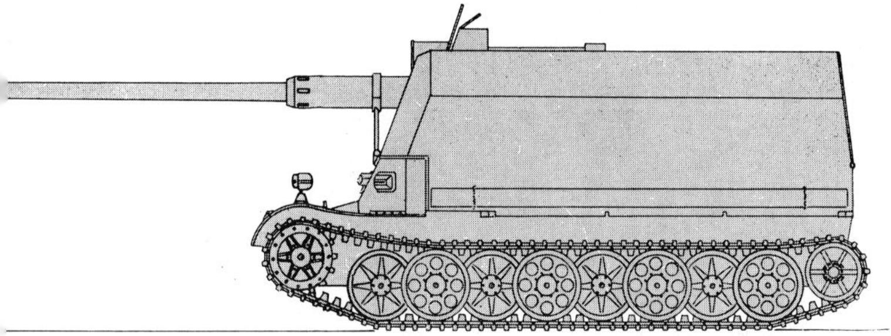

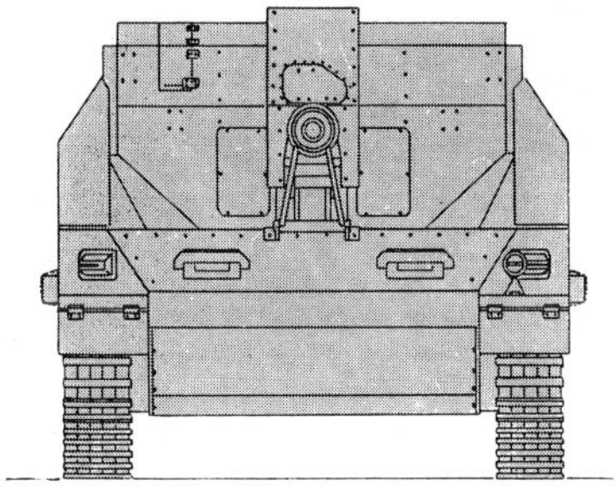

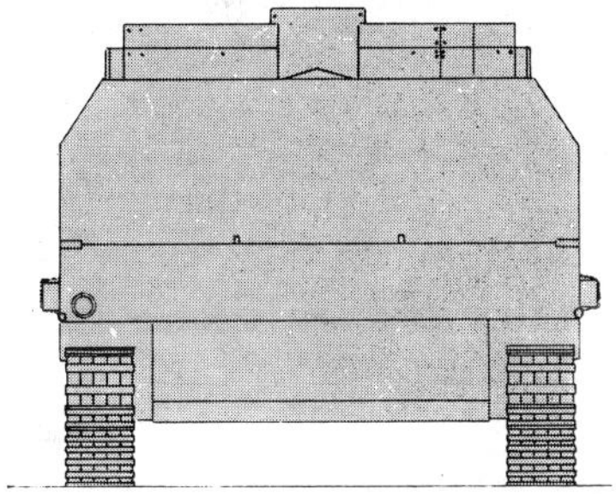

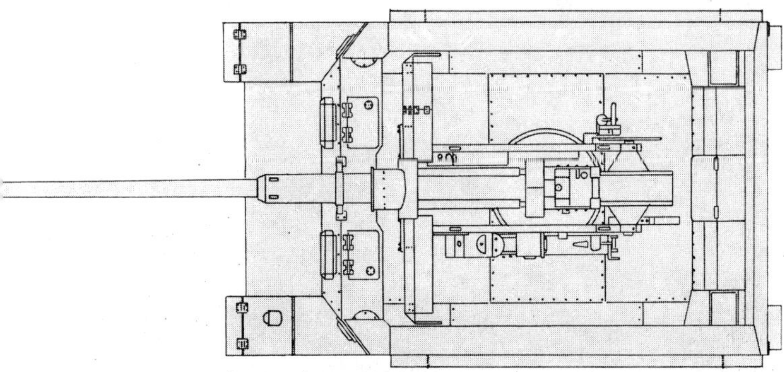

8,8 cm Flak auf Sonderfahrgestell. Fahrgestell wurde ursprünglich für den „schweren Panzerjäger“ entwickelt (nur Prototyp).

8,8 cm Flak auf Sonderfahrgestell.

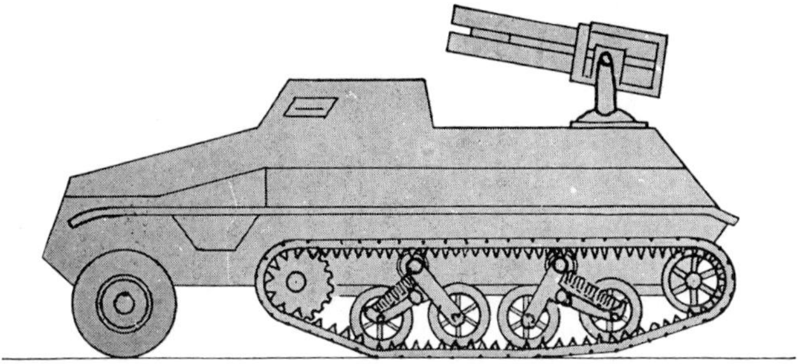

15 cm Nb.W. 42 auf 2 t „MAULTIER“ (Opel) (Sd.Kfz. 4/1)

Besondere Merkmale: Gepanzertes Fahrgestell „Maultier“ mit Carden-Loyd-Laufwerk. Flaches Heck mit dreh- und schwenkbar aufgesetztem Salvengeschütz mit 2×5 Rohren.

Beurteilung: Bewegliche Selbstfahrlafette von ausreichender Geländegängigkeit. Panzerung etwa wie SPW.

Verwendung: Seit 1944 bei Panzerwerferabteilungen. Heerestruppe zur Bildung von Feuerschwerpunkten.

15 cm PANZERWERFER

15 cm Panzerwerfer 42 (Zehnling) **auf SWS.** Niedriger, vollgepanzerter Aufbau zur Unterbringung von Munition auf dem Fahrgestell des schweren Wehrmachtsschleppers.

Werfer auf dem Halbketten-Fahrgestell SOMUA.

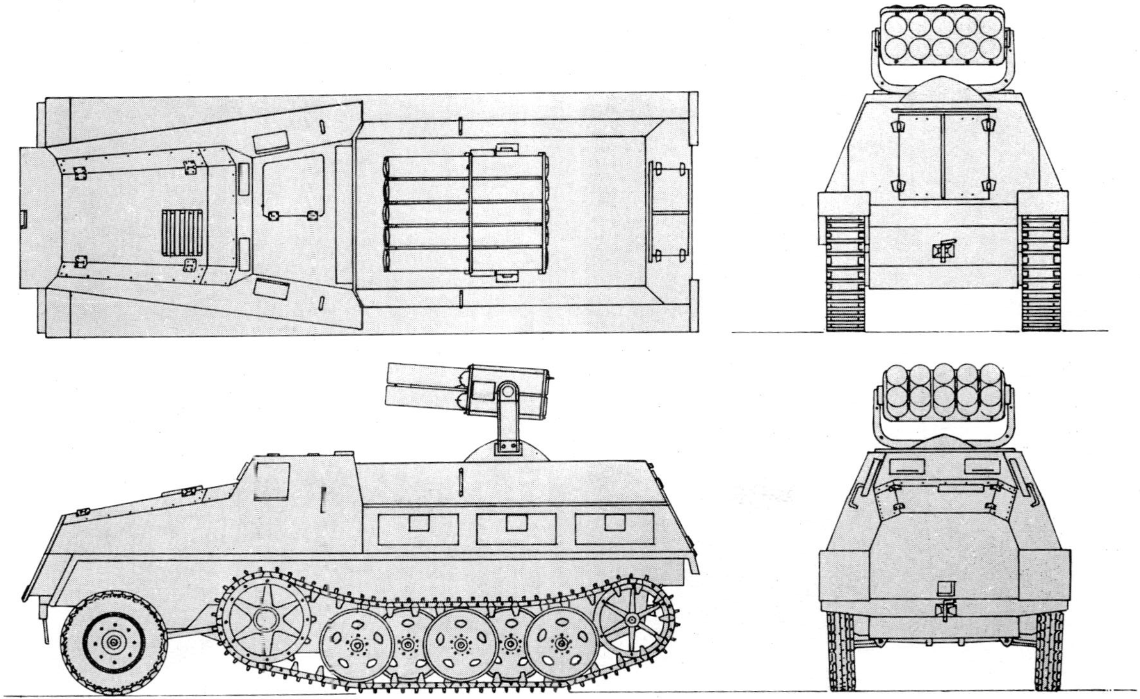

15 cm Panzerwerfer 42 (Zehnling) auf SWS. (Skizze ohne Maßstab).

10,5 cm LG 2540 RhSfl. Entwicklung der Firma Rheinmetall-Borsig 1941/42 auf Fgst. Borgward VK. 302.

7,5 cm Pak 40/1 auf Sf. RSO (Raupenschlepper Ost). Behelfslösung zur Beweglichmachung der Panzerjägereinheiten der Infanterie. Beachte die einfache und robuste Bauweise des Fahrgestells.

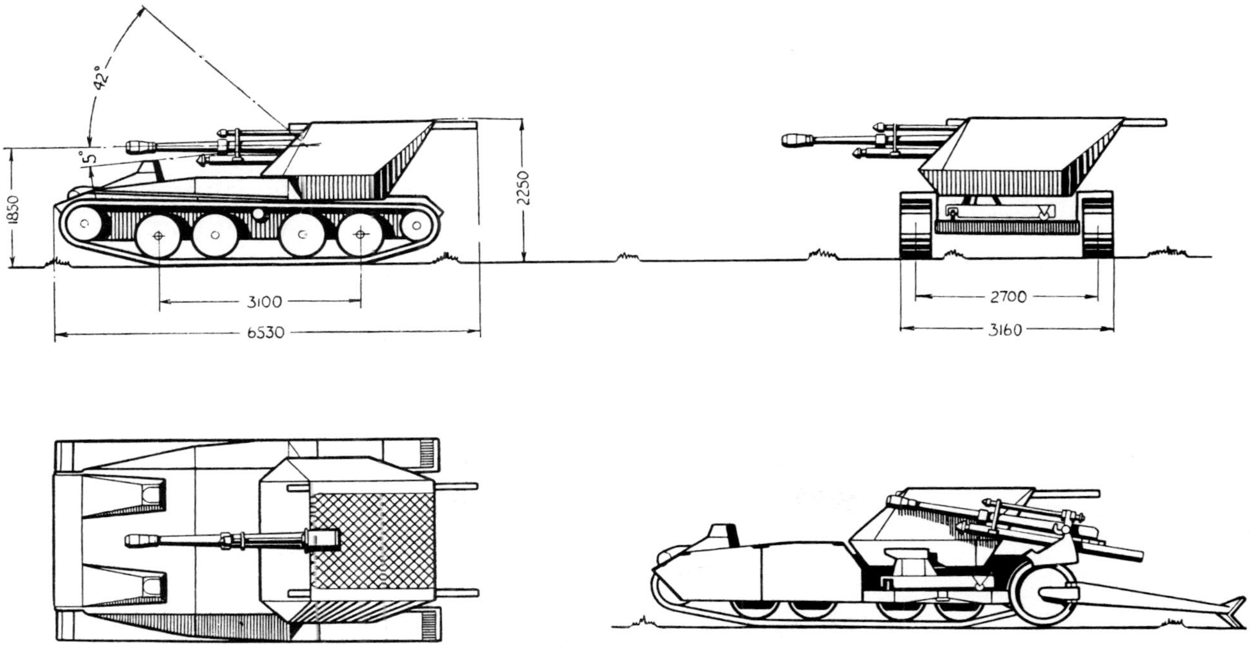

Waffenträger Größe I. Prototyp von Ardelt Ende 1944, hier mit 10,5 cm le. F.H. 18/40 L/28. Die normale le. F.H. konnte aus dem Drehturm auf die Feldlafette abgelastet werden. Fortschrittlichste Lösung einer Selbstfahrlafette für die Artillerie der Inf.-Div. Gefechtsgewicht: 14 t.

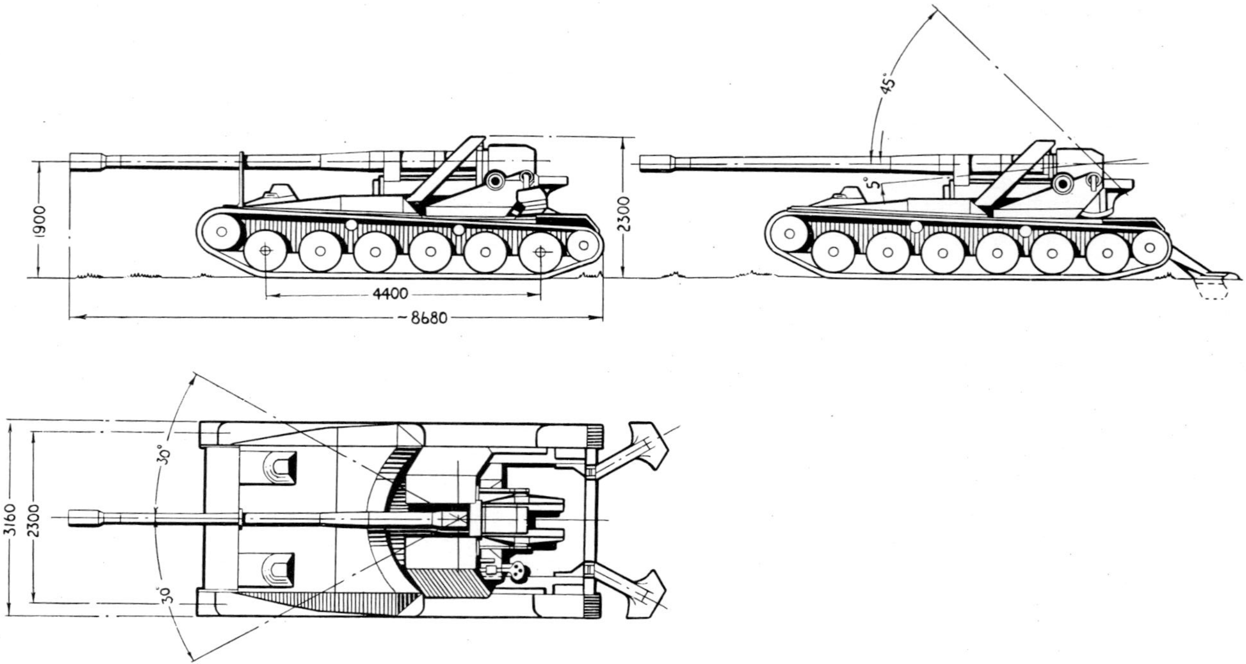

Waffenträger Größe II. Entwurf Ardelt 1943/44, hier mit 12,8 cm Kanone L/55. Beachte die sehr niedrige Feuerhöhe. Gefechtsgewicht mit 30 Schuß Munition 17,8 t

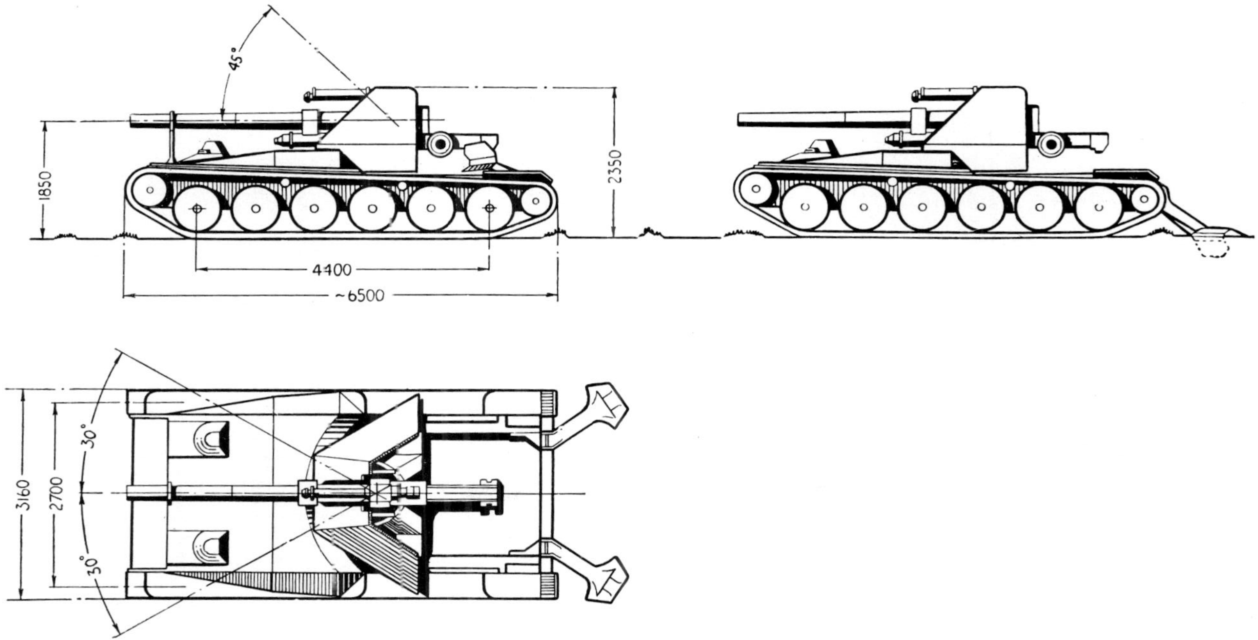

Waffenträger Größe II. Entwurf Ardelt 1943/44, hier mit s.F.H. 18 L/29,5. Ähnlich Waffenträger Größe II mit 8,8 cm Pak 43 L/71.

Bergepanzer „Luchs“.

Bergepanzer „Panther“.

Munitionspanzerwagen IV für 54 und 60 cm Mörser „Karl“.

Aufriß des **Minenräumpanzers „Räumer“**. Prototyp von Krupp. Überdimensionales Hochradfahrzeug mit Zentralgelenk. Das große Gewicht des Fahrzeugs sollte Panzerminen zur Detonation bringen. Die vordere Hälfte war 2,6 m, die hintere Hälfte 3,27 m breit. Die Höhe betrug 3,93 m und die Länge 15,63 m.

Vordere Hälfte des **„Räumer“**. Das Bild zeigt die Größe des schwer gepanzerten Fahrzeugs. Eine hybride Speziallösung, die nie eingesetzt wurde. Die 2,70 m hohen Räder sind 53 cm breit.

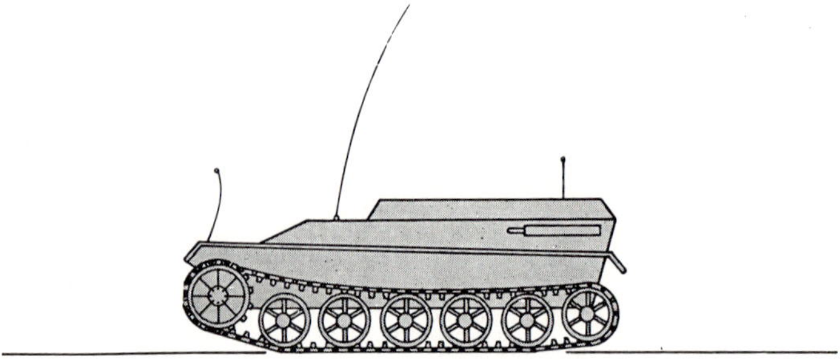

FUNKLENKPANZER B IV (Sd.Kfz. 301) Ausf. A, B und C

L.: 335 B.: 180 H.: 125 Gew.: 3,6 AR: 150

Besondere Merkmale: Kleines, niedriges Fahrzeug mit Funklenkeinrichtung. Am Bug durch Funklenkung abwerfbare 450-kg-Sprengladung oder Entgiftungsgerät. Funklenkbereich: 2 km.
Beurteilung: Schnelle und bewegliche Geräte. Beschränkte Verwendungsmöglichkeit für Spezialzwecke (Zerstören oder Blenden starker Feldbefestigungen, Beseitigen von Hindernissen, Minensuchen).
Verwendung: Seit 1944 bei einigen schweren (Heeres-) Panzerabteilungen „Tiger". Weiterentwicklung Funklenk-Pz. NSU „Springer".

FUNKLENKPANZER B IV beim Abwerfen der Sprengladung

Schwerer Wehrmachtsschlepper (SWS), teilgepanzert. Das Fahrgestell war als Ersatz zahlreicher Zugkraftwagen-Modelle gedacht und zeichnete sich durch besondere Einfachheit aus. Die abgebildete Version diente als Nachschubfahrzeug für gepanzerte Truppen und Selbstfahrlafette für 3,7 cm Flak.

BEOBACHTUNGSPANZER RK 7 (Sd.Kfz. 254)

Besondere Merkmale: Ehemalige österreichische Räder-Ketten-Konstruktion (Saurer). Wechselweise heb- und senkbar gelagertes Laufwerk- und Rädergestell. Ähnlich den schwedischen Landsverk-Baumustern von 1933. Abgeschrägter Aufbau. Motor vorn.

Beurteilung: Ziemlich kompliziertes Fahrgestell. Nicht voll ausgereifte Konstruktion. Schlechte Lenkbarkeit.

Verwendung: 1939 als einziges Räder-Ketten-Fahrzeug der Wehrmacht in geringer Zahl bei Pz.Art.Abt.

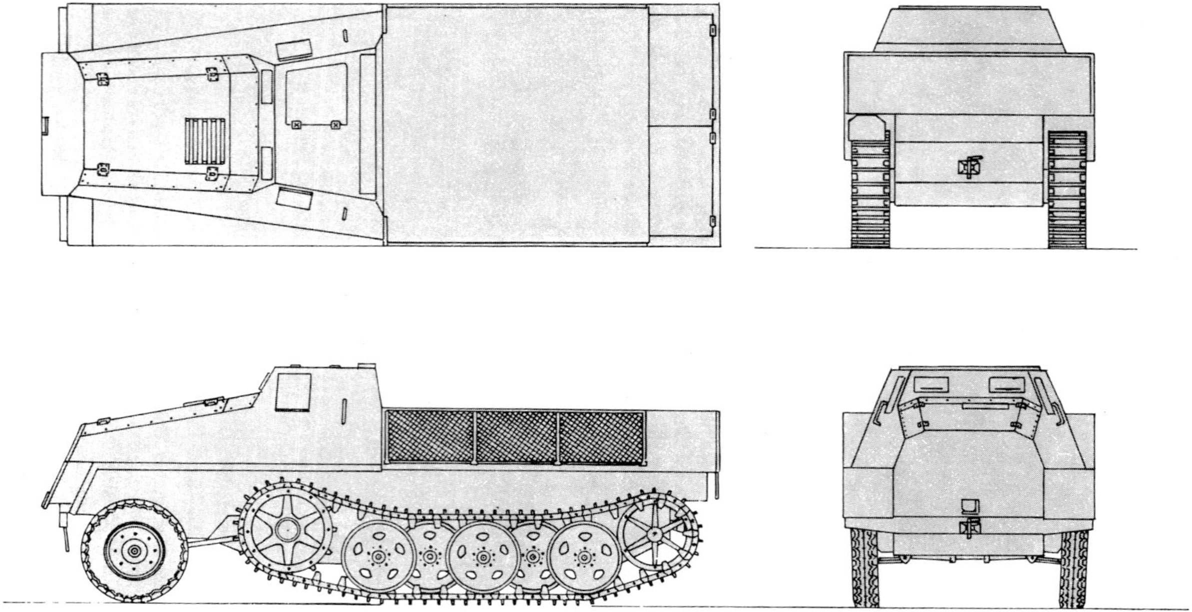

Schwerer Wehrmachtsschlepper (SWS)

Erklärungen zu den Tabellen

Fahrbereich: Die angeführten Zahlen sind ungefähre Höchstwerte für Bewegungen auf ebener Straße. Der Fahrbereich in schwerem Gelände ist durchweg erheblich geringer.

Kraftstoffverbrauch: Es ist auch hier der Verbrauch bei optimalen Verhältnissen angegeben.

Kraftstoffvorrat: Ohne Zusatzbehälter, jedoch einschl. Reservetank.

Breite: Die Breite über Ketten ergibt sich aus Spurweite + Kettenbreite.

Höhe: Einschl. Periskope und ähnliches, ohne Zusatzgeräte wie z. B. Fla-MG-Lafetten oder Antennen.

Feuerhöhe: Abstand zwischen Erdboden und Seelenachse der Hauptwaffe bei 0° Erhöhung.

Motor: Hinter der Motorart ist stellenweise noch das Taktverhältnis und die Kraftstoffart (O = Otto-, D = Dieselkraftstoff) angegeben.

PS: Höchster Gebrauchswert bei der angegebenen Umdrehungszahl einschließlich Ventilatorenantrieb.

Kg/PS: Verhältnis zwischen Motorgewicht und angegebener PS-Zahl.

U/min: Höchster Gebrauchswert.

Spurweite: Kettenmitte zu Kettenmitte.

Lenkverhältnis: Kettenauflagelänge: Spurweite.

Federart: Dr. bedeutet Drehstäbe, Bl. = Blattfedern, Schr. = Schraubenfedern.

Bodendruck: Spezifischer Druck auf weichem Boden bei etwa 2 cm Eindruck.

Überschreitfähigkeit: Durchschnittswert bei Gräben mit senkrechten Wänden.

Kletterfähigkeit: Stufe mit senkrechter Wand.

Watfähigkeit: Kann häufig durch einfache Zusatzgeräte gesteigert werden.

Kaliberlänge L: Die angegebene Zahl mit der Kaliberzahl multipliziert, ergibt die wirksame Rohrlänge.

Zielmittel: ZF = Zielfernrohr, Rdbl.F. = Rundblickfernrohr. EM = Entfernungsmesser.

Munitionsausstattung: Normalausstattung. In der Praxis meist höher.

Panzer/Art: G = überwiegend Gußstahl, W = überwiegend Walzstahl.

Bug: Vorderste senkrechte oder nach unten-rückwärts abgeschrägte Fläche.

Fahrerfront: Fläche vor dem Kopf des Fahrers.

Seite: Nur der über das Laufwerk herausragende Teil der Seite, meist Panzerkastenoberteil.

Blende: Meist gewölbtes Gußmaterial mit größter Stärke in der Mitte.

Front: Vorderfläche des Turms neben der Blende.

. bedeutet keine Angaben,

— bedeutet nichts vorhanden,

= bedeutet ebenso wie vorhergehender Typ.

) bedeutet geschätzte Angabe.

Bezeichnung Ausführung	Pz.Kpfw. I Sd.Kfz. 101 A	Pz.Kpfw. I Sd.Kfz. 101 B	Kl.Pz.Bef.Wg. Sd.Kfz. 265
Gefechtsgewicht t	5,4	6,0	5,88
Turmgewicht t	.	.	—
Höchstgeschwindigkeit km/h			
Straße	37	40	=
Gelände	.	.	.
Fahrbereich km			
Straße	145	140	170
Gelände	97	115	115
Kraftstoffverbrauch l/100 km Straße	100	103	85
Kraftstoffvorrat l	145	=	=
Länge über alles cm	402	442	=
Länge ohne Rohr cm	402	442	=
Rohrüberstand cm	0	0	0
Breite über alles cm	206	=	=
⌀ Turmdrehkranz cm	.	.	.
Höhe cm	172	=	199
Feuerhöhe cm	.	.	.
Motor Anzahl/Zyl./Art	1/4/B/O	1/6/R/O	=
Typ	Krupp	Maybach	=
	M 305	NL 38 TR	=
PS/kg:PS	57/.	100/4,30	=
Kühlung/Hubraum	L/3,46	W/3,79	=
Umdr./Min.	2500	3000	=
Wechselgetriebe Art	Schieberäder	Schieberäder	=
	ZF.FG 35	ZF.FG 31	=
Gänge	5 V 1 R	=	=
Lenkung Art	Kupplungs	=	=
Wendung auf der Stelle	.	.	.
Geringster Außenkreis	2,1	2,1	2,1
Antriebslage	vorne	=	=
Kettenauflagelänge cm	247	247	=
Kettenbreite Ges. cm	28	=	=
Spurweite cm	167	=	=
Lenkverhältnis L:S	1,48	1,45	=
Kettenart	.	.	.
Kettenteilung	84 Glieder	100	=
Laufrolle ⌀/Breite cm	.	.	.
Federart/Fed. je Rolle	Bl./1,1/4	=	=
Leistungsgewicht PS:t	19,5	16,7	17,0
Bodendruck Ges. kg:cm²	0,40	0,42	0,43
Bodenfreiheit cm	29	29	=
Überschreitet cm	140	=	=
Klettert cm	36	=	=
Steigt	30°	=	=
Watet cm	58	=	=

Bezeichnung Ausführung	Pz.Kpfw. I Sd.Kfz. 101 A	Pz.Kpfw. I Sd.Kfz. 101 B	Kl.Pz.Bef.Wg. Sd.Kfz. 265
Geschütz Kal. cm/Typ	—	—	—
Kaliberlänge L	—	—	—
Mündungsgeschwindigkeit Pz.Gran. m/sec.	—	—	—
Mündungsgeschwindigkeit Spr.Gran. m/sec.	—	—	—
Turm-MG Zahl/Kal. mm	2/7,92	=	1/7,92
Fla-MG Zahl/Kal. mm	—	—	—
Bug-MG Zahl/Kal. mm	—	—	—
MP Zahl/Kal. mm	.	.	.
Nahkampfmittel	.	.	.
Zielmittel	TZF 2	=	=
Granaten Anzahl	—	—	—
MG-Patronen	1525	=	900
MP-Patronen	.	.	.
Besatzung	2	=	3
Turmdrehung	Hd.	=	—
Panzer Wanne Art	W	=	=
Bug mm/°	13/63	=	14,5+17/65
Fahrerfront mm/°	13/68	=	14,5+17/67
Seite unten mm/°	13/90	=	=
Seite oben mm/°	13/73—82	=	14,5/67—72
Heck mm/°	13/50—75	=	14,5/35—70
Decke mm/°	6/0—58	=	7/15
Boden mm/°	6/0	=	=
Panzer Turm Art	.	.	.
Blende Höchst mm/°	.	.	.
Front mm/°	13/80	=	14,5+17/67
Seite mm/°	13/68	=	14,5/67—72
Heck mm/°	13/68	=	14,5/70
Decke mm/°	8/0—18	=	8/0
Bemerkungen			

Bezeichnung Ausführung	Pz.Kpfw. II Sd.Kfz. 121 D—E	Pz.Kpfw. II Sd.Kfz. 121 F—J	„Luchs" Sd.Kfz. 123 L
Gefechtsgewicht t	10,0	9,5	11,8
Turmgewicht t	.	.	.
Höchstgeschwindigkeit km/h			
Straße	55	40	60
Gelände	19	=	.
Fahrbereich km			
Straße	200	200	250
Gelände	130	100	150
Kraftstoffverbrauch l/100 km Straße	100	85	95
Kraftstoffvorrat l	200	170	236
Länge über alles cm	464	481	463
Länge ohne Rohr cm	464	481	463
Rohrüberstand cm	0	0	0
Breite über alles cm	230	228	249
ø Turmdrehkranz cm	.	=	.
Höhe cm	202	.	213
Feuerhöhe cm	.	159	.
Motor Anzahl/Zyl./Art	1/6/R/O	=	=
Typ	Maybach	=	=
	HL 62 TRM	=	HL 66 P
PS/kg:PS	140/4,35	=	180/2,67
Kühlung/Hubraum	W/6,19	=	W/6,75
Umdr./Min.	2600	=	3200
Wechselgetriebe Art	Synchron	=	=
	SSG 46	=	=
Gänge	6 V 1 R	=	=
Lenkung Art	Kupplungs-	=	=
Wendung auf der Stelle	nein	=	=
Geringster Außenkreis	.	4,8	.
Antriebslage	vorne	=	=
Kettenauflagelänge cm	220	240	220
Kettenbreite Ges. cm	30	=	36
Spurweite cm	192	=	207
Lenkverhältnis L:S	1,17	1,27	1,06
Kettenart	.	.	geschmiert
Kettenteilung	106	=	96
Laufrolle ø/Breite cm	.	.	.
Federart/Fed. je Rolle	Drehstab	Blattfedern	Dr./1
Leistungsgewicht PS:t	14,0	14,7	15,2
Bodendruck Ges. kg:cm²	0,8	0,66	0,75
Bodenfreiheit cm	29	34	34
Überschreitet cm	175	170	.
Klettert cm	42	=	.
Steigt	24°	30°	30°
Watet cm	85	92	132

Bezeichnung Ausführung	Pz.Kpfw. II Sd.Kfz. 121 D—E	Pz.Kpfw. II Sd.Kfz. 121 F—J	„Luchs" Sd.Kfz. 123 L
Geschütz Kal. cm/Typ	2/KwK. 30 od. 38	=	2/KwK. 38
Kaliberlänge L	55	=	=
Mündungsgeschwindigkeit Pz.Gran. m/sec.	800—990	=	=
Mündungsgeschwindigkeit Spr.Gran. m/sec.	800	=	=
Turm-MG Zahl/Kal. mm	1/7,92	=	=
Fla-MG Zahl/Kal. mm	—	—	—
Bug-MG Zahl/Kal. mm	—	—	—
MP Zahl/Kal. mm	.	.	.
Nahkampfmittel	.	.	.
Zielmittel	TZF 4	TZF 4/36 o. 38	TZF 6 o. 6/38
Granaten Anzahl	180	=	330
MG-Patronen	1425	2550	2250
MP-Patronen	.	.	.
Besatzung	3	3	4
Turmdrehung	Hd.	=	=
Panzer Wanne Art	W	=	=
Bug mm/°	30/58*)	35/77	30/65
Fahrerfront mm/°	30/87*)	30/80	20/90
Seite unten mm/°	15/90	20/90	=
Seite oben mm/°	14,5/90	20/90	30/85
Heck mm/°	14,5/83	–	20/60
Decke mm/°	14,5/0	=	13/0
Boden mm/°	5/0	=	10/0
Panzer Turm Art	.	.	.
Blende Höchst mm/°	.	.	.
Front mm/°	30/gew.	30/gew.	30/80
Seite mm/°	14,5/67	15/68	15/70
Heck mm/°	14,5/68	=	20/70
Decke mm/°	10/0—16	10/0—13	13/0—10
Bemerkungen	*) später 20 Zusatz		

Bezeichnung Ausführung	Pz.Kpfw. III Sd.Kfz. 141 A	 B, C	 D	 E
Gefechtsgewicht t	15,0	=	19,3	19,5
Turmgewicht t	.	.	.	.
Höchstgeschwindigkeit km/h				
Straße	32	=	40	40
Gelände	.	.	.	18
Fahrbereich km				
Straße	150	=	165	175
Gelände	95	.	95	97
Kraftstoffverbrauch				
l/100 km Straße	200	=	182	183
Kraftstoffvorrat l	300	=	=	320
Länge über alles cm	569	=	541	=
Länge ohne Rohr cm	569	=	541	.
Rohrüberstand cm	0	=	=	=
Breite über alles cm	281	=	291	=
ø Turmdrehkranz cm	.	.	.	.
Höhe cm	234	254	244	=
Feuerhöhe cm	.	.	189	.
Motor Anzahl/Zyl./Art	1/12/V/O	=	=	=
Typ	Maybach	=	=	=
	HL 108 TR	=	HL 120 TR	HL 120 TRM*)
PS/kg : PS	230/4,01	=	320/2,88	300/3,07
Kühlung/Hubraum	W/10,84	=	W/11,87	=
Umdr./Min.	2600	=	3000	=
Wechselgetriebe Art	.	.	Variorex	=
	ZF.SFG 75	=	ZF. SSG 76	=
Gänge	5 V 1 R	=	10 V 1 R	=
Lenkung Art	Kupplungs-	=	Einradien	Kupplungs-
Wendung a. d. Stelle	nein	=	=	=
Geringster Außenkreis	.	5,8	=	=
Antriebslage	vorne	=	=	=
Kettenauflagelänge cm	286	=	=	=
Kettenbreite Ges. cm	36	=	=	=
Spurweite cm	249	=	=	=
Lenkverhältnis L : S	1,15	=	=	=
Kettenart	trocken	=	=	=
Kettenteilung	99 Glieder	=	=	=
Laufrolle ø/Breite cm	.	.	.	.
Federart/Fed. je Rolle	Schr./1	Bl./¼	=	Dr./1
Leistungsgewicht PS/t	15,3	=	16,6	15,4
Bodendruck Ges. kg : cm²	973	=	0,93	0,95
Bodenfreiheit cm	38	=	=	=
Überschreitet cm	260	230	=	=
Klettert cm	60	=	=	=
Steigt	30°	=	=	35°
Watet cm	80	.	100	80

Bezeichnung	Pz.Kpfw. III Sd.Kfz. 141			
Ausführung	A	B, C	D	E
Geschütz Kal. cm/Typ	3,7/KwK.	=	=	5/KwK.
Kaliberlänge L	45	=	=	42
Mündungsgeschw. Pz.Gran. m/sec	762—1030	=	=	685
Mündungsgeschw. Spr.Gran. m/sec	.	.	.	.
Turm-MG Zahl/Kal. mm ...	2/7,92	=	=	1/7,92
Fla-MG Zahl/Kal. mm ...	—	—	—	—
Bug-MG Zahl/Kal. mm ...	1/7,92	=	=	=
MP Zahl/Kal. mm ...	.	.	.	.
Nahkampfmittel	.	.	.	.
Zielmittel	TZF 5a	=	=	=
Granaten Anzahl	150	=	=	99
MG-Patronen	4500	=	=	2000
MP-Patronen	.	.	.	.
Besatzung	5	=	=	=
Turmdrehung	Hd.	=	=	=
Panzer Wanne Art	W	=	=	=
Bug mm/°	14,5/69	=	30/69	=
Fahrerfront mm/°	14,5/81	=	30/81	=
Seite unten mm/°	14,5/90	=	30/90	=
Seite oben mm/°	14,5/90	=	30/90	=
Heck mm/°	14,5/77—80	=	30/77—80	=
Decke mm/°	18/0	=	=	=
Boden mm/°	14,5/0	=	30/0	=
Panzer Turm Art	W+G	=	=	=
Blende Höchst mm/°	.	.	.	.
Front mm/°	14,5/75	=	30/75	=
Seite mm/°	14,5/65	=	30/65	=
Heck mm/°	14,5/78	=	30/78	=
Decke mm/°	10/0—7	=	=	=
Bemerkungen				*) z.T. mit HL 120 TR

Bezeichnung / Ausführung	Pz.Kpfw. III Sd.Kfz. 141 F, G	Sd.Kfz. 141 H	Sd.Kfz. 141/1 J, L	Sd.Kfz. 141/2 M, N
Gefechtsgewicht t	20,3	21,6	22,3	=
Turmgewicht t	.	.	.	.
Höchstgeschwindk. km/h				
Straße	40	=	=	=
Gelände	18	=	19	=
Fahrbereich km				
Straße	175	=	=	=
Gelände	97	=	=	=
Kraftstoffverbrauch l/100 km Straße	183	=	=	=
Kraftstoffvorrat l	320	=	=	=
Länge über alles cm	541	552	641	= *)
Länge ohne Rohr cm	541	552	=	=
Rohrüberstand cm	0	=	89	= **)
Breite über alles cm	292	295	=	=
⌀ Turmdrehkranz cm	.	.	.	.
Höhe cm	244	250	251	=
Feuerhöhe cm	.	.	190	=
Motor Anzahl/Zyl./Art.	1/12/V/O	=	=	=
Typ	Maybach	=	=	=
	HL 120 TRM	=	=	=
PS/kg: PS	300/3,07	=	=	=
Kühlung/Hubraum	W/11,87	=	=	=
Umdr./Min.	3000	=	=	=
Wechselgetriebe Art	Variorex	=	Synchron	=
	SGR 328.145	ZF.SSG 77	=	=
Gänge	10 V 1 R	6 V 1 R	=	=
Lenkung Art	Kupplungs-	=	=	=
Wendung a. d. Stelle	nein	=	=	.
Geringster Außenkreis	5,8	=	=	.
Antriebslage	vorne	=	vorne	=
Kettenauflagelänge cm	286	=	286	=
Kettenbreite Ges. cm	36	40	=	=
Spurweite cm	249	251	=	=
Lenkverhältnis L : S	1,14	=	=	=
Kettenart	trocken	=	=	=
Kettenteilung	99 Glieder	=	=	=
Laufrolle ⌀/Breite cm	.	.	.	.
Federart/Fed. je Rolle	Dr./1	=	=	=
Leistungsgewicht PS : t	14,8	13,9	13,5	=
Bodendruck Ges. kg : cm²	0,99	0,95	0,94	=
Bodenfreiheit cm	38	=	41	=
Überschreitet cm	230	259	=	=
Klettert cm	60	=	=	=
Steigt	30°	=	=	=
Watet cm	80	=	=	130***)

Bezeichnung / Ausführung	Pz.Kpfw. III Sd.Kfz. 141 F, G	Sd.Kfz. 141 H	Sd.Kfz. 141/1 J, L	Sd.Kfz. 141/2 M, N
Geschütz Kal. cm/Typ	5/KwK.	=	5/KwK. 39*)	7,5/KwK.
Kaliberlänge L	42	=	60	24†)
Mündungsgeschw. Pz.Gran. m/sec	685	=	823—1198	385
Mündungsgeschw. Spr.Gran. m/sec	.	.	549	420
Turm-MG Zahl/Kal. mm	1/7,92	=	=	=
Fla-MG Zahl/Kal. mm	—	—	—	—
Bug-MG Zahl/Kal. mm	1/7,92	=	=	=
MP Zahl/Kal. mm	.	.	1/9	=
Nahkampfmittel	.	.	.	.
Zielmittel	TZF 5 d	=	TZF 5 d, e	TZF 5 b
Granaten Anzahl	99	=	78	64
MG-Patronen	2000	=	2000**)	3450
MP-Patronen	.	.	.	.
Besatzung	5	=	=	=
Turmdrehung	Hd.	=	=	=
Panzer Wanne Art	W	=	=	=
Bug mm/°	30/69	30+30/69	50/69	=
Fahrerfront mm/°	30/81	30+30/81	50/81***)	50+20/81
Seite unten mm/°	30/90	=	=	=
Seite oben mm/°	30/90	=	=	=
Heck mm/°	30/77—80	30+30/77-80	53/77—80***)	50/77—80
Decke mm/°	18/0	=	=	=
Boden mm/°	30/0	=	=	=
Panzer Turm Art	W+G	=	W+G	=
Blende Höchst mm/°	.	.	.***)	57/.
Front mm/°	30/75	=	30/75***)	57+20/75
Seite mm/°	30/65	=	=	=
Heck mm/°	30/78	=	=	=
Decke mm/°	10/0—7	30/0—7	10/0—7	=
Bemerkungen			*) J z.T. mit 5 cm KwK L/42 und 99 Schuß **) L=4950 ***) L=wie M	*) N=552 **) N=0 ***) N=89 †) M=teilw. auch wie L

Bezeichnung	Pz.Kpfw. IV Sd.Kfz. 161			
Ausführung	A	B	C	D
Gefechtsgewicht t	17,3	17,7	20,0	=
Turmgewicht t	.	.	.	.
Höchstgeschwindk. km/h				
Straße	30	40	=	=
Gelände	17	20	=	=
Fahrbereich km				
Straße	150	200	=	=
Gelände	100	130	=	=
Kraftstoffverbrauch				
l/100 km Straße	313	235	=	=
Kraftstoffvorrat l	470	=	=	=
Länge über alles cm	560	587	=	591
Länge ohne Rohr cm	560	587	=	591
Rohrüberstand cm	0	=	=	=
Breite über alles cm	285	=	=	286
⌀ Turmdrehkranz cm	165	=	=	=
Höhe cm	259	=	=	268
Feuerhöhe	.	195	=	=
Motor Anzahl/Zyl./Art	1/12/V/O	=	=	=
Typ	Maybach	=	=	=
	HL 108 TR	HL 120 TR	HL 120 TRM	=
PS/kg : PS	250/4,01	320/2,88	300/3,07	=
Kühlung/Hubraum	W/10,84	W/11,87	=	=
Umdr./Min.	3000	=	=	=
Wechselgetriebe Art	Synchron	=	=	=
	ZF.SFG 75	ZF.SSG 76	=	=
Gänge	5 V 1 R	6 V 1 R	=	.
Lenkung Art	Kupplungs-	=	=	=
Wendung a. d. Stelle	nein	=	=	=
Geringster Außenkreis	5,92	=	=	=
Antriebslage	vorne	=	=	=
Kettenauflagelänge cm	352	=	=	=
Kettenbreite Ges. cm	38	=	=	=
Spurweite cm	239	=	=	=
Lenkverhältnis L : S	1,47	=	=	=
Kettenart	trocken	=	=	=
Kettenteilung	101 Glieder	=	=	=
Laufrolle ⌀/Breite cm	.	.	.	.
Federart/Fed. je Rolle	Bl./1/2	=	=	=
Leistungsgewicht PS : t	14,4	18,1	15,0	=
Bodendruck Ges. kg : cm²	0,65	0,66	0,75	=
Bodenfreiheit cm	40	=	=	=
Überschreitet cm	230	=	=	=
Klettert cm	60	=	=	=
Steigt	35°	30°	=	=
Watet cm	80	=	=	100

Bezeichnung / Ausführung	Pz.Kpfw. IV Sd.Kfz. 161 A	B	C	D
Geschütz Kal. cm/Typ	7,5/KwK.	=	=	=
Kaliberlänge L	24	=	=	=
Mündungsgeschw. Pz.Gran. m/sec.	385	=	=	=
Mündungsgeschw. Spr.Gran. m/sec.	420	=	=	=
Turm-MG Zahl/Kal. mm	1/7,92	=	=	=
Fla-MG Zahl/Kal. mm	—	—	—	—
Bug-MG Zahl/Kal. mm	1/7,92	—	—	1/7,92
MP Zahl/Kal. mm	.	.	.	.
Nahkampfmittel	.	.	.	.
Zielmittel	TZF 5 b o. TZF 5 b/36	=	=	=
Granaten Anzahl	80	=	=	=
MG-Patronen	2700	=	.	2700
MP-Patronen	.	.	.	.
Besatzung	5	=	=	=
Turmdrehung	Hd.-El.	=	=	=
Panzer Wanne Art	W	=	=	=
Bug mm/°	14,5/78	30/78	=	=
Fahrerfront mm/°	14,5/80	30/80	=	=
Seite unten mm/°	14,5/90	=	=	20/90
Seite oben mm/°	14,5/90	=	=	20/90
Heck mm/°	15/78—90	=	14,5/78—90	20/78—00
Decke mm/°	11/0	=	=	=
Boden mm/°	8/0	=	=	10/0
Panzer Turm Art	W + G	=	=	=
Blende Höchst mm/°	.	.	.	.
Front mm/°	20/79	=	30/79	=
Seite mm/°	20/64	=	=	=
Heck mm/°	20/74	=	=	=
Decke mm/°	10/0—6	=	=	=
Bemerkungen				

Bezeichnung Ausführung	Pz.Kpfw. IV Sd.Kfz. 161 E	Pz.Kpfw. IV Sd.Kfz. 161 F 1	Pz.Kpfw. IV Sd.Kfz. 161 F 2
Gefechtsgewicht t	21	22,3	23,6
Turmgewicht t	.	.	.
Höchstgeschwindigkeit km/h			
Straße	42	=	40
Gelände	20	=	16
Fahrbereich km			
Straße	200	=	=
Gelände	130	=	=
Kraftstoffverbrauch l/100 km Straße	235	=	=
Kraftstoffvorrat l	470	=	=
Länge über alles cm	591	593	663
Länge ohne Rohr cm	591	593	593
Rohrüberstand cm	0	=	70
Breite über alles cm	286	288	=
⌀ Turmdrehkranz cm	165	=	=
Höhe cm	268	=	=
Feuerhöhe cm	195	196	.
Motor Anzahl/Zyl./Art	1/12/V/O	=	=
Typ	Maybach	=	=
	HL 120 TRM	=	=
PS/kg:PS	300/3,07	=	=
Kühlung/Hubraum	W/11,87	=	=
Umdr./Min.	3000	=	=
Wechselgetriebe Art	Synchron	=	=
	ZF.SSG 76	=	=
Gänge	6 V 1 R	=	=
Lenkung Art	Kupplungs	=	=
Wendung auf der Stelle	nein	=	=
Geringster Außenkreis	5,92	=	=
Antriebslage	vorne	=	=
Kettenauflagelänge cm	352	=	=
Kettenbreite Ges. cm	38	40	=
Spurweite cm	239	245	=
Lenkverhältnis L:S	1,47	1,44	=
Kettenart	trocken	=	=
Kettenteilung	101 Glieder	99	=
Laufrolle ⌀/Breite cm	.	.	.
Federart/Fed. je Rolle	Bl./1/2	=	=
Leistungsgewicht PS:t	14,3	13,4	12,7
Bodendruck Ges. kg:cm²	0,79	0,79	0,84
Bodenfreiheit cm	40	=	=
Überschreitet cm	220	=	=
Klettert cm	60	=	=
Steigt	30°	=	=
Watet cm	100	=	=

Fortsetzung

Bezeichnung / Ausführung	Pz.Kpfw. IV Sd.Kfz. 161 E	Pz.Kpfw. IV Sd.Kfz. 161 F 1	Pz.Kpfw. IV Sd.Kfz. 161 F 2
Geschütz Kal. cm/Typ	7,5/KwK.	=	7,5/KwK. 40
Kaliberlänge L	24	=	43
Mündungsgeschwindigkeit Pz.Gran. m/sec.	385	=	740—990
Mündungsgeschwindigkeit Spr.Gran. m/sec.	420	=	.
Turm-MG Zahl/Kal. mm	1/7,92	=	=
Fla-MG Zahl/Kal. mm	—	—	—
Bug-MG Zahl/Kal. mm	1/7,92	=	=
MP Zahl/Kal. mm	.	.	.
Nahkampfmittel	.	.	.
Zielmittel	TZF 5 b od. TZF 5 b/36	=	TZF 5 f
Granaten Anzahl	80	=	87
MG-Patronen	2700	3150	=
MP-Patronen	.	.	.
Besatzung	5	=	=
Turmdrehung	Hd.—El.	=	=
Panzer Wanne Art	W	=	=
Bug mm/°	50/78	= *)	= *)
Fahrerfront mm/°	30+30/80	50/80*)	=
Seite unten mm/°	20+20/90	=	=
Seite oben mm/°	20+20/90	=	=
Heck mm/°	20/78—90	=	=
Decke mm/°	11/0	=	=
Boden mm/°	10/0	=	=
Panzer Turm Art	W+G	=	=
Blende Höchst mm/°	.	.	.
Front mm/°	30/79	50/79	=
Seite mm/°	20/64	30/64	=
Heck mm/°	20/74	30/74	=
Decke mm/°	10/0—6	=	=
Bemerkungen		*) z.T. +30	*) z.T. +30

Bezeichnung Ausführung	Pz.Kpfw. IV Sd.Kfz. 161/1 G	Pz.Kpfw. IV Sd.Kfz. 161/2 H	Pz.Kpfw. IV Sd.Kfz. 161/2 J
Gefechtsgewicht t	23,6	25,0	=
Turmgewicht t	.	.	.
Höchstgeschwindigkeit km/h			
Straße	40	38	=
Gelände	16	=	=
Fahrbereich km			
Straße	200	=	300
Gelände	130	=	180
Kraftstoffverbrauch l/100 km Straße	235	=	227
Kraftstoffvorrat l	470	=	680
Länge über alles cm	663	702	=
Länge ohne Rohr cm	591	589	=
Rohrüberstand cm	72	113	=
Breite über alles cm	288	329*)	=
ø Turmdrehkranz	165	=	=
Höhe cm	268	=	=
Feuerhöhe cm	196	=	=
Motor Anzahl/Zyl./Art	1/12/V/O	=	=
Typ	Maybach	=	=
	HL 120 TRM	=	=
PS/kg:PS	300/3,07	=	=
Kühlung/Hubraum	W/11,87	=	=
Umdr./Min.	3000	=	=
Wechselgetriebe Art	Synchron	=	=
	ZF.SSG 77	=	=
Gänge	6 V 1 R	=	=
Lenkung Art	Kupplungs-	=	=
Wendung auf der Stelle	nein	=	=
Geringster Außenkreis	5,92	=	.
Antriebslage	vorne	=	=
Kettenauflagelänge cm	352	=	=
Kettenbreite Ges. cm	40	=	= *)
Spurweite cm	245	=	= **)
Lenkverhältnis L:S	1,44	=	=
Kettenart	trocken	=	=
Kettenteilung	99 Glieder	=	=
Laufrolle ø/Breite cm	.	.	.
Federart/Fed. je Rolle	Bl./1/2	=	=
Leistungsgewicht PS:t	12,7	12,0	=
Bodendruck Ges. kg:cm²	0,84	0,89	=
Bodenfreiheit cm	40	=	=
Überschreitet cm	220	235	=
Klettert cm	60	=	=
Steigt	30°	=	=
Watet cm	100	120	=

Bezeichnung Ausführung	Pz.Kpfw. IV Sd.Kfz. 161/1 G	Pz.Kpfw. IV Sd.Kfz. 161/2 H	Pz.Kpfw. IV Sd.Kfz. 161/2 J
Geschütz Kal. cm/Typ	7,5/KwK. 40	7,5/KwK. 40	=
Kaliberlänge L	43	48	=
Mündungsgeschwindigkeit Pz.Gran. m/sec.	740—990	750—930	=
Mündungsgeschwindigkeit Spr.Gran. m/sec.	.	550	=
Turm-MG Zahl/Kal. mm	1/7,92	=	=
Fla-MG Zahl/Kal. mm	—	—**)	—
Bug-MG Zahl/Kal. mm	1/7,92	=	=
MP Zahl/Kal. mm	.	1/9	1/9
Nahkampfmittel	.	.	.
Zielmittel	TZF 5 f od. TZF 5 f/1	TZF 5 f o. TZF 5 f/1	TZF 5 f/1 o. TZF 5 f/2
Granaten Anzahl	87	=	=
MG-Patronen	2250	3150	=
MP-Patronen	.	.	.
Besatzung	5	=	=
Turmdrehung	Hd.-El.	Hd.-El.	Hd.
Panzer Wanne Art	W	=	=
Bug mm/°	50/78*)	80/78	=
Fahrerfront mm/°	50/80	80/80	=
Seite unten mm/°	30/90	=	=†)
Seite oben mm/°	30/90	=	=
Heck mm/°	20/78—90	=	=
Decke mm/°	15/0	=	16/0
Boden mm/°	10/0	=	=
Panzer Turm Art	W+G	=	=
Blende Höchst mm/°	.	80/.	=
Front mm/°	50/79	=	=
Seite mm/°	30/64	=†)	=
Heck mm/°	30/74	=	=
Decke mm/°	10/0—6	16—30/0—6	=
Bemerkungen	*) z.T. +30	*) mit Schürzen 5 mm **) z.T. 1/7,92 †) Schürzen +8	*) Ostkette 56 **) Mit Ostkette 262 †) Schürzen 5—8

Bezeichnung	Pz.Kpfw. V „Panther" Sd.Kfz. 171		
Ausführung	A	D	G
Gefechtsgewicht t	45,5	43,0	44,8
Turmgewicht t	7,5	=	=
Höchstgeschwindigkeit km/h			
Straße	46	=	=
Gelände	24	=	=
Fahrbereich km			
Straße	177	169	177
Gelände	89	85	89
Kraftstoffverbrauch l/100 km Straße	412	432	412
Kraftstoffvorrat l	730	=	=
Länge über alles cm	886	=	=
Länge ohne Rohr cm	688	=	=
Rohrüberstand cm	198	=	=
Breite über alles cm	343	=	=
⌀ Turmdrehkranz	165	=	=
Höhe cm	310	295	300
Feuerhöhe cm	226	=	=
Motor Anzahl/Zyl./Art	1/12/V/0	=	=
Typ	Maybach	=	=
	HL 230 P 30	HL 210 P 30	HL 230 P 30
PS/kg:PS	700/1,86	650/.	700/1,86
Kühlung/Hubraum	W/23,88	W/21,35	W/23,88
Umdr./Min.	3000	=	=
Wechselgetriebe Art	Allklauen	=	=
	AK 7—200	=	=
Gänge	7 V 1 R	=	=
Lenkung Art	Überlagerg.	=	=
Wendung auf der Stelle	nein	=	=
Geringster Außenkreis	10,0	=	=
Antriebslage	vorne	=	=
Kettenauflagelänge cm	391	=	=
Kettenbreite Ges. cm	65	=	=
Spurweite cm	262	=	=
Lenkverhältnis L:S	1.49	=	=
Kettenart	trocken	=	=
Kettenteilung	86	=	=
Laufrolle ⌀/Breite cm	86/.	=	=
Federart/Fed. je Rolle	Dr./2	=	=
Leistungsgewicht PS:t	15,4	15,1	15,6
Bodendruck Ges. kg:cm²	0,90	0,35	0,88
Bodenfreiheit cm	56	=	=
Überschreitet cm	191	=	=
Klettert cm	91	=	=
Steigt	35°	=	=
Watet cm	170	=	=

Bezeichnung / Ausführung	Pz.Kpfw. V „Panther" Sd.Kfz. 171 A	D	G
Geschütz Kal. cm/Typ	7,5/KwK. 42	=	=
Kaliberlänge L	70	=	=
Mündungsgeschwindigkeit Pz.Gran. m/sec.	935—1120	=	=
Mündungsgeschwindigkeit Spr.Gran. m/sec.	700	=	=
Turm-MG Zahl/Kal. mm	1/7,92	=	=
Fla-MG Zahl/Kal. mm	1/7,92	—	1/7,92
Bug-MG Zahl/Kal. mm	1/7,92	—	1/7,92
MP Zahl/Kal. mm	1/9	=	=
Nahkampfmittel	Nb.W.	=	=
Zielmittel	TZF 12a	TZF 12	TZF 12a
Granaten Anzahl	79	=	82
MG-Patronen	4200	4104	4200
MP-Patronen	.	.	.
Besatzung	5	=	=
Turmdrehung	Hd.-Hydr.	=	=
Panzer Wanne Art	W	=	=
Bug mm/°	80/35	=	=
Fahrerfront mm/°	80/35	=	=
Seite unten mm/°	40/90	=	=
Seite oben mm/°	40/50	=	50/60
Heck mm/°	40/60	=	=
Decke mm/°	15/0	=	40/0
Boden mm/°	20+13/0	=	=
Panzer Turm Art	W	=	=
Blende Höchst mm/°	120/gew.	=	=
Front mm/°	110/80	80/80	100/80
Seite mm/°	45/65	=	=
Heck mm/°	45/62	=	=
Decke mm/°	15/2—7	=	=
Bemerkungen	Pz.Bef.Wg. Sd.Kfz. 267 m. 64 Schuß 7,5 4800 MG-Patr.		Pz.Bef.Wg. Sd.Kfz. 268 64 Schuß 7,5 5100 MG-Patr.

20

Bezeichnung	Pz.Kpfw. V „Panther“ Sd.Kfz. 179		
Ausführung	Berge-Pz.	Beob.Pz.	
Gefechtsgewicht t	42,7	41,0	
Turmgewicht t	.	.	
Höchstgeschwindigkeit km/h			
Straße	46	=	
Gelände	20	24	
Fahrbereich km			
Straße	310	210	
Gelände	150	100	
Kraftstoffverbrauch l/100 km Straße	347	343	
Kraftstoffvorrat l	1075	720	
Länge über alles cm	808	688	
Länge ohne Rohr cm	808	688	
Rohrüberstand cm	0	0	
Breite über alles cm	328	343	
⌀ Turmdrehkranz	—	—	
Höhe cm	274	295	
Feuerhöhe cm	.	.	
Motor Anzahl/Zyl./Art	1/12/V/0	=	
Typ	Maybach	=	
	HL 230 P 30	=	
PS/kg:PS	700/1,86	=	
Kühlung/Hubraum	W/23,88	=	
Umdr./Min.	3000	=	
Wechselgetriebe Art	Allklauen	=	
	AK 7—400	AK 7—200	
Gänge	7 V 1 R	=	
Lenkung Art	Überlagerung	=	
Wendung auf der Stelle	nein	=	
Geringster Außenkreis	10,0	=	
Antriebslage	vorne	=	
Kettenauflagelänge cm	391	=	
Kettenbreite Ges. cm	65	=	
Spurweite cm	262	=	
Lenkverhältnis L:S	1,49	=	
Kettenart	trocken	=	
Kettenteilung	86	=	
Laufrolle ⌀/Breite cm	86/.	=	
Federart/Fed. je Rolle	Dr./2	=	
Leistungsgewicht PS:t	16,4	.	
Bodendruck Ges. kg:cm²	0,84	.	
Bodenfreiheit cm	56	=	
Überschreitet cm	191	=	
Klettert cm	91	=	
Steigt	35°	=	
Watet cm	190	=	

Bezeichnung	Pz.Kpfw. V „Panther“ Sd.Kfz. 179		
Ausführung	Berge-Pz.	Beob.Pz.	
Geschütz Kal. cm/Typ	2/KwK. 38	—	
Kaliberlänge L	55	—	
Mündungsgeschwindigkeit PzGran. m/sec.	800—990	—	
Mündungsgeschwindigkeit Spr.Gran. m/sec.	800	—	
Turm-MG Zahl/Kal. mm	—	1/7,92	
Fla-MG Zahl/Kal. mm	—	—	
Bug-MG Zahl/Kal. mm	1/7,92	=	
MP Zahl/Kal. mm	.	.	
Nahkampfmittel	.	.	
Zielmittel	KZF 2	—	
Granaten Anzahl	.	—	
MG-Patronen	.	4500	
MP-Patronen	.	.	
Besatzung	4	4	
Turmdrehung	.	.	
Panzer Wanne Art	W	=	
Bug mm/°	80/35	=	
Fahrerfront mm/°	80/40	80/35	
Seite unten mm/°	40/90	=	
Seite oben mm/°	40/50	=	
Heck mm/°	40/60	=	
Decke mm/°	15/0	=	
Boden mm/°	20 + 13/0	=	
Panzer Turm Art	W	=	
Blende Höchst mm/°	.	.	
Front mm/°	—	.	
Seite mm/°	—	.	
Heck mm/°	—	.	
Decke mm/°	—	.	
Bemerkungen	*) z.T. mit HL 210 P 30	E-Messer	

Bezeichnung Ausführung	Pz.Kpfw. „Tiger I“ Sd.Kfz. 181 E	Pz.Kpfw. „Tiger II“ Sd.Kfz. 182 B	Pz.Kpfw. „Tiger II“ Sd.Kfz. 182 B*)
Gefechtsgewicht t	55,0	69,7	69,4
Turmgewicht t	.	.	.
Höchstgeschwindigkeit km/h			
Straße	38	38	=
Gelände	20	17	=
Fahrbereich km			
Straße	100	110	=
Gelände	60	85	=
Kraftstoffverbrauch l/100 km Straße	535	782	=
Kraftstoffvorrat l	534	860	=
Länge über alles cm	824	1026	=
Länge ohne Rohr cm	620	726	=
Rohrüberstand cm	204	300	=
Breite über alles cm	373 Gelände	375 Gelände	=
	315 Verlade	327 Verlade	=
⌀ Turmdrehkranz	179	.	=
Höhe cm	286	309	=
Feuerhöhe cm	219	.	=
Motor Anzahl/Zyl./Art	1/12/V/0	=	=
Typ	Maybach	=	=
	HL 230 P 45*)	HL 230 P 30	=
PS/kg:PS	700/1,86	=	=
Kühlung/Hubraum	W/21,35	W/23,88	=
Umdr./Min.	3000	=	=
Wechselgetriebe Art	Vorwähl	=	=
	Olvar 401216	Olvar 401216 B	=
Gänge	8 V 4 R	=	=
Lenkung Art	Zweiradien	=	=
Wendung auf der Stelle	nein	=	=
Geringster Außenkreis	7,0	4,8	=
Antriebslage	vorne	=	=
Kettenauflagelänge cm	361	413	=
Kettenbreite Ges. cm	72,5	80	=
Spurweite cm	283	279	=
Lenkverhältnis L:S	1,35	1,48	=
Kettenart	trocken	=	=
Kettenteilung	96 Glieder	=	=
Laufrolle ⌀/Breite cm	.	.	=
Federart/Fed. je Rolle	Dr./2	=	=
Leistungsgewicht PS:t	12,3	10,1	=
Bodendruck Ges. kg:cm²	1,04	1,07	=
Bodenfreiheit cm	43	50	=
Überschreitet cm	180	250	=
Klettert cm	79	85	=
Steigt	35°	=	=
Watet cm	120**)	160	=

Fortsetzung

Bezeichnung Ausführung	Pz.Kpfw. „Tiger I“ Sd.Kfz. 181 E	Pz.Kpfw. „Tiger II“ Sd.Kfz. 182 B	Pz.Kpfw. „Tiger II“ Sd.Kfz. 182 B*)
Geschütz Kal. cm/Typ	8,8/KwK. 36	8,8/KwK. 43	=
Kaliberlänge L	56	71	=
Mündungsgeschwindigkeit Pz.Gran. m/sec.	810	1000—1130	=
Mündungsgeschwindigkeit Spr.Gran. m/sec.	780	700—750	=
Turm-MG Zahl/Kal. mm	1/7,92	=	=
Fla-MG Zahl/Kal. mm	—	1/7,92	=
Bug-MG Zahl/Kal. mm	1/7,92	=	=
MP Zahl/Kal. mm	1/9	.	.
Nahkampfmittel	6 Nb.W.	Nb.W.	=
Zielmittel	TZF 9 b	TZF 9 d	TZF 9 b 1
Granaten Anzahl	92	84	78
MG-Patronen	3920	5850	=
MP-Patronen	.	.	.
Besatzung	5	=	=
Turmdrehung	Hd.-Hydr.	=	=
Panzer Wanne Art	W	=	=
Bug mm/°	100/66	100/40	=
Fahrerfront mm/°	100/80	150/40	=
Seite unten mm/°	60/90	80/90	=
Seite oben mm/°	80/90	80/65	=
Heck mm/°	82/82	80/60	=
Decke mm/°	26/0	40/0	=
Boden mm/°	26/0	25—40/0	=
Panzer Turm Art	W	.	.
Blende Höchst mm/°	110/.	80/.	.
Front mm/°	100/80	185/80	100/gew.
Seite mm/°	80/90	80/69	80/60
Heck mm/°	80/90	80/70	80/60
Decke mm/°	26/0—9	44/0—10	40/0—12
Bemerkungen	*) z.T. mit HL 210 P 45 **) ersten 495 Stück 396 cm	*) mit ursprünglichem Turm	

Bezeichnung Ausführung	Pz.Kpfw. „Maus“ I*)	Pz.Kpfw. E. 100 B*)	
Gefechtsgewicht t	188	140	
Turmgewicht t	50	=	
Höchstgeschwindigkeit km/h			
Straße	20	40	
Gelände			
Fahrbereich km			
Straße	190	.	
Gelände	.	.	
Kraftstoffverbrauch l/100 km Straße	2525	.	
Kraftstoffvorrat l	4800	.	
Länge über alles cm	1008	1025	
Länge ohne Rohr cm	903	869	
Rohrüberstand cm	105	156	
Breite über alles cm	367	448	
⌀ Turmdrehkranz	300	.	
Höhe cm	366	332	
Feuerhöhe cm	279	.	
Motor Anzahl/Zyl./Art	1/12/V/O	1/12/V/O	
Typ	Daimler-Benz MB 509	Maybach HL 234	
PS/kg:PS	1200/.	1200/.	
Kühlung/Hubraum	W/.	W/23,4	
Umdr./Min.	2400	3000	
Wechselgetriebe Art	2 Elektro- motoren	mech. hydr. kombiniertes Schalt- Lenkgetriebe „Mekydro“	
Gänge	2		
Lenkung Art	elektrisch		
Wendung auf der Stelle	—		
Geringster Außenkreis	.	.	
Antriebslage	hinten	vorne	
Kettenauflagelänge cm	588	490	
Kettenbreite Ges. cm	110	100	
Spurweite cm	233	318	
Lenkverhältnis L:S	2,52	1,54	
Kettenart	trocken	=	
Kettenteilung	.	.	
Laufrolle ⌀/Breite cm	55/10	.	
Federart/Fed. je Rolle	Schr/1	Teller/1	
Leistungsgewicht PS:t	6,35	8,5	
Bodendruck Ges. kg:cm²	1,45	1,43	
Bodenfreiheit cm	54	57	
Überschreitet cm	450	.	
Klettert cm	72	.	
Steigt	30°	=	
Watet cm	200**)	.	

Bezeichnung Ausführung	Pz.Kpfw. „Maus“ I*)	Pz.Kpfw. E. 100 B*)	
Geschütz Kal. cm/Typ	15/KwK,44***)	=	
Kaliberlänge L	38	.	
Mündungsgeschwindigkeit Pz.Gran. m/sec.	.	.	
Mündungsgeschwindigkeit Spr.Gran. m/sec.	.	.	
Turm-MG Zahl/Kal. mm	1/7,92	=	
Fla-MG Zahl/Kal. mm	1/7,92	=	
Bug-MG Zahl/Kal. mm	.	.	
MP Zahl/Kal. mm	.	.	
Nahkampfmittel	.	.	
Zielmittel	.	.	
Granaten Anzahl	50	.	
MG-Patronen	1000	.	
MP-Patronen	.	.	
Besatzung	6	=	
Turmdrehung	El.	.	
Panzer Wanne Art	W	=	
Bug mm/°	200/60	.	
Fahrerfront mm/°	200/35	200/30	
Seite unten mm/°	80 + 100/90	.	
Seite oben mm/°	180/90	120/ .	
Heck mm/°	160—165/50—60	150/60	
Becke mm/°	100/0	.	
Doden mm/°	50/0	.	
Panzer Turm Art	W + G	=	
Blende Höchst mm/°	.	.	
Front mm/°	240/ .	=	
Seite mm/°	200/60	=	
Heck mm/°	200/60	=	
Decke mm/°	60/0	=	
Bemerkungen	*) II = MB 517 Dieselmotor **) taucht 800 cm ***) dazu 7,5 KwK 44 L/36,5 mit 200 Schuß Statt 15 KwK auch 12,8 mit 68 Schuß	*) A = Motor wie „TIGER II“	

Bezeichnung / Ausführung	Sturmgesch. III Sd.Kfz. 142 B	Sd.Kfz. 142/2 G	Stu.Pz. 43 Sd.Kfz. 166	Stu.Pz. VI
Gefechtsgewicht t	22	23,9	28,2	68
Höchstgeschwindigkeit km/h				
Straße	40	=	=	=
Gelände	24	.	.	.
Fahrbereich km				
Straße	164	169	210	120
Gelände	95	90	130	85
Kraftstoffverbrauch				
l/100 km Straße	195	184	225	450
Kraftstoffvorrat l	320	310	470	540
Länge über alles cm	549	614	589	631
Länge ohne Rohr cm	549	559	589	631
Rohrüberstand cm	0	55	0	0
Breite über alles cm	295	296	310	373
Höhe cm	194	215	249	346*)
Feuerhöhe cm	150	.	182	.
Motor Anzahl/Zyl./Art	1/12/V/O	=	=	=
Typ	Maybach	=	=	=
	HL 120 TRM	=	=	HL 230 P 45
PS/kg : PS	300/3,07	=	=	700/1,86
Kühlung/Hubraum	W/11,87	=	=	W/23/88
Umdr./Min.	3000	=	=	3000
Wechselgetriebe Art	Synchron	=	=	Vorwähl
	ZF.SSG 77	=	ZF.SSG 76	Olvar 401216
Gänge	6 V 1 R	=	=	8 V 4 R
Lenkung Art	Einradien	=	Kupplungs	Zweiradien
Wendung a. d. Stelle	nein	=	=	=
Geringster Außenkreis	5,8	=	5,92	7,0
Antriebslage	vorne	=	=	=
Kettenauflagelänge cm	286	.	352	381
Kettenbreite Ges. cm	40	=	40	72
Spurweite cm	250	.	246	283
Lenkverhältnis L : S	1,14	.	1,43	1,35
Kettenart	trocken	=	=	=
Kettenteilung	90 Glieder	.	98	96
Laufrolle ⌀/Breite cm	.	.	.	.
Federart/Fed. je Rolle	Dr./1	=	Bl./½	Dr./1
Leistungsgewicht PS : t	14,9	12,6	11,6	10,3
Bodendruck Ges. kg : cm	0,96	1,04	1,0	1,24
Bodenfreiheit cm	36	39	40	47
Überschreitet cm	230	259	220	230
Klettert cm	60	60	60	79
Steigt	30°	27°	30°	35°
Watet cm	80*)	80	95	120

Fortsetzung

Bezeichnung / Ausführung	Sturmgesch. III Sd.Kfz. 142 B	Sturmgesch. III Sd.Kfz. 142/2 G	Stu.Pz. 43 Sd.Kfz. 166	Stu.Pz. VI
Geschütz Kal. cm/Typ	7,5/StuK 37	10,5/StuH 42	15/StuH 43	38/R.W. 61
Kaliberlänge L	24	28	12	5,4
Mündungsgeschwindigkeit Pz.Gran. m/sec.	385	—	—	—
Mündungsgeschwindigkeit Spr.Gran. m/sec	420	540	241	91
Turm-M.G. Zahl/Kal. mm ..	—	—	—	—
Fla-M.G. Zahl/Kal. mm ..	—	—	—	—
Bug-M.G. Zahl/Kal. mm ..	—	1/7,92*)	1/7,92*)	1/7,92
M.P. Zahl/Kal. mm ..	.	.	.	.
Nahkampfmittel	.	.	.	.
Zielmittel	Sfl.ZF 1	Sfl.ZF 1a	Sfl.ZF 1a	Pak 3×8°
Granaten Anzahl	44	36	38	13
MG-Patronen	—	600	=	.
MP-Patronen	.	.	.	.
Besatzung	4	=	5	=
Richtbereich Höhe °	+20 —10	+20 —6	+30 —8,5	+85 —0
Richtbereich Seite °	12,5 R 12,5 L	10 R 10 L	8 R 8 L	10 R 10 L
Panzer Wanne Art	W	=	=	=
Bug mm/°	50/69	50/.	50+50/75	150/66
Fahrerfront mm/°	50/80	50/.	80/78	150/80
Seite mm/°	30/90	=	20+20/90	80/90
Decke mm/°	30/60 80	50/.	20/80—82	80/82
Heck mm/°	17/5—15	30/.	10—25/0	26/0
Boden mm/°	16/0	16—30/0	10/0	26/0
Panzer Aufbau Art	W	=	=	=
Blende Höchst mm/°	.	50/.	.	.
Front mm°/	50/75	50+30/.	100/50	150/45
Heck mm/°	30/90**)	30/.	20—60/65—88	80/70
Seite mm/°	30/60	30/.	30/64—90	80/80
Decke mm/°	11/0—12	20/.	20/6	40/0
Bemerkungen	*) spätere Modelle 100. **) Zusatz 8/59—70	*) nur in späteren Modellen auf Decke	*) nur zum Teil vorhanden	*) incl. Kran.

Bezeichnung / Ausführung	Jgd.Pz. 38 t „Hetzer“	Jgd.Pz. IV Sd.Kfz. 162/1	Jgd.Pz. V „Jagdpanther“ Sd.Kfz. 173
Gefechtsgewicht t	16	25,8	45,5
Höchstgeschwindigkeit km/h			
Straße	40	=	46
Gelände	14	16	24
Fahrbereich km			
Straße	180	200	210
Gelände	130	=	140
Kraftstoffverbrauch l/100 km Straße	178	235	333
Kraftstoffvorrat l	320	470	700
Länge über alles cm	627	860	986
Länge ohne Rohr cm	487	602	687
Rohrüberstand cm	140	258	299
Breite über alles cm	263	318	328
Höhe cm	210	185	272
Feuerhöhe cm	.	.	196
Motor Anzahl/Zyl./Art	1/6/R/O	1/12/V/O	=
Typ	Praga E.P.A. AC	Maybach HL 120 TRM	= HL 230 P 30
PS/kg: PS	150/.	300/3,07	700/1,86
Kühlung/Hubraum	W/7,75	W/11,87	W/23,88
Umdr./Min.	2600	3000	=
Wechselgetriebe Art	Vorwähl	Synchron ZF.SSG 76	Allklauen AK 7—400
Gänge	5 V 1 R	6 V 1 R	7 V 1 R
Lenkung Art	Kupplungs	=	Überlagerungs
Wendung auf der Stelle	.	nein	=
Geringster Außenkreis	4,5	5,92	10,0
Antriebslage	vorne	=	=
Kettenauflagelänge cm	269	357	391
Kettenbreite Ges. cm	35	40	65
Spurweite cm	214	.	262
Lenkverhältnis L:S	1,25	.	1,49
Kettenart	trocken	=	=
Kettenteilung	96 Glieder	99	.
Laufrolle ⌀/Breite cm	.	.	86/.
Federart/Fed. je Rolle	Bl./1/2	=	Dr./2
Leistungsgewicht PS:t	9,4	11,6	15,4
Bodendruck Ges. kg:cm²	0,85	0,90	0,90
Bodenfreiheit cm	38	40	55
Überschreitet cm	130	220	245
Klettert cm	64	60	91
Steigt	25°	30°	35°
Watet cm	90	95	155

Bezeichnung Ausführung	Jgd.Pz. 38 t „Hetzer“	Jgd.Pz. IV Sd.Kfz. 162/1	Jgd.Pz. V „Jagdpanther“ Sd.Kfz. 173
Geschütz Kal. cm/Typ	7,5/Pak 39	7,5/StuK 42	8,8/Pak 43/3
Kaliberlänge L	48	70	71
Mündungsgeschwindigkeit Pz.Gran. m/sec.	750—930	935—1120	1000—1130
Mündungsgeschwindigkeit Spr.Gran. m/sec.	550	700	700—750
Turm-MG Zahl/Kal. mm	1/7,92*)	—	—
Fla-MG Zahl/Kal. mm	—	—	—
Bug-MG Zahl/Kal. mm	—	1/7,92	1/7,92
MP Zahl/Kal. mm	—	—	—
Nahkampfmittel	.	.	.
Zielmittel	Sfl.ZF 1a	.	Sfl.ZF 1a
Granaten Anzahl	40	55	60
MG-Patronen	600	.	600
MP-Patronen	.	.	.
Besatzung	4	4	5
Richtbereich Höhe°	+12 —6	+15.—5	+14 —8
Richtbereich Seite°	11 R 5 L	10 R 10 L	11 R 11 L
Panzer Wanne Art	W	=	=
Bug mm/°	60/50	80/45	60/35
Fahrerfront mm/°	60/30	80/45	80/35
Seite mm/°	20/75	30/90	40/90
Heck mm/°	20/75	20/60	40/60
Decke mm/°	—	—	—
Boden mm/°	10/0	.	15—20+13/0
Panzer Aufbau Art	W	=	=
Blende Höchst mm/°	60/gew.	.	.
Front mm/°	60/30	80/45	80/35
Seite mm/°	20/50	40/60	50/60
Heck mm/°	8/20	.	40/60
Decke mm/°	8/0	20/0	17/5
Bemerkungen	*) Rundumfeuer-MG		

Bezeichnung Ausführung	Jgd.Pz. VI „Jagdtiger“ Sd.Kfz. 186 Henschel	 Porsche	Jgd.Pz. Tiger (P „Elefant“ Sd.Kfz. 184 s
Gefechtsgewicht t	71,7	69,9	68
Höchstgeschwindigkeit km/h			
Straße	38	=	20
Gelände	17	=	.
Fahrbereich km			
Straße	170	=	150
Gelände	121	=	90
Kraftstoffverbrauch l/100 km Straße	515	=	833
Kraftstoffvorrat l	865	=	950
Länge über alles cm	1066	1037	814
Länge ohne Rohr cm	780	.	680
Rohrüberstand cm	286	.	134
Breite über alles cm	363	359	343
Höhe cm	282	292	297
Feuerhöhe cm	.	.	.
Motor Anzahl/Zyl./Art	1/12/V/O	=	2/12/V/O
Typ	Maybach	=	=
	HL 230 P 30	=	HL 120 TR
PS/kg : PS	700/1,86	=	2 × 320/2,88
Kühlung/Hubraum	W 23,88	=	W/11,9
Umdr./Min.	3000	=	=
Wechselgetriebe Art	Vorwähl	=	Elektrisch
	Olvar 401216 B	=	Siemens
Gänge	8 V 4 R	=	stufenlos
Lenkung Art	Zweiradien	=	elektrisch
Wendung auf der Stelle	nein	=	=
Geringster Außenkreis	4,8	=	2,15
Antriebslage	vorne	=	hinten
Kettenauflagelänge cm	424	434	419
Kettenbreite Ges. cm	79	=	65
Spurweite cm	283	279	268
Lenkverhältnis L : S	1,5	1,56	1,56
Kettenart	trocken	=	=
Kettenteilung	.	.	.
Laufrolle ⌀/Breite cm	.	.	.
Federart/Fed. je Rolle	Dr./1	Dr./1/2	Dr./1/2
Leistungsgewicht PS : t	9,8	10,2	9,4
Bodendruck Ges. kg: cm²	1,07	1,02	1,24
Bodenfreiheit cm	46	56	48
Überschreitet cm	249	=	264
Klettert cm	85	=	78
Steigt	35°	=	22°
Watet cm	180	=	100

Bezeichnung / Ausführung	Jgd.Pz.VI „Jagdtiger“ Sd.Kfz. 186 – Henschel	Jgd.Pz.VI „Jagdtiger“ Sd.Kfz. 186 – Porsche	Jgd.Pz. Tiger (P) „Elefant“ Sd.Kfz. 184s
Geschütz Kal. cm/Typ	12,8/Pak 44*)	=	8,8/Pak 43/2
Kaliberlänge L	55	=	71
Mündungsgeschwindigkeit Pz.Gran. m/sec.	920	=	1000—1130
Mündungsgeschwindigkeit Spr.Gran. m/sec.	920	=	700—750
Turm-MG Zahl/Kal. mm	—	—	—
Fla-MG Zahl/Kal. mm	—	—	—
Bug-MG Zahl/Kal. mm	1/7,92	=	—
MP Zahl/Kal. mm	—	—	—
Nahkampfmittel	—	—	—
Zielmittel	WZF 2/1	=	.
Granaten Anzahl	38	=	50
MG-Patronen	2925	=	—
MP-Patronen	—	—	—
Besatzung	6	=	=
Richtbereich Höhe°	+15 —7,5	=	+14 —6
Richtbereich Seite°	10 R 10 L	=	14 R 14 L
Panzer Wanne Art	W	=	=
Bug mm/°	100/40	=	100 + 100/.
Fahrerfront mm/°	150/40	=	200/.
Seite mm/°	80/90	=	80/90
Heck mm/°	80/60	=	80/90
Decke mm/°	.	.	.
Boden mm/°	80/0	=	.
Panzer Aufbau Art	W	=	=
Blende Höchst mm/°	250/gew	=	185/.
Front mm/°	250/75	=	200/60
Seite mm/°	80/65	=	80/60
Heck mm/°	80/80	=	.
Decke mm/°	30/0	=	.
Bemerkungen	*) oder Pak 80 (gleiche Leistg.) z. T. mit 8,8/Pak 43/3	*) oder Pak 80 (gleiche Leistg.) z. T. mit 8,8/Pak 43/3	

Bezeichnung	le. SPW Sd.Kfz. 250	m. SPW Sd.Kfz. 251	le. WS	s. WS
Gefechtsgewicht t	5,7	8,5	6,9	13,5
Höchstgeschwindigkeit km/h	60	50	23	27
Fahrbereich km	320	300	.	300
Länge cm	456	580	520	667
Breite cm	195	210	212	250
Höhe cm	166*	175*	200	283
PS	100	120	95	100
Wechselgetriebe	Variorex	Schub	ZF Adler	ZF Kb 40 D
Gänge	7 V 3 R	4 V 1 R	2×4 V 2 R	2×4 V 2 R
Lenkung	Cletrac	=	=	=
Geringster Außenkreis m	9	13,5	.	.
Achsstand cm	250	278	250	347
Kettenauflagelänge cm	120	180	135	204
Radbreite cm	19	19	.	20
Kettenbreite cm	24	28	.	50
Spurweite cm	163/158	165/160	180	210/195
Leistungsgewicht PS/t	17,5	14,1	13,8	13,4
Achsdruck kg	1160	1300	.	.
Laufwerkdruck kg	4540	7200	.	.
Bodenfreiheit cm	28	30	.	47
Steigt	24°	24°	.	24°
Watet cm	70	50	.	1000
Panzerwanne Front mm	12	12	.	.
„ Seite mm	7	7	.	.
Besatzung	6	12	.	.

* Ohne Schild

Bezeichnung	HKp 606	HL Kl. 3 (H)	HL Kl. 4 (H)	
Gefechtsgewicht t	7	6,5	6,5	
Höchstgeschwindigkeit km/h	71	50	50	
Fahrbereich km	.	.	.	
Länge cm	485	510	520	
Breite cm	198	200	200	
Höhe cm	185	.	.	
PS	170	70	100	
Wechselgetriebe	Olvar	ZF	Borgward	
Gänge	8 V 1 R	2 × 4 V 2 R	2 × 4 V 2 R	
Lenkung	=	=	=	
Geringster Außenkreis m	.	.	.	
Achsstand cm	260	.	.	
Kettenauflagelänge cm	150	160	180	
Radbreite cm	.	.	.	
Kettenbreite cm	.	.	.	
Spurweite cm	170	165	165	
Leistungsgewicht PS/t	25,6	10,8	15,2	
Achsdruck	.	.	.	
Laufwerkdruck kg	.	.	.	
Bodenfreiheit cm	.	.	.	
Steigt	.	.	.	
Watet cm	.	.	.	
Panzerwanne Front mm	.	.	26	
„ Seite mm	.	.	11	
Besatzung	.	.	.	

Bezeichnung Ausführung	le.Pz.Spw. Sd.Kfz. 222	s.Pz.Spw. Sd.Kfz. 231 6 Rad	s.Pz.Spw. Sd.Kfz. 231 8 Rad
Gefechtsgewicht t	4,8	5,0	8,2
Turmgewicht t	.	.	.
Höchstgeschwindigkeit km/h			
Straße	80	60	85
Gelände	.	.	31
Fahrbereich km			
Straße	320	250	300
Gelände	200	150	170
Kraftstoffverbrauch l/100 km Straße	34	.	46
Kraftstoffvorrat l	110	.	138
Länge über alles cm	472	561	580
Länge ohne Rohr cm	472	561	580
Rohrüberstand cm	0	0	0
Breite über alles cm	200	185	221
⌀ Turmdrehkranz cm	.	.	.
Höhe cm	206	224	234
Feuerhöhe cm	.	.	.
Motor Anzahl/Zyl./Art	1/8/V/O	1/4/R/O	1/8/V/O
Typ	Horch	Büssing NAG	=
PS/kg:PS	75/.	65/.	150/. *)
Kühlung/Hubraum	W/3,51	W/3,92	W/7,91
Umdr./Min.	3600	2000	3000
Wechselgetriebe Art	Schieberäder	=	Klauen
Gänge	5 V 1 R	6 V 6 R	=
Lenkung Art	Allrad	Vorderrad	Allrad
Geringster Außenkreis m	7,9	13,5	10,5
Antriebslage	Allrad	Hinterräder	Allrad
Achsstand cm	282	270/95	135/140/135
Spurweite cm	165	154	160
Raddurchmesser/Breite cm	./19	./19	./19
Federart/Fed. je Rad	Schr./2	Bl./1, ½	Bl./½
Leistungsgewicht PS:t	15,6	13,0	18,3
Bodendruck Ges. kg:cm²	.	.	.
Bodenfreiheit cm	25	=	28
Überschreitet cm	0	.	124
Klettert cm	25	.	48
Steigt	19°	20°	27°
Watet cm	60	=	100

Bezeichnung / Ausführung	le.Pz.Spw. Sd.Kfz. 222	s. Pz.Spw. Sd.Kfz. 231 6 Rad	s. Pz.Spw. Sd.Kfz. 231 8 Rad
Geschütz Kal. cm/Typ	2/KwK. 30 o. 38	2/KwK. 30	2/KwK. 30 o. 38
Kaliberlänge L	55	=	=
Mündungsgeschw. Pz.Gran. m/sec.	800—990	=	=
Mündungsgeschw. Spr.Gran. m/sec.	800	=	=
Turm-MG Zahl/Kal. mm	1/7,92	=	=
Fla-MG Zahl/Kal. mm	—	*)	—
Bug-MG Zahl/Kal. mm	—	—	—
MP Zahl/Kal. mm	1/9	—	1/9
Nahkampfmittel	2 Nb.W.	—	8 Nb.W.
Zielmittel	TZF 3a Fli.Vi. 38	.	TZF 6
Granaten Anzahl	180	200	180
MG-Patronen	1100	1500	2100
MP-Patronen	.	.	192
Besatzung	3	4	=
Richtbereich Höhe	+87 —4	.	+26 —10
Panzer Wanne Art	W	=	=
Bug mm/°	14,5/.	14,5/.	14,5/62**)
Fahrerfront mm/°	14,5/.	14,5/.	14,5/.**)
Seite mm/°	8/.	8/.	8/50—53
Heck mm/°	8/.	8/.	8/62
Decke mm/°	6/.	.	5/7—19
Boden mm/°	.	.	.
Panzer Turm Art	W	W	W
Blende Höchst mm/°	—	.	.
Front mm/°	8/55	14,5/.	8/65
Seite mm/°	8/55	8/.	8/62
Heck mm/°	8/55	8/.	8/60
Decke mm/°	—	.	5/2—12
Bemerkungen	Sd.Kfz. 221 4,0 t, 2 Mann, Höhe 180 cm, ohne KwK. Sd.Kfz. 223 4,4 t, 3 Mann, Höhe 183 cm ohne KwK., 1200 Sch. MG. Sd.Kfz. 260/61 4,3 t, 4 Mann, Höhe 178 cm, ohne Bewaffng.	*) Lafette vorgesehen Sd.Kfz. 232 5,2 t, Höhe 290 cm mit Antenne	Sd.Kfz. 232 Höhe 290 cm mit Antenne Sd. Kfz. 263 8,1 t, Höhe 290 cm mit Antenne, 1 MG 1000 Schuß, 5 Mann *) später auf 180 verstärkt **) später 30

Bezeichnung Ausführung	s. Pz.Spw. Sd.Kfz. 234/1	s. Pz.Spw. Sd.Kfz. 234/2	
Gefechtsgewicht t	10,5	11,0	
Turmgewicht t	.	.	
Höchstgeschwindigkeit km/h			
Straße	85	=	
Gelände	31	=	
Fahrbereich km			
Straße	600	=	
Gelände	.	.	
Kraftstoffverbrauch l/100 km Straße	40	=	
Kraftstoffvorrat l	240	=	
Länge über alles cm	602	=	
Länge ohne Rohr cm	602	=	
Rohrüberstand cm	0	0	
Breite über alles cm	236	236	
⌀ Turmdrehkranz cm	.	.	
Höhe cm	210	229	
Feuerhöhe cm	.	.	
Motor Anzahl/Zyl./Art	1/12/V/D	=	
Typ	Tatra	=	
PS/kg:PS	220/.	=	
Kühlung/Hubraum	L/14,83	=	
Umdr./Min.	2250	=	
Wechselgetriebe Art	Klauen	=	
Gänge	6 V 6 R	=	
Lenkung Art	Allrad	=	
Geringster Außenkreis m	14,9	=	
Antriebslage	Allrad	=	
Achsstand cm	130/140/130	=	
Spurweite cm	194	=	
Raddurchmesser/Breite cm	./19	./19	
Federart/Fed. je Rad	Bl./½	=	
Leistungsgewicht PS:t	21	20	
Bodendruck Ges. kg:cm²	.	.	
Bodenfreiheit cm	36	=	
Überschreitet cm	124	=	
Klettert cm	.	.	
Steigt	30°	=	
Watet cm	120	=	

Bezeichnung / Ausführung	s. Pz.Spw. Sd.Kfz. 234/1	s. Pz.Spw. Sd.Kfz. 234/2	
Geschütz Kal. cm/Typ	2/KwK 38	5/KwK 39/1	
Kaliberlänge L	55	60	
Mündungsgeschwindigkeit Pz.Gran. m/sec.	800—990	823—1198	
Mündungsgeschwindigkeit Spr.Gran. m/sec.	800	549	
Turm-MG Zahl/Kal. mm	1/7,92	=	
Fla-MG Zahl/Kal. mm	—	—	
Bug-MG Zahl/Kal. mm	—	—	
MP Zahl/Kal. mm	—	—	
Nahkampfmittel	—	—	
Zielmittel	.	TZF 46	
Granaten Anzahl	280	55	
MG-Patronen	2400	1980	
MP-Patronen	.	.	
Besatzung	4	=	
Richtbereich Höhe	+75 —0	+25 —7	
Panzer Wanne Art	W	=	
Bug mm/°	30/.	=	
Fahrerfront mm/°	30/.	=	
Seite mm/°	8/.	=	
Heck mm/°	14,5/.	=	
Decke mm/°	.	.	
Boden mm/°	.	.	
Panzer Turm Art	W	.	
Blende Höchst mm/°	—	40—100/gew	
Front mm/°	30/.	30/70	
Seite mm/°	14,5/.	10/70	
Heck mm/°	14,5/.	10/70	
Decke mm/°	—	10/0	
Bemerkungen			

Bezeichnung	4,7 cm Pak (t) auf Pz.Kpfw. I Sd. Kfz. 101 Ausf. B	7,5 cm Pak 40/3 auf Sf. 38 Sd.Kfz. 138 Motor vorne	8,8 cm Pak 43/1 auf Gw. III/IV Sd.Kfz. 164
Gefechtsgewicht t	6,4	10,5	24,0
Höchstgeschwindigkeit km/h			
Straße	40	42	40
Gelände	.	.	24
Fahrbereich km			
Straße	140	185	200
Gelände	95	140	130
Kraftstoffverbrauch l/100 km Straße	105	118	235
Kraftstoffvorrat l	148	218	470
Länge über alles cm	442	.	844
Länge ohne Rohr cm	442	465	580
Rohrüberstand cm	0	.	264
Breite über alles cm	185	216	295
Höhe cm	225	248	265
Feuerhöhe cm	172	.	226
Motor Anzahl/Zyl./Art	1/6/R/O	=	1/12/V/O
Typ	Maybach NL 38 TR	Praga E.P.A.	Maybach HL 120 TRM
PS/kg: PS	100/4,30	125/. *)	300/3,07
Kühlung/Hubraum	W/3,79	W/7,75	W/11,87
Umdr./Min.	3000	2200	3000
Wechselgetriebe Art	Schieberäder ZF.FG 31	Vorwähl Wilson	Synchron ZF.SSG 76
Gänge	5 V 1 R	=	6 V 1 R
Lenkung Art	Kupplungs	=	=
Antriebslage	vorne	=	=
Kettenauflagelänge cm	244	292	352
Kettenbreite Ges. cm	28	29,3	40
Spurweite cm	168	177	245
Lenkverhältnis L : S	1,45	1,65	1,46
Kettenart	.	.	.
Kettenteilung	100 Glieder	89	98
Federart/Fed. je Rolle	Schr./1	Bl./½	=
Leistungsgewicht PS : t	15,6	11,9	12,5
Bodendruck Ges. kg : cm²	0,47	0,61	0,85
Bodenfreiheit cm	29	40	40
Überschreitet cm	140	208	230
Klettert cm	36	84	60
Steigt	30°	=	=
Watet cm	58	90	100

Fortsetzung

Bezeichnung	4,7 cm Pak (t) auf Pz.Kpfw. I Ausf. B	7,5 cm Pak 40/3 auf Sf. 38 Sd.Kfz. 138 Motor vorne	8,8 cm Pak 43/1 auf Gw. III/IV Sd.Kfz. 164
Geschütz Kal. cm/Typ	4,7/Pak (t)	7,5/Pak 40/3	8,8/Pak 43/1
Kaliberlänge L	43,4	46	71
Mündungsgeschwindigkeit Pz.Gran. m/sec.	775	792—933	1000—1130
Mündungsgeschwindigkeit Spr.Gran. m/sec.	.	550	700—750
Turm-MG Zahl/Kal. mm	—	—	—
Fla-MG Zahl/Kal. mm	—	—	—
Bug-MG Zahl/Kal. mm	—	—	—
MP	.	.	.
Nahkampfmittel	—	—	—
Zielmittel	.	.	Sfl. ZF 1a
Granaten Anzahl	86	38	40
MG-Patronen	—	—	—
MP-Patronen	.	.	.
Besatzung	3	4	5
Richtbereich Höhe°	+12 —8	+25 —10	+20 —5
Richtbereich Seite°	15 R 15 L	30 R 30 L	15 R 15 L
Panzer Wanne Art	W	=	=
Bug mm/°	13	20	30/78
Fahrerfront mm/°	13	25	.
Seite mm/°	.	15	20/90
Heck mm/°	.	.	20/.
Decke mm/°	8	.	.
Boden mm/°	8	.	.
Panzer Kampfraum Art	W	=	=
Blende Höchst mm/°	.	.	.
Front mm/°	14,5	25	10/60
Seite mm/°	14,5	10	10/74
Heck mm/°	.	.	10/.
Decke mm/°	—	—	—
Bemerkungen		Mit Motor hint. 10,8 t, Läng. 577, Höhe 251, 38 Schuß, Panzerung 25—10 *) z.T. 150 PS bei 2600 Upm	

Bezeichnung	10,5-cm-Pz.F.H. auf Sf. II Sd.Kfz. 124	15-cm-s.F.H. auf GW.Lr.S.(f) Sd.Kfz. 135/1	60-cm Mörser Gerät 040
Gefechtsgewicht t	11,5	8,1	120
Höchstgeschwindigkeit km/h			
Straße	40	34	10
Gelände	20	.	.
Fahrbereich km			
Straße	140	135	.
Gelände	95	.	.
Kraftstoffverbrauch l/100 km Straße	121	82	.
Kraftstoffvorrat l	170	111	1200
Länge über alles cm	479	531	1115
Länge ohne Rohr cm	.	479	1115
Rohrüberstand cm	.	52	0
Breite über alles cm	224	188	315
Höhe cm	232	208	478
Feuerhöhe cm	194	.	305
Motor Anzahl/Zyl./Art	1/6/R/O	=	1/12/V/D
Typ	Maybach HL 62 TR	Delahaye 103 TT	Daimler-Benz MB 507
PS/kg:PS	140/4,35	80/.	1250
Kühlung/Hubraum	W/6,19	W/3,55	W/44,2
Umdr./Min.	2600	2800	2300
Wechselgetriebe Art	Synchron SSG/46	Schieberäder .	Ardelt hydraul.
Gänge	6 V 1 R	5 V 1 R	4 V
Lenkung Art	Einradien	Cletrac	.
Wendung auf der Stelle	.	.	.
Geringster Außenkreis	4,8	.	.
Antriebslage	vorne	=	.
Kettenauflagelänge cm	240	274	700
Kettenbreite Ges. cm	28	24	50
Spurweite cm	188	134	265
Lenkverhältnis L:S	1,28	2,05	2,65
Kettenart	.	.	trocken
Kettenteilung	106	.	.
Laufrolle ⌀/Breite cm	.	.	.
Federart/Fed. je Rolle	Bl./1	Bl./½	Dr./1
Leistungsgewicht PS:t	12,6	9,9	.
Bodendruck Ges. kg:cm²	0,82	0,65	1,77
Bodenfreiheit cm	36	18	35
Überschreitet cm	170	180	.
Klettert cm	42	56	.
Steigt	30°	24	.
Watet cm	80	85	.

Fortsetzung

Bezeichnung	10,5-cm-Pz.F.H. auf Sf. II Sd.Kfz. 124	15-cm-s.F.H. auf GW.Lr.S.(f) Sd.Kfz. 135/1	60 cm-Mörser Gerät 040
Geschütz Kal. cm/Typ	10,5/le.F.H. 18/2	15/s.F.H. 13	60
Kaliberlänge L	26	17	8,44
Mündungsgeschwindigkeit Pz.Gran. m/sec.	—	—	—
Mündungsgeschwindigkeit Spr.Gran. m/sec.	540	381	264
Turm-MG Zahl/Kal. mm	—	—	—
Fla-MG Zahl/Kal. mm	—	—	—
Bug-MG Zahl/Kal. mm	1/7,92	—	—
MP	2/9	.	.
Nahkampfmittel	—	—	—
Zielmittel	Sfl.ZF 1	.	.
Granaten Anzahl	32	8	—
MG-Patronen	—	—	—
MP-Patronen	.	.	—
Besatzung	5	=	.
Richtbereich Höhe°	+42 —5	+40 —1,25	+75 —10
Richtbereich Seite°	17 R 17 L	7 R 7 L	2,5 R 2,5 L
Panzer Wanne Art	W	.	W
Bug mm/°	20/75	8/gew	15
Fahrerfront mm/°	20/60—75	9/55	15
Seite mm/°	15/90	9/90	15
Heck mm/°	8—15/80—00	9/54—79	.
Decke mm/°	10/0	6/0	.
Boden mm/°	5/0	5/0	.
Panzer Kampfraum Art	W	=	—
Blende Höchst mm/°	10/66	.	—
Front mm/°	12/69	10/72	—
Seite mm/°	10/73	9/78—80	—
Heck mm/°	8/74	7—9/78—79	—
Decke mm/°	—	—	—
Bemerkungen			

Bezeichnung Ausführung	Pz. Kpfw. 35 (t) LTM 35	Pz. Kpfw. 38 (t) TNHP-S Ausf. A—G	Pz. Spw. Panhard 178 P 204 (f)
Gefechtsgewicht t	10,5	9,725	8,2
Turmgewicht t	.	.	.
Höchstgeschwindigkeit km/h			
Straße	40	42	80
Gelände	.	15	.
Fahrbereich km			
Straße	190	230	350
Gelände	115	165	.
Kraftstoffverbrauch l/100 km Straße	81	95	40
Kraftstoffvorrat l	153	218	140
Länge über alles cm	445	490	460
Länge ohne Rohr cm	445	490	460
Rohrüberstand cm	0	0	0
Breite über alles cm	214	206	200
ø Turmdrehkranz cm	.	.	.
Höhe cm	220	237	237
Feuerhöhe cm	171	167	.
Motor Anzahl/Zyl./Art	1/4/R/O	1/6/R/O	1/4/R/O
Typ	Skoda T 11	Praga EPA*)	Panhard SS
PS/kg: PS	120/.	125/.	115/.
Kühlung/Hubraum l	Wasser/8,52	Wasser/7,75	Wasser/6,33
Umdr./Min.	1800	2200	=
Wechselgetriebe Art	.	Praga-Wilson	Umkehr
Gänge	6 V 6 R	5 V 1 R	4 V 4 R
Lenkung Art	Planeten	Kupplungs-	.
Wendung auf der Stelle	.	.	nein
Geringster Außenkreis m	4,9	4,5	.
Antriebslage	hinten	vorne	Allrad
Kettenauflagelänge cm	314	292	—
Kettenbreite Ges. cm	32	29,3	—
Spurweite cm	166	178	.
Lenkverhältnis L : S	1,9	1,64	—
Kettenart	.	.	—
Kettenteilung	.	.	—
Laufrolle ø/Breite cm	.	.	—
Federart/Fed. je Rolle	Bl./¼	Bl./½	Halbf.
Leistungsgewicht PS : t	11,4	12,9	14,0
Bodendruck Ges. kg:cm²	0,52	0,57	.
Bodenfreiheit cm	35	40	26
Überschreitet cm	.	.	.
Klettert cm	.	.	.
Steigt	28,6°	28,6°	.
Watet cm	80	90	80

Bezeichnung Ausführung	Pz. Kpfw. 35 (t) LTM 35	Pz. Kpfw. 38 (t) TNHP-S Ausf. A—G	Pz. Spw. Panhard 178 P 204 (f)
Geschütz Kal. cm/Typ	3,7/KwK A 3	3,7/KwK A7**)	2,5/.
Kaliberlänge L	40	40	73
Mündungsgeschwindigkeit Pz.Gran. m/sec.	600	600	900
Mündungsgeschwindigkeit Spr.Gran. m/sec.	.	.	.
Turm-MG Zahl/Kal. mm	1/7,92 (t)	1/7,92 (t)	1/7,5 (f)
Fla-MG Zahl/Kal. mm	—	—	—
Bug-MG Zahl/Kal. mm	1/7,92 (t)	1/7,92 (t)	—
MP Zahl/Kal. mm	—	—	—
Nahkampfmittel	—	—	—
Zielmittel	.	.	.
Granaten Anzahl	72	90	150
MG-Patronen	1800	2700	3150
MP-Patronen	—	—	—
Besatzung	4	=	=
Turmdrehung	.	.	.
Panzer Wanne Art	W	W	W
Bug mm	25	=	20—7
Fahrerfront mm	25	=	
Seite unten mm	16	17,5	
Seite oben mm	16	17,5	
Heck mm	.	.	
Decke mm	.	.	
Boden mm	.	.	
Panzer Turm Art	W	W	W
Blende Höchst mm	.	.	20—7
Front mm	25	=	
Seite mm	15	25	
Heck mm	.	25	
Decke mm	.	.	
Bemerkungen		*) später 150 PS bei 2600 Upm **) z. T. mit deutscher 3,7/KwK L/45	

Die Waffen der deutschen Panzer

KAMPFWAGENKANONEN und PAK

Typ	s. Pz.B.	KwK.	Pak	Pak	
Kaliber cm	2,8	3,7		4,7	
Modell	41	.	35/36	t	
Kaliberlänge L	61,3	45		43,4	
Panzergranate Modell	41	.	40	.	40
Gewicht kg	0,1305	0,68	0,354	1,67	.
V° m/sec	1402	762	1030	775	.
Durchschlagleistung 90°					
mm auf 0 m	.	.	.	.	.
„ „ 457 m	66	48	51	.	.
„ „ 915 m	.	.	.	.	.
„ „ 1372 m	.	.	.	.	.
„ „ 1829 m	.	.	.	.	.
„ „ 2286 m	.	.	.	.	.
Durchschlagleistung 60°					
mm auf 0 m	.	.	.	.	.
„ „ 457 m	52	36	43	55	.
„ „ 915 m	.	.	.	47	.
„ „ 1372 m	.	.	.	.	.
„ „ 1829 m	.	.	.	.	.
„ „ 2286 m	.	.	.	.	.
Granate Art	Spreng	Spreng		Spreng	
Modell	41	.		.	
Gewicht kg	0,085	0,625			
V° m/sec	1400	745		.	
Bemerkungen					

Typ	KwK.		KwK.	Pak	KwK.
Kaliber cm	5		5		7,5
Modell	.		39	38	37
Kaliberlänge L	42		60		24
Panzergranate Modell	.	40	38	40	.
Gewicht kg	2,18	.	2,25	0,975	6,8
V° m/sec	685	.	823	1198	385
Durchschlagleistung 90°					
mm auf 0 m	.	.	99	165	.
„ „ 457 m	.	.	78	120	.
„ „ 915 m	.	.	61	84	.
„ „ 1372 m	.	.	47	.	.
„ „ 1829 m	.	.	.	.	.
„ „ 2286 m	.	.	.	.	.
Durchschlagleistung 60°					
mm auf 0 m	.	.	73	143	.
„ „ 457 m	56	.	61	86	41
„ „ 915 m	.	.	50	55	.
„ „ 1372 m	.	.	40	.	.
„ „ 1829 m	.	.	.	.	.
„ „ 2286 m	.	.	.	.	.
Granate Art	Spreng		Spreng		Spreng
Modell	.		38		.
Gewicht kg	.		1,96		5,7
V° m/sec	.		549		420
Bemerkungen					Außerdem Rauch- und Kartätschgranaten

KAMPFWAGENKANONEN und PAK

Typ	StuK.	KwK.		Pak	
Kaliber cm	7,5	7,5		7,5	
Modell	37	40		40	
Kaliberlänge L	24	43		46	
Panzergranate Modell		.	40	39	40
Gewicht kg		6,8	.	6,8	3,2
V° m/sec		740	990	792	933
Durchschlagleistung 90°					
mm auf 0 m		.	.	149	176
,, ,, 457 m		.	.	135	154
,, ,, 915 m		.	.	121	133
,, ,, 1372 m		.	.	109	115
,, ,, 1829 m		.	.	98	98
,, ,, 2286 m		.	.	.	83
Durchschlagleistung 60°					
mm auf 0 m		.	.	121	137
,, ,, 457 m		89	.	106	115
,, ,, 915 m		.	.	94	96
,, ,, 1372 m		.	.	83	80
,, ,, 1829 m		.	.	73	66
,, ,, 2286 m		.	.	.	53
Granate Art	Hohl	Spreng	Hohl	Spreng	Hohl
Modell	.	.	.	34	.
Gewicht kg	.	.	.	5,74	.
V° m/sec	.	.	.	550	.
Bemerkungen	Außerdem Rauch- und Kartätschgranaten	Außerdem Rauchgranaten			

Typ	KwK. StuK.	Pak	KwK.	StuK.	Pak
Kaliber cm	7,5		7,5		7,62
Modell	40	39	42		36 (r)
Kaliberlänge L	48		70		54
Panzergranate Modell	39	40	.	40	39
Gewicht kg	6,8	.	6,8	4,8	7,54
V° m/sec	750	930	935	1120	740
Durchschlagleistung 90°					
mm auf 0 m	.	.	.	.	133
„ „ 457 m	.	.	.	.	120
„ „ 915 m	.	.	.	.	108
„ „ 1372 m	.	.	.	.	97
„ „ 1829 m	.	.	.	.	87
„ „ 2286 m	.	.	.	.	78
Durchschlagleistung 60°					
mm auf 0 m	.	.	.	.	108
„ „ 457 m	90	.	141	.	98
„ „ 915 m	80	.	121	.	88
„ „ 1372 m	.	.	.	.	79
„ „ 1829 m	.	.	.	.	71
„ „ 2286 m	.	.	.	.	64
Granate Art	Spreng	Hohl	Spreng		Spreng
Modell	34	.	.		39
Gewicht kg	5,74	.	5,7		6,2
V° m/sec	550	.	700		550
Bemerkungen	Außerdem Rauchgranaten				

Typ	Pak	KwK.		KwK.	
Kaliber cm	7,62	8,8		8,8	
Modell	36 (r)	36		43	
Kaliberlänge L	54	56		71	
Panzergranate Modell	40	.		39—1	39/43
Gewicht kg	4,05	9,4		10,4	10,16
V° m/sec	990	810		1000	1000
Durchschlagleistung 90°					
mm auf 0 m	190	.		.	225
,, ,, 457 m	158	.		.	207
,, ,, 915 m	130	.		.	190
,, ,, 1372 m	106	.		.	174
,, ,, 1829 m	84	.		.	159
,, ,, 2286 m	65	.		.	145
Durchschlagleistung 60°					
mm auf 0 m	152	.		.	198
,, ,, 457 m	118	110		.	182
,, ,, 915 m	92	.		.	167
,, ,, 1372 m	71	.		.	153
,, ,, 1829 m	55	.		.	139
,, ,, 2286 m	43	.		.	127
Granate Art		Spreng	Hohl	Spreng	Spreng
Modell		.	.	.	43
Gewicht kg		.	.	9,4	9,4
V° m/sec		780	.	700	750
Bemerkungen					

Typ	Pak		Pak		
Kaliber cm	8,8		12,8		
Modell	43		44	80	
Kaliberlänge L	71		55		
Panzergranate Modell	40/43		43		
Gewicht kg	7,3		28,3		
V° m/sec	1130		920		
Durchschlagleistung 0°					
mm auf 0 m	311		.		
„ „ 457 m	274		.		
„ „ 915 m	241		.		
„ „ 1372 m	211		.		
„ „ 1829 m	184		.		
„ „ 2286 m	159		.		
Durchschlagleistung 30°					
mm auf 0 m	265		.		
„ „ 457 m	226		215 (500 m)		
„ „ 915 m	192		202 (1000 m)		
„ „ 1372 m	162		.		
„ „ 1829 m	136		.		
„ „ 2286 m	114		.		
Granate Art	Hohl	Hohl	Spreng	Spreng	
Modell	39	39/43	L/4,5	L/5	
Gewicht kg	7,65	7,65	26,3	28	
V° m/sec	600	600	920	920	
Bemerkungen					

STEILFEUERWAFFEN

Typ	le. F.H.			StuH.		
Kaliber cm	10,5			10,5		
Modell	18/2			42		
Kaliberlänge L	26			28		
Granate Art	Spreng	Hohl	Nebel	Spreng	Hohl	Nebel
Modell	.	Rot	38	38,39	Rot	.
Gewicht kg	14,8	.	.	14,8	.	.
V° m/sec	540	.	.	540	.	.

Typ	StuH.		s. I.G.	s.F.H.		R.W.	
Kaliber cm		15		15		38	
Modell	43		33	13		61	
Kaliberlänge L		12		17		5,4	
Granate Art	Spreng	Hohl	Nebel	Spreng	Nebel	Spreng	Hohl
Modell	33,38	38 Hl/A	38	14	.	.	.
Gewicht kg	37,8	25,0	38,8	43,4	.	345,2	.
V° m/sec	240	275	240	380	.	91	.

Typ	MG	MG	Flak	Flak
Kaliber mm	7,92	7,92	15	20
Modell	13 K	34	MG 151/15	MG 151/20
Geschoßgewicht g	12,8	12,8	72	136
Schuß/Min.	500—625	800—900	750	750
V° m/sec	770	770	880	760
Kühlung	Luft	Luft	Luft	Luft
Bauart	Rückstoßl.	Rückstoßl.	Rückstoßl.	Rückstoßl.
Munitionsarten	s S	s S	.	Sprenggr. Panzergr.
Munitionszufuhr	Kasten 25 o. 100 Trommel 50	Gurt 150 Kasten 100 Gurttrommel 50	. .	. .

Typ	KwK.	KwK. Flak	Flak	Flak
Kaliber mm	20	20	30	37
Modell	30	38	MK 103	43
Kaliberlänge L	55	55	38	60
Geschoßgewicht g	115—148	115—148	330	623—658
Schuß/Min.	280	480	450	180
V° m/sec	800—900	800—900	800—900	770—820
Kühlung	Luft	Luft	Luft	Luft
Bauart	Rückstoßl.	Rückstoßl.	Gasdruckl.	Gasdruckl.
Munitionsarten	Sprenggr. Panzergr. Panzergr. 40	Sprenggr. Panzergr. Panzergr. 40	Sprenggr. Panzergr.	Sprenggr. Brandgr. Panzergr.
Munitionszufuhr	Magazin 10	Magazin 10	Gurt	Rahmen 8

Statistik der Panzer

PANZER

Modell	Hersteller	Bewaffnung	Gewichte Netto Fahrzeug	 Brutto Material
II	MAN, Famo, Alkett	2 cm und 5 cm	11	22
38 (t)	B. M. M. Prag		11	28
III	Alkett über 50%	3,7 cm KwK	20	37
	Henschel, MNH, Famo,	5 cm KwK L/42	20	37
	MIAG, MAN,	5 cm KwK L/60	20	37
	Krupp,	7,5 cm KwK L/24	20	37
	Daimler-Benz, Wegmann	Flammenwerfer	20	37
		Pz.-Bergewagen	20	37
IV	Krupp,	7,5 cm KwK L/24	25	40
	Nibelungenwerke,	7,5 cm KwK L/24		
	Deutsche Eisenwerke,	und später L/48		
	Vomag	Flak 3,7 cm		
Panther	Henschel, MAN,	7,5 cm KwK 42,	45	82
	Daimler-Benz,	L/70		
	MNH, Demag	Pz.-Bergewagen	40	82
Tiger I	Henschel	8,8 cm KwK 36 L/56	54	105
Tiger II	Henschel	8,8 cm KwK 42 L/71	68	105
			Gesamt	

SELBSTFAHR

Modell	Hersteller	Bewaffnung	Gewichte Netto Fahrzeug	 Brutto Material
II	Famo, Alkett	7,62 cm Pak (r)	11	20
		7,5 cm Pak 40		
		le. Feldhaub. (Wespe)		
		Mun. Fahrz.		
38 (t)	BMM	7,5 cm Pak 40		
		7,62 cm Pak (r)		
		s. I. G.		
		Mun. Fahrz.		
III/IV	Deutsche Eisenwerke	8,8 cm Pak 43	22	40
		s. F. H. (Hummel)		
		Mun. Fahrz.		
			Gesamt	

produktion 1939/44

KAMPFWAGEN

Produktion						Gesamt
1939	1940	1941	1942	1943	1944 (45)	
15	9	233	306	77	7	647
—	275	698	195	—	—	1168
157	392	—	—	—	—	549
—	470	1673	251	—	—	2394
—	—	40	1907	22	—	1969
—	—	—	447	213	—	660
—	—	—	—	100	—	100
32	34	132	50	14	—	262
45	280	480	127	—	—	932
—	—	—	837	3073	3161	7071
—	—	—	—	—	205	205
—	—	—	—	1768	3740	5508
—	—	—	—	82	215	297
—	—	—	78	647	623	1348
—	—	—	—	—	377 (108)	377 (108)
249	1460	3256	4198	5996	8328	23487

LAFETTEN

Produktion						Gesamt
1939	1940	1941	1942	1943	1944	
—	—	—	185	—		185
—	—	—	327	204	—	531
—	—	—	—	518	164	682
—	—	—	—	103	55	158
—	—	—	110	799	308	1217
—	—	—	344	—	—	344
—	—	—	—	224	146	370
—	—	—	—	—	102	102
—	—	—	—	345	128	473
—	—	—	9	368	289	666
—	—	—	—	96	54	150
—	—	—	975	2657	1246	4878

Modell	Hersteller	Bewaffnung	Gewichte Netto Fahrzeug	Gewichte Brutto Material
III/IV	Alkett, MIAG, Krupp	7,5 cm Stuk. L/24, 43 u. 48 10,5 cm Stu-Haub	24	37
		Sturmgeschütze	Gesamt	
38 (t)	BMM	7,5 cm Pak 39, L/48 7,5 cm	15,5	30
IV	Vomag, Alkett	7,5 cm PzJgk L/48 u. 70	25	41
IV (lang)	Deutsche Eisen 80% Alkett 20%	7,5 cm KwK 42 L/70	29	40
Sturm-tiger	Alkett	Sturm-Mörs, 38 cm	65	120
Jagd-panther	MIAG, MNH	8,8 cm KwK 43 L/71	46	85
Jagd-tiger	Nibelungenwerk	12,8 cm Pjk 44 L/55	75	120
Elefant	Nibelungenwerk	8,8 cm Pak 43/2 L/71	68	110
		Jagdpanzer	Gesamt	
			Gesamt	

SONSTIGE

Modell	Hersteller	Bewaffnung	Gewichte Netto Fahrzeug	Gewichte Brutto Material
38 (t)	BMM	2 cm Flak Sf. Aufklärungspanzer	12	24
			Gesamt	

und JAGDPANZER

Produktion						Gesamt
1939	1940	1941	1942	1943	1944	
—	184	548	791	3041	4850	9414
—	—	—	9	204	901	1114
—	184	548	800	3245	5751	10528
—	—	—	—	—	1577	1577
—	—	—	—	—	1531	1531
—	—	—	24	74	215	313
—	—	—	—	—	18	18
—	—	—	—	2	228	230
—	—	—	—	—	48	48
—	—	—	—	90	—	90
—	—	—	24	166	3617	3807
—	184	548	824	3411	9368	14335

SONSTIGE

Produktion						Gesamt
1939	1940	1941	1942	1943	1944	
—	—	—	—	87	75	162
—	—	—	—	—	70	70
—	—	—	—	87	145	232

GESAMTPRODUKTION

1939	1940	1941	1942	1943	1944	Gesamt
249	1644	3804	5997	12151	19087	42932

Ist-Bestände der Wehrmacht an Panzern 1940 bis 1942

(nach Originalunterlagen des OKH)*)

Gerät	1940 Mai	Juni	Juli	Aug.	Sept.	Okt.	Nov.	Dez	1941 Jan.	Febr.	März	Apr.	Mai	Juni	Juli	Aug.	Sept.	Okt.	Nov.	Dez.	1942 Jan.
PzKpfw I (MG)	1077	943	919	942	.	.	1026	1047+	1079	1028	1044	786	829	.	843	917	959	1005	.	.	.
PzKpfw I (sIG)	38	38	38	38	38	38	38	38	38	38	38	38	38	38	38	38	38	38	38	38	38
PzKpfw I (4,7 cm) ..	100	100	100	100	100	100	100	100	100	100	.	.	.	.	171	124	123	124	.	.	.
PzKpfw I (Mun Schl)	51	51	51	51	51	51	51	51	51	51	51	51	51	51	51	51	51	51	51	51	51
PzKpfw R 35 (4,7 cm)	—	—	—	—	—	—	—	—	—	—	—	—	—	—	126	131	153	181	.	.	.
PzKpfw II (2 cm) ...	1092	963	887	908	.	.	935	947	955	984	994	1019	1019	.	1067	1023	1018	1043	.	1114	1161
PzKpfw II (F)	17	23	31	45	61	85	85	87	87	85	85	85	85	85	85	85	85	86	87	87	89
PzKpfw II (Brücklg).	1	1	1	1	1	1	1	1	1	1	1	1	—	—	—	—	—	—	—	—	—
PzKpfw II (sIG)	—	—	—	—	—	—	—	—	—	—	—	—	—	—	—	—	—	—	—	—	—
PzKpfw III (3,7 cm)	381	325	381	459	.	.	475	483	484	489	493	418	379	350	327	268	243	227	216	203	174
PzKpfw III (5 cm) ..	—	—	—	17	69	167	263	347	434	526	617	782	944	1090	1174	1307	1490	1683	1870	2080	2299
StuG III (7,5 cm) ...	23	33	55	90	136	234	197	250	282	227	256	292	318	377	416	454	483	520	601	643	689
PzKpfw IV (7,5 cm) .	290	236	241	274	300	.	353	386	418	453	476	514	554	.	586	625	669	719	705	769	829
PzKpfw 35 (t)	143	105	110	123	.	.	169	182	190	170	175	179	184	.	189	189	191	191	191	192	197
PzKpfw 38 (t)	238	233	253	277	320	.	401	432	476	520	570	636	686	754	763	843	908	974	1040	1095	1144
PzBefWg (gr. u. kl.) .	244	206	180	180	.	.	202	212	244	232	260	286	308	330	331	349	365	375	376	385	402
PzBeobWg auf RK 7	—	—	—	—	—	—	—	—	—	—	—	—	—	128	128	128	128	128	128	128	128
PzSpWg	800	753	754	757	769	.	817	840	861	893	929	951	1008	928	947	1061	1121	1149	1181	1247	1295
PzSpWg	333	305	313	319	.	.	328	331	343	349	365	377	380	390	390	398	420	432	444	458	479
gep. MunSchl. (VK. 302)	—	—	—	—	—	—	—	—	—	—	—	—	—	—	—	—	—	—	—	18	22

*) Aus: „Feldgrau", Dez. 1963.

+ 57 Stück zum Umbau für 4,7 cm Pak (t) (Sfl) abgegeben.